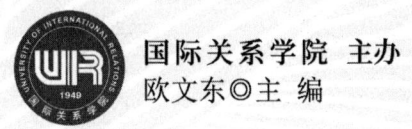
国际关系学院 主办
欧文东◎主编

日本学研究

【第一辑】

Journal of Japanese Studies

时事出版社
北京

图书在版编目（CIP）数据

日本学研究.第一辑/欧文东主编.—北京：
时事出版社，2022.1
ISBN 978-7-5195-0461-8

Ⅰ.①日… Ⅱ.①欧… Ⅲ.①日本—研究—丛刊
Ⅳ.①K313.07-55

中国版本图书馆 CIP 数据核字（2021）第 238751 号

出 版 发 行：时事出版社
地　　　址：北京市海淀区彰化路 138 号西荣阁 B 座 G2 层
邮　　　编：100097
发 行 热 线：(010) 88869831　88869832
传　　　真：(010) 88869875
电 子 邮 箱：shishichubanshe@sina.com
网　　　址：www.shishishe.com
印　　　刷：北京良义印刷科技有限公司

开本：787×1092　1/16　印张：18.75　字数：240 千字
2022 年 1 月第 1 版　2022 年 1 月第 1 次印刷
定价：110.00 元
（如有印装质量问题，请与本社发行部联系调换）

《日本学研究》编委会

(编委会成员按姓氏笔画排序)

主　编：欧文东
副主编：苏民育
编　委：王　禹　张　慧　孙　敏　徐　青

目 录

语言研究与翻译研究

日本国会答辩中的证人道歉研究 …………… 欧文东　于晓阳（3）

日本前首相安倍晋三的国会答辩语言研究
　　——以不连贯表达为主 …………………………… 龙　程（22）

日本《朝日新闻》关于脱碳经济的话语建构 …………… 裴　丽（35）

基于释意理论的社会新闻汉译日策略探究 ……………… 王世彦（53）

数字词汇英译法与日译法比较研究 ……………………… 王　禹（65）

汉日共延路径型虚构位移表达中的方式 ………………… 石金花（78）

移动动词"去"的日译研究
　　——以"动词+去"为例 ………………………… 刘世琴（92）

日语字音语素中的自由语素 …………………………… 纪晓晶（112）

"あり"在口语古文中的语法功能 …………………… 苏民育（128）

文学研究

异国与底层视域下的他者言说
　　——日本无产阶级文学中的中国劳工书写 ………… 郭　璇（145）

鸭长明的老庄情结
　　——以《方丈记》为例 ……………………………… 杨　滢（159）

从《冻结的大地》看日本军国主义统治下的满洲 ………… 谭姗姗（172）
时空交错的古典与现代
　　——芥川龙之介眼中的中国 ………………………… 陈云哲（184）
解读《广岛札记》中广岛人内心的和平
　　意识 ………………………………………… 陈宝剑　谢　荣（196）

文化研究

启蒙之启蒙
　　——横井小楠政治思想中的《孟子》 ………………… 张　慧（213）
文化的传承与融合
　　——对鹤见俊辅战后大众文化研究的考察 …………… 王　刚（224）
现代日本动画"无国籍"特征及成因探析 ………………… 胡　欣（234）
慕课（MOOC）与大学的发展方向研究
　　——基于对日本慕课现状的分析 ……………………… 津田量（248）
久松真一的"觉的哲学" …………………………………… 孙　敏（271）
古代日本山岳信仰和祖先祭祀文化的关系研究 ………… 张乔羽（284）

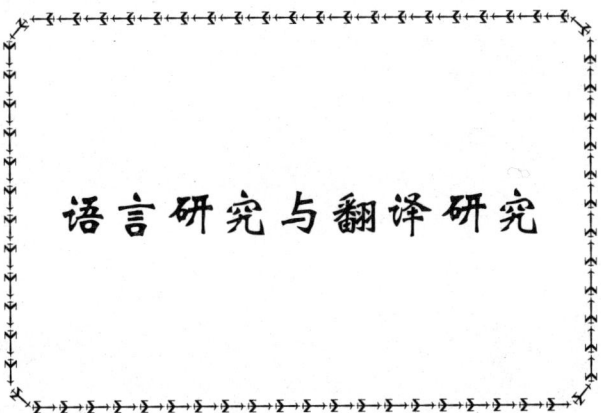

语言研究与翻译研究

日本国会答辩中的证人道歉研究

欧文东　于晓阳[*]

[摘　要] 致歉既是一种语言行为，也是一种社会现象，对解决矛盾与冲突、修复受损关系的作用不言而喻。本文基于对既有研究分析，首次提出了因公致歉和因私致歉的概念，对出现在日本第196次国会参议院预算委员会议事录中的致歉语进行了考察，并在此基础上阐述了日本国会答辩中证人的致歉因由和道歉特点。结论认为：日本官僚在国会答辩中的道歉具有一体两面的特点。相对于因公致歉，大部分都是因私致歉，是面向眼前人和"情面"上的道歉。而且，证人道歉注重内外有别，只对"外"不对"内"。可以说，这些特点都完美地体现了日本国会答辩证人的道歉观。

[关键词] 国会答辩　因公致歉　因私致歉　道歉观　一体两面

引　言

何谓道歉？道歉是谋求对方原谅的认错行为。该定义的核心意思有两层：（1）道歉的起因是承认自己或己方错误。（2）道歉的目

---

[*] 欧文东，国际关系学院外语学院日语系教授，博士，研究方向为汉日对照语言学、翻译学；于晓阳，国际关系学院日语语言文学专业硕士研究生，研究方向为日语政治外交语言学。

的是请求对方原谅。

本文以 2018 年 3 月 27 日召开的日本第 196 次国会参议院预算委员会议事录中出现的致歉语为例进行考察。选择该题材的理由有三：（1）答辩的主题是调查森友学园购地案公文涂改案件，答辩方是时任理财局局长佐川，有传言称安倍首相夫人也卷进了其中，佐川在国会中如何答辩引人关注。（2）研究素材比较充分，证人佐川在国会答辩中的道歉近 30 次。而且，目前尚无发现研究日本国会答辩证人道歉的研究成果，故有研究的必要。（3）答辩人佐川属于日本的官僚精英阶层，他的道歉具有官僚道歉特点。

国会答辩证人既是独立的个人也是政府机构的代表，这一双重身份决定了证人道歉既具备个人性质也具备公家性质。由此可见，辨清证人在国会中的道歉是因为"公事"（简称因公致歉）还是因为个人（简称因私致歉）极有必要。关于此问题，我们可以通过因公致歉和因私致歉的数据分布情况予以回答。

另外，从道歉的定义可知，人之所以致歉是因为有错。蒋景阳和胡蓉（2005）就持这一观点，他们基于"有错"的前提，将汉语的致歉分为有错道歉、无中生有式道歉和未雨绸缪式道歉。然而，对于致歉事由之对错，我们很难有一个客观的尺度，但是却可以按照是因公致歉还是因私致歉的事由，对道歉的动因做出判断，以管窥日本官僚的道歉观。这就是本研究所要解决的第二个问题。

一、以往研究与问题点

道歉既是语言行为也是社会现象。关于致歉语言行为的研究，我们以汉语"日语道歉"和日语"謝罪表現"作为关键词分别进行检索，发现收录在中国知网的相关文章共有 28 篇，而收录在 CiNii

中的相关论文则有 48 篇。虽然涵盖了语用学、社会语言学、第二语言习得、中日语言对比等诸多领域，但研究成果并不算多。而且，既有研究并没有对致歉是因公还是因私进行过明确的界定。基于这样的考虑，以下拟按照因私致歉、因公致歉和二者兼有分为三类，对既有研究中有关致歉因由进行耙梳。

第一，因私致歉的理由。

布朗和莱文森（1987）认为，道歉是因为说话人无心冒犯了对方，使其面子受损。

Meier（1995）认为道歉是一种"修复行为"（repair work），说话人之所以道歉是因为自己违反了社会规范，感觉自己个人形象受损。但是，蒋景阳和胡蓉通过对汉语的致歉分析发现，说话人道歉不一定是因为他真的已经违反了社会规范和出现个人形象受损的感觉。

柏木（2015）认为道歉的原因有四种：一是说话人相信听者因自己过去的行为受到了伤害；二是说话人对对方所经历的事情表示同情，或对自己过去的行为表示后悔和遗憾；三是说话人违反礼仪的行为可能冒犯到对方；四是说话人所说的内容对听话人不利。

单文垠（2016）认为，"すみません"的生成机制是"说话人因给听话人带来不利而内心不安"。

李竺楠（2018）通过分析发现，日本人需要使用道歉语的场合有：（1）爆粗口和失言。（2）失礼。（3）出错。（4）违规。（5）食言。（6）让人失望。（7）让人丢脸。（8）提前铺垫。（9）说大话。（10）致谢代用等 10 种情况。然而，在日语中，并非所有的日语道歉语都表示道歉。道歉的理由有两大方面：一是说话人自己的行为不当；二是给对方造成物质损失、身体伤害和精神负担。物质损失指损坏了对方财物，身体伤害是指因打架等让对方受伤等，精神负担是指让对方担心、生气、难受，给对方增添麻烦等。

川﨑（2019）尝试从哲学的角度回答"人为什么道歉"的问题，认为把道歉的动因仅仅归结为后悔和自责是不够的，还应该考虑到人的社会性和伦理性。

第二，因公致歉的理由。

汝绪华、汪怀君（2013）认为，道歉是因为政府行为不当，有行政过失，公众和舆论压力与日俱增，影响民心。徐彪（2014）认为，致歉是因为政府的信任受损，出现了信任危机。

第三，兼有因公和因私两方面的理由。

朱陆民和刘燕（2015）认为，因私致歉是因为冒犯了他人，国家之所以进行政治道歉是因为历史上曾对他国实施了非正义行为。

杨安华（2019）虽然没有明确区分因公致歉和因私致歉，但认为因私道歉是因为冒犯了他人，类似于企业等机构的因公道歉则是因为企业发生了行政管理危机。

综上，关于因私致歉的理由，笔者认同川﨑（2019）的观点，即人之所以道歉，其根源在于人的社会性和伦理性。而且，布朗和莱文森（1987）的消极面子受损说，Meier（1995）、蒋景阳和胡蓉（2005）的违反社会规范和个人形象受损说，李竺楠（2018）的行为不当和伤害说等观点都与致歉人的社会性与伦理性密切相关。

但是，我认为道歉的起因除了因为人具有社会性与伦理性之外，还与人的心理或价值判断相关。如布朗和莱文森（1987）所说的无意冒犯，Meier（1995）以及蒋景阳和胡蓉（2005）所说的"感觉个人形象受损"，柏木（2015）所说的"相信自己过去的行为伤害到听者""认为自己所说的事情对听话人不利"，李竺楠（2018）的精神负担说，这些观点都与说话人将心比心的换位移情以及价值判断密切相关。其中的"无意冒犯""感觉""相信""认为"等都属于人的心理感受或信念。一旦言者方通过将心比心或价值判断认为，听者方的"心理领地"受到侵犯，可能会出现不快、不满、生气等负面情绪时，言者方就会进行道歉。

关于因公致歉的理由，具体有两种情况：一是政府机构内部的管理不善，导致政府信任受损，出现了行政管理危机；二是在国际间，说话人所在国曾对他国实施过非正义行为。

因此，因公致歉的理由完全是因为己方"有错"，但因私致歉的理由则不一定是因为己方"有错"。具体到国会答辩中的证人道歉，存在既有因公致歉也有因私致歉的情况。同样一个人，他会在何种情况下因公道歉，又会在何种情况下因私道歉，这是本文需要解决的问题。

二、因公致歉和因私致歉的数据分布

本次国会答辩的议题是调查森友学园购地公文涂改案。具体流程是：在国会上，答辩主席指定质询议员进行提问，然后证人就议员所提问的问题进行回答。答辩采取国会议员（提问）对佐川证人（答辩）的多对一模式。答辩人或者回答人固定不变，自始至终只有佐川一人，负责提问的多名国会议员由答辩委员会主席根据事先安排指定。

公文涂改案件发生在日本理财局，时任局长是佐川，所以他对此案件负有不可推卸的责任。根据日本的惯例，主要领导人对丑闻事件一定会进行道歉。一方面，森友学园购地公文涂改会导致国有土地报价直降8亿日元，使得日本政府的财政蒙受巨大损失，国民福利相应减少，日本国民也成为间接受害人。另一方面，篡改公文事件曝光之后，财管局作为日本政府机构被舆论推到风口浪尖，面临巨大的行政信任危机，不仅理财局工作人员的职业道德大受质疑，而且还可能连累整个公务员队伍形象。另外，日本国会预算委员会的正常审核秩序也被打乱，增加了调查取证的额外工作。我们将这些利益受到损害的人和机构称为受害方，而有受害方就一定会有加害方。这里的具体加害方是指直接亲笔修改和授意他人修改公文的人。然而，不管具体的加害人是谁，加害人所在机构都无法逃脱监管失责的责任。因此，佐川作为理财局时任主责人，他必须出面道歉。

在整个国会答辩中，佐川一共使用致歉语累计36次（其中包括重复使用），导致其致歉的事由一共29个，但并不都是因公致歉。如何判断是因公还是因私，我们不妨通过佐川的致歉对象来进行判断，如果致歉对象是个人，则为因私致歉；如果是其他，则为因公致歉。通常，在日本，领导代表机构道歉时，其话语之中会明示致歉对象，如"株主の皆さま、申し訳ございません、減配です！"中的"株主の皆さま"。但问题是，[①] 佐川的道歉并不一定都会明示致歉对象，这给我们的判断增加了难度，需要根据上下文语境进行判断。而且，佐川致歉的很多对象都是需要高度依赖语境进行判断的。

根据考察结果，佐川的道歉对象分为个人和其他两类。

首先，道歉对象是其他的情况一共4例，致歉语一共出现9次。其中有2例的致歉对象无法通过语境判断，属于泛化的对象。

（1）○委員長（金子原二郎君）：資料要求に対して書き換えた決裁文書を提出するなど、財務省の本委員会への対応は不誠実の極みと言わざるを得ません。この結果、国会審議は混乱し、国民の求める予算委員会の貴重な論戦の機会を失われることになりました。証言を拒否するとのことですが、理財局長の職にあった者として、こうした事態に対する責任をどのように感じているのか、答えてください。○証人（佐川宣寿君）：今回のこの決裁文書

---

① 感谢津田量先生对致歉对象的确认，所出现的谬误一概由笔者负责。

の書換え問題によりまして、国会におきましてこのような大きな混乱を招きまして、国民の皆様に対しまして行政の信頼を揺るがすような事態になりましたこと、誠に申し訳ないと思ってございます。当時の担当局長として責任はひとえに私にございます。深くおわび申し上げたいと思います。申し訳ありませんでした。(010)

《说明》证人的道歉对象可以在文中找到，为日本国会和日本国民，而不是委员长。

(2) ○委員長（金子原二郎君）：財務省では、従来から当たり前のように決裁文書の書換えや一部文書の抜取りが行われていたのではありませんか。証人の認識を示してください。○証人（佐川宣寿君）：先ほども申し上げましたが、今回の理財局におけます決裁文書の書換え問題につきましては、本当に申し訳なく思って、深くおわび申し上げます。(014)

《说明》证人没有明示道歉的对象，谁都可以对号入座，既可以是答辩委员会主席金子原二郎，也可以是日本国会和日本国民。其原因或许是证人一旦明示道歉对象，就有可能出现遗漏，并遭到被遗漏人的批评，从而引发舆情。如下的事例同样没有明示道歉对象。

(3) それは私の落ち度でありまして、本当にできなかったのかと言われれば、それはできたのかもしれません。ただ、やはり、言い訳になりますが、ああいう状況、大変なその局内の騒然とした状況の中で、やはりそれ（決裁文書・資料の確認）を怠ったということであろうと思います。申し訳ありません。(150)

《说明》佐川作为局长，没有对返回的公文进行确认，也没有对公文审批所需的相关材料进行核实，属于渎职行为。因此，他的道歉不宜明示具体的对象，避免被对号入座。

(4) ○薬師寺みちよ君：ありがとうございます。では、最後に私、これで参議院の最後でございます。今回のこの証人喚問は日本全国の公務員の皆様方も注目していらっしゃいます。まさに公務員の皆様方の信頼を失墜させるに値するものだということでございますので、しっかりとそのメッセージを発信していただきたいんですけれども、どのように今お考えになっていらっしゃいますか、お願いいたします。○証人（佐川宣寿君）：今御指摘をいただきましたように、これで<u>全国の公務員の方</u>の信頼をおとしめるというようなことがあったとすれば、<u>本当に申し訳ないことだと思っております。深くおわび申し上げます。</u>(285)

　　《说明》文中出现了道歉对象，为"日本全国的公务员"，而不是质询证人的议员"薬師寺みちよ"。

　　其次，佐川致歉的对象是个人，而且具体"个人"基本都是作为提问方的国会议员。佐川一共致歉25次，出现致歉语27个。以下只列举2个例子。

　　(5) ○福山哲郎君：……法令にのっとって契約したんですよね。じゃ、何で文書改ざんする必要があったんですか。○証人（佐川宣寿君）：<u>大変恐縮でございます。</u>書換えが行われた決裁文書の経緯等につきましては、私、告発をされている立場でございますので、御答弁を控えさせていただきたいと思います。(251)

　　(6) ○丸川珠代君：今から御自身の答弁を振り返って、自分の答弁は誤解を与えるものだったと思いますか。○証人（佐川宣寿君）：あの、よく、ちょっと済みません、お時間いただきますが、(047)

　　通过统计发现，因私致歉在佐川的国会答辩中占据绝对性优势，因公致歉和因私致歉的占比分别为13.8%和86.2%，其数据形成钟型分布。这两类致歉在整个国会答辩议事录语篇中按照"因公—因私—因公"的次序呈现，亦即在整个国会答辩议事录中，因私致歉居中出现，因公致歉分别出现在其两端。

因私致歉占据绝大多数的结果出乎我们的预测，本来以为国会答辩调查的是公文被修改案件，因此佐川的道歉应该是因公致歉居多。笔者认为造成这样的原因有两点：一是国会答辩处于公文被修改事件的调查阶段，佐川的中心工作是配合调查，将公文被修改的经过说清楚，而不是道歉；二是在国会中，提问议员具有绝对的话语权，是证人不敢得罪的存在。因此，证人在答辩中言辞谨慎，频繁使用道歉策略。

最后我们还注意到，尽管公文涂改事件曝光之后，理财局声誉和局内公职人员颜面无存，但佐川并没有对本单位和同事表示歉意，或许这就是日本道歉文化当中的内外有别吧。

三、道歉理由分析

从前面所示的日本百科定义可知，日本人的道歉属于认错行为。人正是因为知错才会道歉。然而，认错行为却极具主观色彩，在现实生活当中，除了正常的有错认错之外，还有可能出现两种极端：一是明知自己或己方做的不对，却碍于面子、利益等各种原因，死活不肯认错；二是明知自己或己方没有做错，却出于迎合、讨好、巴结和息事宁人等各种目的，向对方诚恳地认错。蒋景阳和胡蓉（2005）就把汉语的道歉分为有错式道歉、无中生有式道歉和未雨绸缪式道歉三种。

有错式道歉，是指说话人针对已经发生的过错、过失和不当之处进行道歉。未雨绸缪式道歉，是指说话人为发生在未来的过错、过失和不当之处道歉。无中生有式道歉，是指自己或己方并没有过错、过失和不当之处，却仍向对方进行道歉。

总之，人的认错有主观和客观两个标准。主观标准是指说话人根据人际"情面"做出对错判断的尺度，客观标准是指说话人根据"法理""事实""伦理道德""礼貌礼节"等做出对错判断的尺度。基于这两个标准，本文将蒋景阳和胡蓉（2005）所言的有错式道歉定义为客观类道歉，将无中生有式道歉和未雨绸缪式道歉定义为主观类道歉。通过考察得知，不管是因公致歉还是因私致歉，其致歉都有主观和客观之别。但从概率的角度而言，因公致歉中客观致歉居多，而因私致歉中则是主观致歉居多。有鉴于此，以下我们将按照主观和客观的标准进行分析。

（一）因公致歉的理由

因公致歉的事由离不开"公"这一概念范畴，其判断标准通常也具有客观性。例如：

（7）証人（佐川宣寿君）：今回のこの決裁文書の書換え問題によりまして、国会におきましてこのような大きな混乱を招きまして、国民の皆様に対しまして行政の信頼を揺るがすような事態になりましたこと、誠に申し訳ないと思ってございます。当時の担当局長として責任はひとえに私にございます。深くおわび申し上げたいと思います。申し訳ありませんでした。(010)

《说明》佐川说出了自己道歉的两个理由：一是涂改公文造成了恶劣影响，扰乱了国会的正常审议工作日程，而且还使得日本国民对政府行政工作产生了不信任；二是承认自己没有肩负起局长的责任，没有展现很好的担当精神。道歉理由之一是事实，反映了涂改公文被媒体曝光之后的实际状况，具有客观性。道歉理由之二是佐川本人承认其工作失职也是事实。

（8）○証人（佐川宣寿君）：先ほども申し上げましたが、今回の理財局におけます決裁文書の書換え問題につきましては、<u>本当に申し訳なく思って、深くおわび申し上げます。</u>(014)

《说明》因涂改公文，佐川代表理财局道歉。通过查阅日本刑法可知，涂改公文触犯了日本刑法第 155 条第 2 款，属于违反有印公文变造罪。这样的认错有事实和法律作为支撑，具有客观性。

(9) <u>それは私の落ち度でありまして、</u>本当にできなかったのかと言われれば、それはできたのかもしれません。ただ、やはり、言い訳になりますが、ああいう状況、大変なその局内の騒然とした状況の中で、やはりそれ<u>（決裁文書・資料の確認）を怠った</u>ということであろうと思います。申し訳ありません。(150)

《说明》佐川为自己的过错进行了道歉，其理由是：当时工作懈怠，没有对公文材料原件进行复核。因此，佐川属于工作失职，其伤害的不仅仅是机构利益，还损害了公务员的形象。

但是，证人佐川迫于话语权强大的提问议员，也可能出现提前预支因公致歉的情况。例如：

(10) ○薬師寺みちよ君：（前略）今回のこの証人喚問は日本全国の公務員の皆様方も注目していらっしゃいます。まさに<u>公務員の皆様方の信頼を失墜させる</u>に値するものだということでございますので、しっかりとそのメッセージを発信していただきたいんですけれども、どのように今お考えになっていらっしゃいますか、お願いいたします。○証人（佐川宣寿君）：今御指摘をいただきましたように、これで<u>全国の公務員の方の信頼をおとしめる</u>というようなことがあったとすれば、<u>本当に申し訳ないことだと思っております。深くおわび申し上げます。</u>(285)

《说明》药师寺议员首先在质询中将自己的观点强加给佐川，认为佐川作为证人出席国会答辩连累了全国的公务员，让大家跟着丢脸。尽管佐川对这种说法不敢苟同，但是他还是违心地认错并道歉了，只不过，他的道歉是建立在假定的前提之上，即如果全国公务员真地跟着丢脸了，他愿意道歉。言下之意是，截止目前，全国公务员跟着丢脸的事情尚未得到证实。因此，这样的预支道歉行为是情面上的，具有违心认错的性质。

可见，导致因公致歉的行为有六种：（1）给国会工作安排造成混乱。（2）影响国民对行政的信任。（3）没有很好地履行局长的职责。（4）违规涂改公文。（5）作为局长工作渎职。（6）假定连累全日本公务员的脸面。除了行为（6）的道歉属于预支性质之外，佐川对其他行为的认错道歉均具有客观的认定标准。

（二）因私致歉的理由

同样，因私致歉也存在两种情况：一是因为真的有错而道歉，二是并非真的有错而道歉。因有错而道歉，从道理上而言具有正当性，属于有理式道歉。但无错却道歉则很没有道理，属于违心式道歉。

第一，有理式道歉。

（11）証人（佐川宣寿君）：本当によく分からなかったんですといったようなことを<u>田村</u>は私に言いまして、あっ、済みません、<u>田村室長</u>は私に言いまして、（后略）（121）

《说明》通过对照"田村"和"田村室长"这两个称谓的不同发现，当佐川意识到在日本国会这样的重大场合直呼其名不礼貌，马上就改口修正了。这是违反日本的礼貌礼节原则，礼貌礼节存在于日本人的日常生活习惯之中，因此是客观存在的。

（12）○証人（佐川宣寿君）：補佐人の助言を求めてよろしいですか。○委員長（金子原二郎君）：はい、どうぞ。——佐川証人。○証人（佐川宣寿君）：失礼いたしました。書換え前の決裁文

書に関わる話全般につきまして、(后略)。(079-081)

《说明》根据日本宪法，证人在答辩中如果遇到疑难，经请示答辩主席同意，可以当场向诉讼专家求助，因此证人的这种求助具有合法性。但是，证人结束与诉讼专家的商议之后却进行道歉，说"我失礼了"。其实，从中国人的角度而言，此处没有必要道歉，因为证人并没有错，证人之所以道歉，是因为当众窃窃私语在日本属于不礼貌行为。类似这样的情况一共有4例。

第二，违心式道歉。

(13) ○小池晃君：……安倍昭恵さんの名前が何度も出てくるということについて。お答えください。○証人（佐川宣寿君）：……それは私自身がその書き換えられた決裁文書をいつ認識したのかという問題そのものでございますので……<u>大変恐縮でございますが</u>、まさに書換えが行われた決裁文書に関わる問題でございますので、<u>答弁を控えさせていただきたいというふうに思います</u>。(196回-14次-203)

《说明》公文原件上是否有总理夫人安倍昭惠的名字，涉及公文被涂改的具体细节，这是非常敏感的问题。一旦回答不好，可能会引发舆情，乃至日本政坛的连锁反应。根据日本刑法，涂改公文是犯罪行为，一旦属实，相关人员将会被判刑入狱。因此，佐川在答辩中使用拒答权符合"法理"，完全没有道歉的必要。可事实上，佐川却偏偏道歉了。这说明佐川的道歉不是出于"法理"，而是出于"情面"。类似这样的事例，整个国会辩论中一共出现了5处。

(14) ○薬師寺みちよ君：恒常的に財務省の中で決裁が下りた文書が、メモが抜き取られる、若しくは書換えがある、そういうふうに疑われても仕方がないんではないですか。○証人（佐川宣寿君）：そんなことはございませんと明確に否定するのも本当に申し訳ないというふうに思っておりますが、基本的にはほとんどの

方が真面目にそういうものを作っているというふうに私は信じております。（196 回 – 14 次 – 283）

《说明》证人佐川在回答时，对提问内容中的"恒常的に財務省の中で決裁が下りた文書が、メモが抜き取られる、若しくは書換えがある"给予了否定的回答。其实，药师寺议员在提问"……そういうふうに疑われても仕方がないんではないです"之中含有一种希望得到佐川认同的语气，然而佐川的否定回答却让提问议员的期待落空。而且，根据日本宪法，证人只要不是做伪证，他有否定作答的权力。因此，佐川道歉并非出于"法理"，而是出于"情面"。此类情况一共出现 2 例。

（15）○丸川珠代君：現在時点で振り返って、御自身の答弁を訂正あるいは変更するおつもりはありませんか。○証人（佐川宣寿君）：ただ、当時、そういう個別の、都度都度の交渉記録は一年未満で廃棄するという規定だということで答弁を申し上げました。<u>大変申し訳ありません。</u>（196 回 – 参預 – 14 号 – 063）

《说明》丸川珠代议员问佐川想不想更改自己当初的答辩，佐川对此没有直接回答，而是答非所问，说"规定是如何要求的，我们就如何去做。"佐川之所以道歉是因为自己无法正面回答丸川议员的提问且没有回应其对问题答案的期待。从佐川证人答非所问的情况推测，佐川大概是无意更改当初答辩内容。类似的答非所问事例一共有 2 例。

（16）○証人（佐川宣寿君）：ちょっとどういう会話を具体的にしたか、<u>大変申し訳ありませんが</u>、承知してございませんが、（后略）（107）

《说明》当佐川被问到关键人物说了什么的时候，他的回答是"不知道（承知してございません）"。但是，证人之所以成为证人，就是因为他在某方面是最知情的人。所以，佐川说"不知道"是很

容易引起提问议员的反感，这恐怕就是他之所以在说"不知道"之前要事先进行道歉的原因吧。而且，如果佐川是真的不知道，他就不算作伪证。如果是这样，佐川的道歉就排除了"法理"的因素，唯余"情面"因素。像这样的情况一共有 2 例。

（17）○浅田均君：それでは、この二月十五日の財政金融委員会、この質問通告は、今までのお話ですと、前日に受けられて、そして答弁調整をされているという理解でいいんですか。○証人（佐川宣寿君）：大変申し訳ございません、子細に覚えておりませんが、もう通例、前日に通告をいただきまして、夜答弁書を作っていたということで、この案件についてちょっとどうだったかは本当に覚えておりません。済みません。（215）

《说明》浅田议员根据佐川之前的答辩内容进行推测，认为佐川的意思是"……この質問通告は、今までのお話ですと、前日に受けられて、そして答弁調整をされている"，并要求佐川确认自己的理解是否准确。然而，对于收到质询公告后是否修改了答辩书的问题，佐川并没有做出正面回答，只是说收到质询公告之后就连夜制作了答辩书，并且连说了两遍"我不记得了（覚えておりません）"。佐川前后两次道歉是因为自己说"不记得"，而"不记得"意味着佐川没有能够很好履行证人的责任，但并不违法。因此，佐川的道歉只能算是"情面"上的。类似的情况一共有 2 例。

（18）○小川敏夫君：そうすると、その谷さんが田村室長に照会したことについて谷さんがどういうふうに言っているかということについては、証人自身は何も確認していない。そうすると、どなたか、政府の、政府や行政のですね、ほかの方、ほかの部署の方が確認したその情報をもらったことはありませんか。○証人（佐川宣寿君）：大変恐縮ですが、今のは、あの、谷さんの質問の内容を田村室長以外から聞いたことがあるかということでござい

ますか。そういうことはございません。（127）

　　《说明》在小川议员的提问当中，出现了诸如"どなたか、政府の、政府や行政のですね、ほかの方、ほかの部署の方"断断续续的表达，这会影响听众的理解。或许正是因为这样的原因，证人才用自己的话对小川议员的提问内容进行梳理。然而，这样的行为无疑使话语权强势的提问议员觉得自己的面子受到了冒犯。因此，佐川的认错是出于"情面"的。

　　（19）○証人（佐川宣寿君）：昨年の答弁を自分の記憶で振り返りますと、あの、よく、ちょっと済みません、お時間いただきますが、よく報道で、その価格についてこちらから提示をしたこともないし、向こうからいただいたこともない、そういう報道をよく私も目にします。（047）

　　《说明》佐川在国会答辩开始时，对自己的答辩会占用较长时间进行事先说明并表示歉意。其实，证人对自己答辩的用时长短完全取决于他能否把情况说清楚，没有对错之分。只能说，证人这个时候的道歉是出于"情面"，有安抚对方情绪的作用，目的是希望提问议员能够稍安勿躁，耐心听完自己的解释说明。

　　可见，导致有错认错的因私道歉行为有两种：（1）用错称谓。（2）当中窃窃私语。根据日本的礼貌行为规范和李竺楠（2018）的研究，这两种都属于失礼行为。而另一方面，导致无错认错的因私道歉行为则相对较多，有七种：（1）依法使用拒答权。（2）给予否定回答。（3）答非所问。（4）说自己不知道。（5）说自己不记得。（6）要求对方确认其提问内容。（7）占用他人较长时间等。其中，前五种行为都属于佐川证人所采取的回答方式范畴，虽然不能给提问议员带来任何有用的信息，但却并不违反"法理"或"道理"上的正当性，因此，其认错是源自"情面"上的，为了安抚提问议员不满情绪。对于这样的认错标准，我们很难有明确的界定，只能通过具体的话语实践与心理互动去把握。行为（6）是对上位者"心理领地"的冒犯，属于不得已而为之。行为（7）对听者不利，因为没有人愿意自己的时间被他人占用。因此，对（6）和（7）的认错，说话人有"情面"上的考量。

四、结语

本文基于对既有研究的分析，首次提出了因公致歉和因私致歉的概念，并从这两个不同维度，对日本国会答辩中的道歉现象进行了考察，其结论如下：

（1）因私致歉与因公致歉的数据呈现钟型分布，在语篇中则按照"因公—因私—因公"的次序呈现。同一个答辩语篇中，既有因公致歉也有因私致歉，证人佐川的道歉具有一体两面的特点。

（2）除了个别预支性的道歉之外，因公致歉基本属于客观认错，其判定标准是"法理"和"事实"，符合实事求是的原则。另一方面，因私致歉则有两种情况：一是客观认错，其判定标准是有无正当性的"道理"；二是主观认错，其判断标准是有无可能伤害到对方的"脸面"，属于无错也要认错的情况。

（3）佐川的道歉主要是针对眼前人，即向他提问的议员，而不是他应该道歉的日本国民、日本全体公务员和日本理财局。在国会辩论这样的场合，质询议员无疑是最具话语权的人，佐川把八成多的致歉语都用在了质询议员身上。同时，佐川把因公道歉放在国会答辩的开始和结束两个阶段，以示对受害者——日本国会、日本国民和公务员——的重视。但是佐川并没有对其原所属政府机构日本理财局表示歉意。或许是因为在日本人的"内"与"外"的潜意识中，原单位就是自己的"领地"，对"内"不用道歉。

简言之，日本官僚在国会答辩中的道歉具有一体两面的特点，但相对于因公致歉，大部分都是因私致歉，是面对眼前人的道歉，是出于"情面"上的道歉。而且，证人道歉注重内外有别，只对"外"不对"内。可以说，这些特点完美地体现了日本国会答辩证人的道歉观。

参考文献

1. 蒋景阳，胡蓉. "道歉"的语用研究及对 Meier "修复工作"的完善 [J]. 浙江大学学报（人文社会科学版），2005（06）：170-176.

2. 任建明. 向国外官员学"道歉"[J]. 政府法制，2009（35）：12-13.

3. 汝绪华，汪怀君. 国外政府道歉研究述评 [J]. 国外理论动态，2013（09）：89-96.

4. 徐彪. 公共危机事件后政府信任受损及修复机理——基于归因理论的分析和情景实验 [J]. 公共管理学报，2014，11（02）：27-38.

5. 朱陆民，刘燕. 试论政治道歉对中日关系的良性建构 [J]. 太平洋学报，2015，23（12）：33-44.

6. 单文垠. 日汉道歉语的语用化发展对比研究 [J]. 山东社会科学，2016（S1）：492-494.

7. 杨安华. 如何让道歉成为危机处理的利器——基于克利费尔道歉4R模式的分析 [J]. 吉首大学学报（社会科学版），2019，40（03）：143-153.

8. Brown p, . Levinson S. Politeness: Some Universals in Language usage [M]. Cambridge University Press, 1987.

9. Meier A. J. Defining politeness: universality in appropriateness [J]. Language sciences, 1995 (17): 345-356.

10. Meier A. J. Passages of politeness [J]. Journal of Pragmatics, 1995 (24): 381-392.

11. 三田村仰 & 松見淳子. アサーションの文脈依存性についての実験的検討—話し手と聞き手の観点から—[J]. 対人社会心理学研究，2010（10）.

12. 柏木厚子. 映画・テレビドラマにみる日米の謝罪表現の差異―オリジナル言語版および吹き替え版の分析から［J］. 学苑. 2015：11-25.

13. 李竺楠. 家庭内における日中の謝罪言語行動 ―ホームドラマの謝罪談話の分析―［J］. 地域政策科学研究. 2018（15）：117-140.

14. 川﨑惣一. 人はなぜ謝罪するのか［J］. 宮城教育大学紀要. 2019（53）：37-48.

日本前首相安倍晋三的国会答辩语言研究
——以不连贯表达为主

龙 程[*]

[摘 要] 安倍晋三的发言常被评判为"难理解其真正含义""不符合流畅优美的日语表达""发言不连贯"。在国会答辩中,安倍的发言依旧延续了上述含糊不清的表达特征,这明显与国会对答辩的要求相悖。本文通过举例分析,验证安倍发言与田中敏(1981)的不连贯表达分类具有高度一致性。同时,运用定量分析的方法对安倍国会答辩的发言进行整理统计,并且加入与其他政治人物答辩发言的横向对比,最终得出高频次的不连贯表达导致安倍发言的支离破碎这一结论。

[关键词] 国会答辩 安倍晋三 语言特点 不连贯表达

引 言

国会答辩是日本重要且频繁的政治活动,执政党有义务通过国会答辩对在野党的质询进行解释说明,同时还可以达到向民众宣传

---

[*] 龙程,国际关系学院日语语言文学专业2019届硕士研究生,研究方向为政治外交语言学。

执政党政治理念及政策的目的。这就要求国会答辩上的语言应该是精炼、易懂、直击要害的。而作为首相的安倍晋三的发言则饱受诟病："难理解其真正含义""不符合流畅优美的日语表达""发言不连贯"等。即使在国会答辩中，安倍的发言依旧延续了含糊不清的表达特征，这明显与国会答辩的要求和目的相悖。本文通过验证安倍的发言与田中敏（1981）关于不连贯表达分类的契合度，试图探寻安倍答辩发言整体呈现出支离破碎感的原因，并总结安倍答辩发言的语言特征。

一、先行研究与本文的研究角度及方法

（一）先行研究

野村美穗子（1997）指出，不连贯表达用语就是"使用时已经不再具有其词本身含义，即使从话语中删除也丝毫不影响句子含义"[①]。刘步庭（2009）通过日本母语者的自然会话语料资料，分析了日语会话中不连贯表达用语的功能和语音特点。田中敏（1981）针对日语会话中表达不连贯的现象，通过实验的方式，对不连贯表达分类进行了详实的分析和归纳，进而探讨了语言和思考的内在联系是如何影响谈话的，说明看似无意义的不连贯表达背后也有其思考逻辑和策略。

田中敏（1981）将日语中的"不连贯表达"分为：（1）反复。（2）改口。（3）有声停顿。（4）无声停顿。其中，"（2）改口"可细分出多种分支（参见图1）。

[①] 野村美穗子：「大学講義における文科系の日本語と理科系の日本語—フィラーに注目して—」、教育研究所紀要第五号．1996.

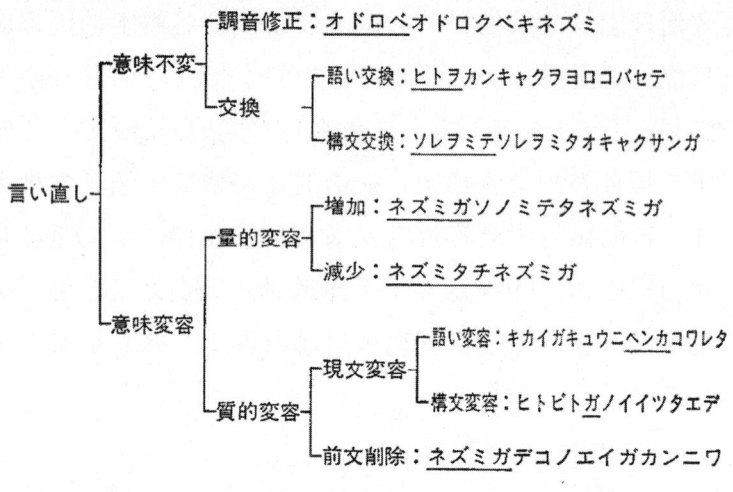

图1　改口的细分类

反复：是指音节的重复，属无实际意义的更改。

改口：是指发话当即进行更改，具体分为涉及句意更改的改口和不涉及句意更改的改口。在下节中会详细介绍。

有声停顿：是指在发言中插入无意义的音节。

无声停顿：是指发言中的停顿。田中敏（1981）研究时特地按照停顿时长做了区分比较。

（二）本文的研究角度及方法

田中敏（1981）的分类是基于对大学生的对话、采访语料的收集和分析，语料包含从音频中转写而来的文本。本文研究的对象是日本首相安倍晋三的发言，资料源自官方转写的文字资料。两者研究对象的相同点是二者均为日语母语者的谈话内容，不同点是行为主体身份的不同。作为发言人，首相不同于大学生，其政治属性要求用语更讲究。所以本文首先要确认的就是田中敏（1981）的分类是否适用于分析安倍的语言特征。另外，受限于资料形式，本文采用的分析资料不具备配套音频，故针对分类中的"（4）无声停顿"无法进行分析。本次研究将舍去对这一类的分析和统计，实属遗憾。

本文选取了 2017 年 2 月 17 日和 2 月 24 日众议院预算委员会上，福岛伸享议员和前首相安倍晋三的问答部分作为分析资料，先通过具体事例，验证安倍发言中"不连贯表达"的发生情况与田中敏（1981）分类的一致性，再运用定量分析的方法，对安倍国会答辩的发言进行整理统计。通过统计分析发现，安倍答辩发言中存在大量的"不连贯表达"现象。同时，针对这一特征，本文进行了横向对比考察，具体通过选取其他政治人物（本文选取了原首相小泉纯一郎和财务大臣麻生太郎）的国会答辩资料进行"不连贯表达"统计分析，验证安倍的语言特征。

二、安倍答辩中"不连贯表达"的考察

（一）类型对应

1. 反复

a.「…<u>で、</u>ですね、その方から、小学校を作りたいんで…」（193—衆—予算委員会—12 号、以下衆 12 号に略）

b.「…まったく<u>もう、もう</u>一回復帰することをあきらめたわけではないので…」（衆 12 号）

a 中「ですね」的「で」在发言中被重复，词首单音节的重复在此无实际意义，甚至没有强调的功能。b 中的「もう」看似是完整的具有实际意义的词，重复出现时构成了整体「もう一回」。在此「もう」的重复其实也没有实际意义。在语义表达上，这些单音节或

者剥夺了词本身含义的多音节重复并没有实际作用，仅仅参与了安倍发言的不连贯表达。本文认为这些毫无意义的音节重复实则是安倍争取思考时间的表达。在后文的统计中也可看出，在面对棘手问题时，安倍发言中无意义的音节重复频率相当高。

2. 改口

（1）修正发音（整体句意不变）

c.「…<u>にっぽ</u>、日報のようなものを出されているので…」（衆15号）

d.「…これ私、<u>おどろ</u>、驚くべきこと、であります。」（193—参—予算委員会—11号、以下参11号に略）

c、d 中的两处不连贯表达，都是对单个词的发音修正。例如，c 中的「日報（にっぽう）」少了末尾的「う」，d 中的「驚く（おどろく）」少了末尾的「く」。单个假名的遗漏会影响语音语调的规范，后续的调整并不会引起句意上的改变，属于改口中的一种。

（2）更换词（整体句意不变）

e.「…秘書のほうから、何回も何回も、お断りしてる<u>じゃ</u>ない、<u>では</u>ないですか…」（衆15号）

f.「…私は<u>この</u>、<u>これ</u>（振込票・振替用紙）は、初めて知ったわけでございまして…」（衆12号）

e、f 中「じゃ」更改为「では」、「この」更改为「これ」、「じゃ」与「では」、「この」与「これ」，这两组对应的词虽然在辞典上有各自不同的解释，但是在此处词的修改或更换中，并不涉及句意上的改变或颠覆，属于不影响句意的用词调整。

（3）修正语法（整体句意不变）

g.「接触記録を今、今、調べろというヤジが今ございましたが、今、ヤジがございましたがね、<u>それは</u>、<u>それ</u>であれば前もって聞いてくださいよ。」（衆15号）

h.「もうこれは、そういう方向で進んでいるということは、多くの人たちが知って、知っているんです。」（参11号）

g中「それは」变为「それで」，虽然涉及助词的更换（「は」→「で」），但并不影响句意。同样h中的「知って」更改为「知っている」，虽然在语法上涉及"态"的差别，实际在整个语义表达上却不影响整体句意。基于田中敏（1981）的研究，本文认为此种程度的语法变更属于不改变句意的调整。在后续统计中，本文将会沿用此标准。

（4）增加内容（改变句意）

i.「非常に、何回も何回も言っ、熱心に言ってこられる中にあってですね」（衆15号）

j.「…個人的に会ったこともないわけですし、お断りをし、何回もお断りをした中において、…」（衆15号）

i和j都是在本来的动词或者动词前增加了副词进行修饰。i中在动词「言う」前增加形容动词「熱心」，相当于增加了句子的状语成分，丰富了"说"的动作内涵，其含义也从普通的"说"变成了"不厌其烦地说"。同理，j中原本的动词短语「お断りをする」变成了「何回もお断りをする」，增加了表示频率的副词「何回」和助词「も」之后，含义也由"拒绝"变成"多次拒绝"。i和j的情况都是通过增加句子成分的改口形式在一定程度上改变了句意。

（5）减少内容（改变句意）

k.「…私が総理を辞めた時にですね、時に…」（衆12号）

l.「いずれにいたしましてもですね、いずれにいたしましても、繰り返して申し上げますが、私も妻もですね、一切、この、認可にもですね、あるいは、国有地の払い下げにも、関係ないわけでありまして。」（衆12号）

k和l的改口都是删除了前文表达中的「ですね」，虽然无具体意义，但是其在语言礼貌和与后文的衔接上，却对句子整体的含义产生了影响。

（6）更换单词（改变句意）

m.「…政府、あるいは行政の判断を侮辱するような<u>判断</u>は、あ、侮辱するような<u>言辞</u>はですね、…」

m中将「判断」一词更改为「言辞」，其整体含义从"带有侮辱性的判断"变为"带有侮辱性的措辞"，句意明显发生了改变。

（7）更换语法（改变句意）

n.「私<u>の</u>、<u>が</u>死んだ後であればまた別だけれども」（衆12号）

n中的改口，由表示从属助词「の」更改为主格助词「が」，由于是发言中的临时改口，从语法上说该句原本的「の」后面接续内容，不会和「が」后内容最终呈现出来的内容完全一致。本文认为此种情况下的语法结构改变涉及句意的改变。

（8）删除上文（改变句意）

o.「ただ、今、あの、他の政治家、等、等についてはですね、<u>ちょ</u>、あっ、あの、これ誰が調べてるの、これ。」

p.「そんなことを全部調べていたら、これ、<u>けっこう</u>、ど、どうなんですか。」（衆15号）

在o中，安倍的发言发生了删除前文的改口，删除的部分是「ちょ」，根据日语的表达习惯，此处本来想说的词应该是「ちょっと」。但是仅仅发生了一个音节就改口了，后续内容与该词完全无关，整体句意也与原本使用「ちょっと」的情况有所不同。同样在p中，被删除的词「けっこう」本身是一个完整的具有实义的词，被删除后影响到后面接续的内容，进而改变了句意。

3. 有声停顿

q.「<u>あの</u>、<u>おー</u>、この事実についてはですね…」（衆12号）

r.「…妻からですね、<u>えー</u>、ま、この、お、森友学園、です

か・・・えー、のー、先生のですね…」（衆12号）

　　s.「…その後、えー、その後、えー、やはり、えー…」（衆15号）

以上三例中出现的「あの」、「おー」、「えー」、「ま」、「この」、「お」、「のー」在句子中都不具有实际意义，安倍在发言中仅仅利用这些音节表示停顿，功能上接近第一类的"重复"，从而为发言争取思考时间。不同在于"有声停顿"不存在同一单音节或者多音节的连续重复，这里仅仅是毫无实际意义的插入。

（二）数据统计

本节选用的资料是2017年2月17日和24日众议院预算委员会上民进党议员福岛伸享和首相安倍晋三的部分问答，共计七个来回。在此以数据1、数据2、数据3、数据4、数据5、数据6、数据7表示，同时统计了不同类型的不连贯表达在各数据中出现的次数、频率，以及各类型不连贯表达发生在语段中的位置（句首、句中、句末）。

1. 次数统计

表1为在这七个数据中各类型不连贯表达的出现次数统计结果。表1表明在本次选取的所有数据中，安倍的不连贯表达出现次数共计317次，其中各类型数据分别出现了21次（反复）、35次（改口）、261次（有声停顿）。整体来看，出现次数最多的是有声停顿这一类别。从各数据来看，有声停顿也是出现次数最多的类别。

表1　各类型不连贯表达出现次数

数据 种类	数据1	数据2	数据3	数据4	数据5	数据6	数据7	合计
重复		3	2	2	3	2	9	21
改口	1	8	11	2	5	4	4	35
有声停顿	15	28	106	48	29	26	9	261
合计	16	39	119	52	37	32	22	317

除了数据7中有声停顿（9次）与重复（9次）的出现次数持平之外，其他6组数据中有声停顿这一类别的出现次数都是最多，在数据3中更是压倒性的超出其他类别（119次）。在功能上，"有声停顿"类似于"重复"，是发言者争取思考时间、整理思绪的表现。

2. 位置统计

表2为各类型不连贯表达分别出现在句首、句中、句末的次数和频率统计。表2表明除了"有声停顿"之外，其他类别的不连贯表达只出现在句首和句中，句末并未出现。即使是发生次数高达261次的"有声停顿"，在句末出现的次数也只有一次。由此可见安倍发言中的不连贯表达多出现在句首和句中。另外，发生在句首的不连贯表达为90次（反复9次，改口9次，有声停顿72次），发生在句中的不连贯表达为226次（反复12次、改口26次、有声停顿188次）。由此可见，安倍发言中不连贯表达现象的发生多集中在句中。

表2　各类型不连贯表达出现位置和频率

位置 种类	句首	句中	句末	总次数	频率
重复	9	12	0	21	6.62
改口	9	26	0	35	11.04
有声停顿	72	188	1	261	82.34
合计	90	226	1	317	100

安倍的国会答辩发言呈现如下特点：发言磕磕绊绊，表达不流畅。其原因主要为发言中充斥着"不连贯表达"，种类包括"重复"、各种类型的"改口"、"有声停顿"等。在诸多不连贯表达中，"有声停顿"出现次数和频率最高，而"有声停顿"的一大特征是插入毫无含义的音节，这增加了安倍语言的理解难度。另外，在这些不连贯表达的分布上，大多数分布在句中，一小部分分布于句首，句末则极少出现。

三、对照—以其他首相答辩语言为参照

从上述研究可知，"不连贯表达"现象在安倍国会答辩发言中的出现频率非常高，其中，"有声停顿"这一类别的不连贯表达出现频次尤为突出。可以认为，这是安倍在为自己的发言争取思考时间、规避失言风险的表现。"重复"和"改口"类型的不连贯表达的发生更加导致了安倍发言的支离破碎感。可以说，不连贯表达的多发是安倍的国会答辩语言区别于其他政治人物的重要特征之一。

为了验证这一观点，本小节将以原首相小泉纯一郎和财务大臣麻生太郎为比较对象，选取他们的国会答辩记录并统计分析其语言中的不连贯表达现象，以作辅助说明。本文选取的分析资料为参议院预算委员会上小泉纯一郎（2003年3月4日）和麻生太郎（2018年3月8日）的各三次答辩。表3为小泉答辩中"不连贯表达"的出现次数统计结果。在三次答辩中，出现的"不连贯表达"总次数只有4次。"反复"出现2次，"改口"和"有声停顿"各1次。可以看出，小泉纯一郎的答辩发言中不连贯表达相对于安倍发言出现的次数非常少。（参见表4）

表3　小泉答辩不连贯表达出现次数

回数 种类	一	二	三	合计
重复	1	1	0	2
改口	1	0	0	1
有声停顿	0	0	0	1
合计	2	1	1	4

表4为麻生答辩中"不连贯表达"的出现次数统计结果。三次答辩中出现的"不连贯表达"总次数只有3次。"反复"出现0次，"改口"出现2次，"有声停顿"出现1次。同样可以看出，麻生太郎的答辩发言中不连贯表达现象的出现次数非常少。

表4　麻生答辩不连贯表达出现次数

回数 种类	一	二	三	合计
重复	0	0	0	0
改口	0	1	1	2
有声停顿	0	0	1	1
合计	0	1	2	3

通过与小泉和麻生这两位政治人物的国会答辩的对比，很明显安倍的发言中"不连贯表达"现象的发生十分高频和突出，有时甚至影响到听取和理解的程度。虽然本文的对比考察，在比较对象和资料选择上存在一些局限性，但关于安倍答辩语言特征的整体判断依旧具有参考意义。

四、结语

本文通过举例分析，验证安倍的发言特点与田中敏（1981）提出的不连贯表达分类的一致性，发现安倍答辩发言中包含了各类型的"不连贯表达"。例如音节的"重复"、各种类型的"改口"（既有不影响原本句意的改口也有影响原本句意的改口）、没有实际意义的"有声停顿"。同时本文运用定量分析的方法对这些"不连贯表达"按分类进行了整理统计，发现在所有的类型中出现频次最高的是"有声停顿"，并且不连贯表达出现在句中的情况最多。最后对小泉纯一郎和麻生太郎的国会答辩发言中"不连贯表达"按分类进行了整理统计，用于与安倍的情况进行横向对比。其结果是，安倍的发言中出现"不连贯表达"的情况明显更多，因此，可以认为不连贯表达的多发是安倍答辩语言的重要特征之一。

另外，通过对答辩记录资料的统计分析，可以得出安倍答辩语言的一大特征是其发言中含有不连贯表达，且不连贯表达出现次数非常多，频率非常高。本文认为这是其发言给人以支离破碎感的主要原因。

参考文献

1. 钱冠连. 汉语文化语用学 [M]. 清华大学出版社. 1997.
2. 何自然. 语用学概论 [M]. 湖南教育出版社. 1988.
3. 黄金祺. 什么是外交 [M]. 世界知识出版社. 2004.
4. 魏在江. 从外交语言看语用模糊 [J]. 外语学刊. 2006.2：45–51.
5. 楊雪. 森友・加計問題をめぐる国会答弁の語用論的分析 [D]. 国際関係学

院. 2017.

6. 田中敏. 日本語発話における言いよどみ現象の分類と特徴づけ［J］. The Japanese Journal of Psychology. No. 4. 1981：213－218.

7. 劉歩庭. 日本語談話におけるフィラーに関する研究－談話分析の視点から－［D］. 華中科技大学. 2009.

8. 野村美穂子. 大学講義における文科系の日本語と理科系の日本語―フィラーに注目して［J］. 教育研究所紀要第五号. 1996.

9. 河正一. インポライトネスにおけるフェイス侵害行為の考察［J］. 地域政策研究（高崎経済大学地域政策学会）. 2014. 8：93－116.

10. 鈴木尊紘. 憲法第9条と集団的自衛権―国会答弁から集団的自衛権解釈の変遷を見る―［J］. レファレンス. 東京：国立国会図書館調査及び立法考察局. 2011. 11.

11. 大橋富貴子，岡村喬生，芳賀純，水谷. 座談会・無口とおしゃべり［J］. 言語生活. 1980－03：20－67.

12. ジェニー・トマス.『語用論入門』話し手と聞き手の相互交渉が生み出す意味［M］. 田中典子．津留崎毅．鶴田庸子．成瀬真理訳. 研究社出版株式会社. 1998：184.

13. Culpeper, J. Towards an anatomy of impoliteness［J］. Journal of Pragmatics 25：1996. 349－367［10］Brown, P. & Levinson, S. Politeness：Some universals in language usage［M］. Cambridge University Press. 1987.

14. Leech, G. N. Principles of Pragmatics［M］. Longman. 1983.

15. https：//search. goo. ne. jp/web. jsp.

日本《朝日新闻》关于脱碳经济的话语建构

裴 丽[*]

[摘 要] 本文以《朝日新闻》2005—2020年共15年间关于脱碳经济的报道为分析对象,采用语料库和话语研究相结合的方法,旨在考察《朝日新闻》对"脱碳经济"的话语建构,解读不同时期相关报道的特点,观察脱碳话语的特征及变化情况。从2005年到2015年底巴黎气候变化大会召开之前,《朝日新闻》对环境因素的关注较明显,同时也在探索如何提高能源效率。2015年巴黎气候变化大会召开之后,日本由于福岛核灾事故的影响,经济压力较大,虽然大量使用煤炭资源,但面临较大的国际和国内舆论压力。2020年10月菅义伟上台后,媒体对脱碳话语的报道关注更多的是经济因素。

[关键词] 脱碳经济 《朝日新闻》 语料库 话语研究

引 言

全球工业化以来,气候变化问题成为地球生态系统面临的严峻

---

[*] 裴丽,国际关系学院外语学院日语系副教授,博士,研究方向为日语语言学、语料库语言学、批评话语分析。

挑战。20世纪90年代，全球近200个国家签署了《联合国气候变化框架公约》，全球气候问题从此得到重视，国际气候治理机制也得以发展。2015年后，全球气候治理进入《巴黎协定》的落实与行动阶段，世界各国为应对气候变化，纷纷将绿色发展纳入拉动世界经济的新引擎，很多国家相继提出了碳中和和净零排放的目标。对此，2020年10月，日本首相菅义伟在执政后的国会施政演说中宣布，日本将在2050年实现温室气体净零排放，完全实现碳中和。这是日本政府首次提出进入脱碳社会的具体时间表。

众所周知，"低碳经济"是当前社会的热门话题之一。关于低碳经济的话语建构，以往主要集中在对欧美主流报刊的研究方面，如钱毓芳（2016、2019），而鲜有日本主流媒体对其的话语建构研究。有关日本"低碳经济"的研究主要集中在日本低碳社会实践对我国的启示等方面（邵兵2010；施锦芳2015；李国庆、丁红卫2020等）。"脱碳经济"与"低碳经济"既有共通之处，但也有所不同。"低碳经济"是以低能耗、低污染、低排放为基础的经济模式，其实质是高效利用能源。而"脱碳经济"则要将温室气体排放量降低为净零或负值，其显著特点在于利用矿石能源之外的能源方式，尤其是不会排放二氧化碳。据观察，以往未有研究涉及日本媒体对"脱碳经济"的话语建构，因此本文主要通过解读不同时期《朝日新闻》关于"脱碳经济"相关报道的特点，观察其话语的特征及变化情况。

一、基于语料库的批评话语分析

语言与意识形态之间存在着紧密的联系。20世纪初，西方哲学中开始出现"语言论"转向，人们不再把语言仅仅看成是一种工具，而是越来越关注语言与社会的辩证关系。传统的话语分析模式以描写和解释语篇的结构、意义以及语篇和语境的关系为目标，批评话语分析（Critical Discourse Analysis，简称 CDA）旨在分析真实、有一定量的以语言形式出现的社会交往活动。对于语言使用里隐含的意识形态和权力关系，一般人不易看清，而 CDA 正是要把这些隐蔽的内容提示出来（Fairclough & Wodak 1997）。

长期以来，语言研究主要依靠两种方法，即依赖直觉的内省方法和依赖真实数据的实证方法。从 20 世纪 60 年代起，语言学研究一直被基于直觉的研究方法所主导。直到 20 世纪 90 年代，随着计算机技术的发展，加之文本数据的增加，研究者们尝试使用统计方法解决计算语言学中的重要问题并取得了重要突破（梁茂成 2016：28）。

语料库应用于批判性社会研究领域时，研究者能客观地辨别自然发生的语言形式，提供广泛使用或鲜为人用的例证，而这些例证在小型的研究中可能被忽视（Baker & McEnery 2005：197）。将语料库的数据与批评话语分析相结合，既可以深入挖掘文本，又可以增强研究的客观性，在一定程度上避免传统话语分析文本数量小、主观性强等局限性（张瑞华、李顺然 2020）。

二、语料库和报道趋势分析

本研究从《朝日新闻》数据库（闻藏 II Visual）中收集了 2005 年 1 月 1 日—2020 年 12 月 31 日的《朝日新闻》中含有"脱炭素"一词的所有文章，共 409 篇。我们首先将语料按照年份分别建成 16 个文档，以每一年为一个样本，统计每年《朝日新闻》关于"脱碳"报道的总篇数，从篇数变化观察脱碳报道话题的分布情况和重要阶段节点。年度分布趋势如图1所示。

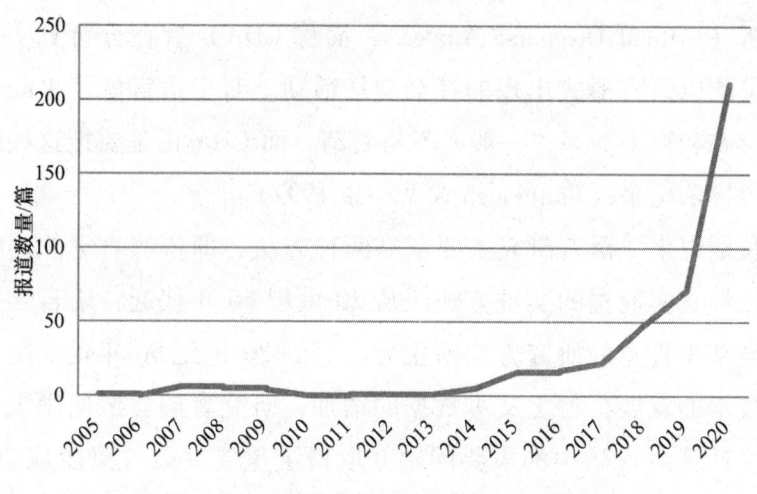

图1　《朝日新闻》提及"脱碳"的报道趋势图

从图1可以看出，2015年前关于"脱碳"的报道零星少见，2015年开始呈上升趋势，2015—2019年缓慢增长，2020年则呈爆发式增长。究其走势的原因，与国际局势和日本国内政策息息相关。2015年年底，巴黎气候变化大会召开，《联合国气候变化框架公约》近200个缔约方一致同意通过《巴黎协定》。协定指出，全球将尽快实现温室气体排放达峰，21世纪下半叶实现温室气体净零排放。此次会议首次提出温室气体净零排放，之后日本对"脱碳"相关报道呈缓慢上升趋势。直到2020年10月，日本新任首相菅义伟执政后在首次国会施政演说中宣布，日本将在2050年实现温室气体净零排放，完全实现碳中和。这一发言得到了日本媒体的大力关注，相关报道骤升。

本研究根据以上时间节点对"脱碳"话语建构的分析分为三个阶段：巴黎气候变化大会（2015年11月30日–12月11日）之前为第一阶段，巴黎气候变化大会至菅义伟执政后的施政演说（2020

年 10 月 26 日）之前为第二阶段，菅义伟执政后首场就职演说之后为第三阶段。通过对语料库的词频、词丛、主题词、检索行等数据类型的分析解读三个不同阶段的《朝日新闻》关于"脱碳"话题的报道，观察其话语建构的特征以及在不同时期的变化。

三、高频词和索引行分析

（一）整体词频分析

词频是语料库能够提供的非常重要的数据类型，我们可以从词频统计中得知语料库的总体词汇分布情况。本文利用 WordSmith Tools 6.0 统计了 2005—2020 年整体语料库的前 20 个高频实词（参见表 1）。

表 1 2005—2020 年排名前 20 的高频实词

序号	高频词	频次	序号	高频词	频次
1	日本	1226	11	企業	661
2	環境	988	12	温暖	650
3	排出	941	13	石炭	598
4	世界	927	14	気候	582
5	社会	827	15	ガス	579
6	経済	786	16	発電	577
7	脱炭素	753	17	削減	558
8	対策	734	18	車	547
9	目標	730	19	地球	546
10	エネルギー	728	20	政府	514

通过观察这 20 个高频词，我们发现了以下特征：

(1) 责任主体相关词语较多。如"日本""世界""对策""政府"。这些高频词主要涉及了"脱碳"问题的责任主体，既有"世界"这样着眼于全球范围的责任主体，又有"日本""政府"这些仅涉及日本的主体。无论哪个主体，都在努力制定政策，探讨"对策"以解决全球环境问题，这说明政策导向对于脱碳化目标的实现具有举足轻重的作用。

(2) 环境问题相关词语较多。如"環境""排出""温暖""気候""地球"。这些都进一步证明，脱碳化政策的实施背景与环境问题息息相关。正是由于全球变暖问题的出现，才迫使世界各国开始重视环境问题并制定相关政策。

(3) 一些词语提示了脱碳化的实现路径和遇到的问题。如"エネルギー""石炭""ガス""発電""削減""車"。《巴黎协定》签署以来，各国为减少碳排放，纷纷开发各类可再生资源。与他国不同，日本更加注重提升化石能源效率，通过降耗实现减排，"エネルギー""石炭""ガス""削減"的高频出现也与此相关。另外，日本是汽车制造大国，有相当比例的碳排放来源于汽车，因此，"車"也作为高频词之一频频出现，说明汽车产业的问题是日本实施脱碳化的棘手问题，因此也得到了媒体的关注。

（二）阶段高频词分析

以上主要分析了整体高频词。在本节中我们分别统计了三个阶段的高频词，对比分析"脱碳"报道在三个阶段的变化趋势。各阶段前21位[①]高频词如表2所示。

---

① 之所以选择前21位而不是前20位，是因为笔者认为各阶段第21位的高频词对于本文的分析也具有重要意义。

表2 三个阶段的高频词统计

第一阶段			第二阶段			第三阶段		
序号	高频词	频次	序号	高频词	频次	序号	高频词	频次
1	排出	201	1	日本	794	1	コロナ	295
2	環境	180	2	環境	665	2	日本	271
3	国	173	3	世界	650	3	車	236
4	日本	161	4	国	551	4	脱炭素	222
5	温暖	154	5	排出	549	5	経済	218
6	削減	144	6	社会	534	6	首相	210
7	世界	141	7	石炭	515	7	社会	199
8	地球	124	8	エネルギー	514	8	ゼロ	196
9	目標	116	9	経済	490	9	排出	191
10	エネルギー	97	10	対策	465	10	対策	179
11	社会	94	11	脱炭素	465	11	企業	163
12	対策	90	12	目標	457	12	政府	162
13	ガス	89	13	企業	441	13	ガス	161
14	研究	88	14	温暖	440	14	事業	161
15	技術	81	15	気候	432	15	目標	157
16	経済	78	16	協定	413	16	発行	152
17	車	72	17	発電	391	17	実質	147
18	効果	68	18	可能	386	18	環境	143
19	脱炭素	66	19	パリ	363	19	国	139
20	気候	65	20	地球	363	20	世界	136
21	議定	62	21	火力	342	21	発電	136

在第一阶段，也就是巴黎气候变化大会召开之前，"排出""環境""温暖""地球""気候"等与环境相关的高频词排位比较靠前，这说明此阶段《朝日新闻》有关脱碳话语的报道主要关注的还是环境因素。另外，"議定"也进入了第一阶段的高频词行列。实际上，"議定"主要指的《京都协定书》(《京都議定書》)，说明在巴黎会议之前，《京都议定书》的制定对于日本实现脱碳化有重要的影响。如：

（1）世界各地で起きる異常気象や環境変化に、地球温暖化への懸念が強まっている。そんななか、先進国に温室効果ガス削減を義務づけた京都議定書が2月16日にようやく発効し、温暖化を食い止める国際的な取り組みは歩みを一つ進める。（2005年1月1日朝刊）

第二阶段环境相关词汇仍然占据着较大比例，但与第一阶段相比整体排位有所下降。"議定"消失，出现了"協定"。"協定"主要指《巴黎协定》（"パリ協定"），"パリ"一词在第二阶段也成为高频词，指的也是《巴黎协定》。这说明日本实施脱碳路线与《巴黎协定》的制定有着重要的关系。"京都議定書"在语料库中共出现91次，而"パリ協定"出现了367次。在第二阶段，多次提及《巴黎协定》，且多次报道美国退出该协定，说明对日本有很重要的影响。"エネルギー"在前两阶段均为前十位，通过观察与其搭配的词丛我们发现，两个阶段也存在一些不同。在第一阶段，主要以"再生可能エネルギー"、"自然エネルギー"、"新エネルギー"的形式出现，说明日本谋求通过充分利用自然资源达到脱碳的目的。在第二阶段，主要以"再生可能エネルギー"、"自然エネルギー"、"水素エネルギー"、"グリーンエネルギー"、"ゼロエネルギー（住宅・ハウス）"、"国際エネルギー機関"（主要援引该机构的话）等形式出现。值得注意的是，在第二阶段，多次出现"水素エネルギー"，这是第一阶段所没有的。说明日本此阶段已探索采用氢气能源。在第一阶段，"新エネルギー"出现次数很多，因为这时日本只是提出该想法，而在第二阶段，"新エネルギー"出现次数很少，"水素エネルギー"出现次数很多，说明在第二阶段，日本已经找到新能源即为氢能源。事实上，日本在2017年便提出了《氢能基本战略》，提出了"氢能社会"的概念，确立了氢能发展的国家战略并

制订了氢能发展路径：第一，从海外进口化石燃料，利用碳捕集和利用、储存（CCUS）技术制氢，或采用可再生能源电解技术实现低成本、零排放制氢。第二，加强进口和国内氢能的运输、分配基础设施建设。第三，促进氢能在汽车、家庭热电联供和发电等各个部门的大量应用。(邹才能等 2021：242)

（2）福島イノベーション・コースト構想が、いよいよ本格化します。浪江（なみえ）町では、この夏、世界最大級の水素製造工場の建設を開始します。再生可能エネルギーから水素を生み出す、まさに"CO2 排出ゼロ"の新しいエネルギー供給のモデルです。(2018 年 1 月 23 日朝刊)

在该阶段，"石炭"、"発電"、"火力"也进入高频词行列，多以"石炭火力"、"石炭火力発電"等词丛形式出现。"脱碳化"意味着以化石能源为主的发展时代终将结束，而一个向非化石能源过渡的时代将要到来，它将对全球产业链的重组、重构产生深刻的影响。随着"脱碳化"话题的逐步深入，日本的燃煤发电问题成为脱碳化道路上一大绊脚石。原本日本政府已开始推广煤炭、液化天然气和核能等多种能源的新能源政策，并计划在 2030 年将燃煤发电比例降至 10%，但这一切都因为 2011 年东日本大地震引发的福岛核危机而发生了改变。日本在 2003 年、2007 年、2010 年、2014 年和 2018 年先后通过了五次"能源基本计划"。早在 2003 年的计划中，日本经济产业省作为制定国家能源政策的行政部门就提出"3E"，即能源保障、经济效率和环境保护是日本能源政策的重要目标。2010 年，日本经济产业省计划依靠核电来弥补电力缺口，使核能从 2010 年的 29% 增加到 2030 年的 50%。然而，2011 年的福岛核灾事故迫使政府重新评估，使得日本对煤炭资源的需要和渴求上升到一个新的高点。2014年的第四次《计划》对煤炭进行了新的定位，认为煤炭是引发地缘政治风险可能性最低、稳定性与经济性兼备的基础能源，将煤炭定位为长期可依赖的重要能源。在具体发展目标方面，日本提出通过技术进步改造陈旧的火力发电设备，提高能源使用效率，研发新技术降低温室气体排放量等（县祥2016）。但众所周知，煤炭的火力发电较其他发电方式会产生更多二氧化碳，地球约30%的二氧化碳来自火力发电，是造成全球变暖的一个重要原因。《巴黎协定》后，联合国呼吁各国停止兴建煤炭火力发电站，很多发达国家纷纷响应，而日本却反其道而行之，不仅没有减少火力发电站，反倒在建和计划中兴建多个火力发电站，并给发展中国家的火力发电建设提供技术支持和融资，这使得日本面临着较大的国际和国内舆论压力。因此，《朝日新闻》在这一阶段对于以"石炭""発電""火力"等为关键词的燃煤发电相关报道也较多。如：

（3）日本は現在、石炭火力が電源構成の30%以上を占め、30年でも26%を見込む。東南アジアへの輸出もあり、脱石炭に後ろ向きだと国際的に評判が悪い。（2019年5月23日朝刊）

在第三阶段，"環境"一词从第一、二阶段的第2位降至第18位，而"経済"一词由第一阶段的第16位、第二阶段的第9位，升至第三阶段的第5位。这说明与前两个阶段相比，比起环境因素，日本的脱碳相关政策越来越关注经济因素。日本首相菅义伟在执政后的国会施政演说中提出"在增长战略支柱中提出创造经济与环境的良性循环，尽最大努力实现绿色社会。""全球变暖对策已不再制约经济增长。我们需要转变思路，积极开展全球变暖对策能为产业结构和经济社会带来变革，并有助于大幅增长。"受新冠肺炎疫情影响,日本经济遭受重创。因此,"コロナ"也成为第三阶段的高频词,这反映了这一阶段的话语背景。而在此背景下,日本迫切想要改变现状,使经济尽快复苏。2020年底,日本政府公布了"脱碳路线"图草案,绿色投资被视为日本疫后重塑经济的重点。

(4) 脱炭素を「経済成長の制約・コストとする時代は終わり、国際的にも成長の機会ととらえる時代になっている」(加藤官房長官)とし、洋上風力や水素、自動車、航空機、原子力など14の重点分野で取り組みの方向性や数値目標を掲げた。(2020年12月26日朝刊)

日本是汽车制造大国,传统燃油汽车占绝对优势比例。伴随脱碳日程的推进,势必要求日本的汽车行业进行产业重组。因此,"车"成为第三阶段的报道高频词,日本急需解决汽车产业转型问题。对此,日本经济产业省也朝着向2030年在日本国内停止销售汽油车新车的方向启动调整,日本媒体也对此进行了大量报道。如:

(5) 車の脱炭素化でカギを握るのが電気自動車と燃料電池車だ。英国は35年以降、フランスは40年以降のエンジン車の新車販売禁止を宣言した。米カリフォルニア州も35年以降の新車販売禁止を表明している。

日本は30年までに、電気自動車と燃料電池車を、それぞれ新車販売台数の20～30%と3%にすることをめざす。だが、19年度時点の実績は電気自動車が約0.5%、燃料電池車が0.02%にとどまっている。(2020年10月31日朝刊)

(6) 家庭、運輸、産業の各部門では、遅くとも30年代半ばまでに乗用車の新車販売で電動車100%を実現するなど、化

石燃料に頼っていたエネルギー利用の電化を促す。（2020 年 12 月 26 日朝刊）

四、主题词分析

目前语料库文献中所用的"主题词"这一术语，指的是通过全面对比所析出的 A 语料库与 B 语料库显著不同的词汇。将一定数量的主题词概括起来分析，不但可以得出对话语内容的总体认识，还可以对其背后的社会文化内涵有所揭示（许家金 2019）。主题词与词频统计各有优势，词频统计是按照词汇频率出现的高低顺序统计得出，而主题词则分析统计意义上具有特殊频率的词。

我们以第二和第三阶段"脱碳"报道语料作为参考语料库，使用 Word Smith Tools 6.0 对比分析出第一阶段的主题词。同样，使用第一、第三阶段语料作为参考语料库，对比分析出第二阶段的主题词。最后，又按照相同的方法，以第一、第二阶段语料作为参考语料库，对比分析出第三阶段的主题词。表 3 为统计出的三个阶段各自出现的前 20 个主题词。

表3　三个阶段的主题词统计

第一阶段前20个主题词	第二阶段前20个主题词	第三阶段前20个主题词
協定書、削減、量、排出、温暖化、スマート、合意、京都、セッション、地球、国、義務、枠組み、フォーラム、先進国、世紀、環境、省エネ、取引、LED	協定、石炭、SDGs、火力、徳島、輸出、トランプ、気候、炭鉱、平和、変動、電源、エネ、主力、革命、国連、世界、若者、可能、五輪	首相、菅、コロナ、緑、感染、兆、デジタル、減税、国会、国債、予算、新型、補正、義偉、学術、金、実質、特例、任命、ウイルス

在第一阶段，日本媒体比较关注节能减排的问题，这与高频词分析的结果基本是一致的。值得注意的是，此阶段出现了"スマート""LED"等新的词语。调查发现，"スマート"主要与"スマートハウス""スマートシティー"搭配使用。如前所述，2011年东日本大地震引发福岛核危机，日本核能使用率由2010年的28.6%降至接近0，而化石能源使用率由2010年的62%升至88%，日本一直致力于降低能源消耗、提高能源效率的研究中（周佺桢、马蕾2018）。2013年，日本大阪府堺市建造了日本首个智能环保住宅小区"SMA×ECO TOWN 晴美台"。该住宅小区占地面积约1.7万平方米，共有65户独栋住宅，每户住宅均配备有太阳能发电系统，家用锂离子蓄电池以及家用能源管理系统，基本能够实现用电自给自足。各住宅白天通过太阳能发电储存电能，供夜间使用。家用能源管理系统能够随时监控太阳能发电量以及用电量等数据，在电力不足的情况下，该系统会自动从关西电力公司购买电量，当电量过剩时，亦可以对外出售，该住宅区基本可实现零电费以及二氧化碳零排量（环球网2013.6.8）。基于此，媒体开始进行"スマートハウス"以及与之相关的"スマートシティー"的报道。关键词"LED"多以"青色LED"的词丛形式出现。曾在日本日亚化学工业公司（Nichia）当技术员的中村修二发明了高亮度蓝色LED，并获得2014年度诺贝尔物理学奖。该蓝光LED大大促进了照明效率，降低了碳排放。这两个主题词均体现了日本媒体对于节能减排问题的关注。

（7）自分の家にある機器で電気をつくり、賢く蓄えて、省エネを実現する。そんな「スマートハウス」や「スマートシティー」は日本でも当たり前のくらしの姿になるのだろうか。(2015年10月27日朝刊)

（8）中村さんは発明した青色LEDなどの先端技術が、環

境保護においていかに大切かを語ります。(2015年9月16日朝刊)

在第二阶段，如高频词分析所示，《朝日新闻》对日本燃煤发电问题十分关注，"石炭""火力""輸出""炭鉱"进入了这一阶段的主题词行列。这说明，在这一阶段，无论从何种角度来看，燃煤发电问题都成为日本实现脱碳化最大的障碍。除此之外，也出现了高频词中未曾见到的"SDGs""徳島""トランプ""若者""五輪"等词。SDGs是联合国可持续发展目标（Sustainable Development Goals）的英文简称。在这一阶段，"協定""SDGs""国連""世界"作为主题词出现，说明日本脱碳化相关举措是在世界形势的大格局下制定的。时而会出现"引领"世界这样的表达，说明日本希望在环境问题上得到国际社会的认可，塑造良好的形象，从而增加在国际社会的话语权。"徳島"作为主题词出现，主要是由于德岛县在日本率先制定了"脱碳条例"，提出尽量利用当地生产的可再生能源。在日本政府无法全面废除燃煤电厂的同时，很多地方自治体纷纷采取对策，先政府一步提出削减温室气体为零的目标。"若者"作为主题词，表明日本希望调动年轻人的力量共同完成脱碳化。"五輪"作为主题词，在新冠肺炎疫情前主要讨论无碳奥运、东日本大地震后的"復興五輪"，疫情发生后主要讨论奥运会能否举行以及是否有举行的必要。

（9）社会の仕組みを根幹から変えるデジタル化とグローバル化が進み、国連が掲げる「持続可能な開発目標（SDGs〈エスディージーズ〉）」の達成が重要になっています。経団連では、狩猟、農耕、工業、情報社会に続く（5番目の）超スマート社会を「Society（ソサエティー）5・0」と呼んでいます。技術や産業、経済の仕組みを、より人間的で豊かに活用できる社会のことです。その実現を通じ、SDGsの達成を目指します。(2018年9月25日朝刊)

（10）徳島県は、温室効果ガスの排出を実質ゼロにする「脱炭素」を目指す条例案を、27日開会の定例議会に提出する。県によると「脱炭素」をうたう条例は全国初。水素エネルギーを活用するなどし、「世界のモデルになるよう取り組みたい」（飯泉嘉門知事）としている。(2016年9月24日朝刊)

（11）国が選定する今年度の「SDGs未来都市」に、県が選ばれた。若者も参画する脱炭素社会に向けた取り組みが評価された。(2020年8月5日朝刊)

在第三阶段，"首相""菅""義偉"作为关键词，主要围绕菅义伟在执政演说中首次提出日本在2050年实现脱碳化相关的报道，以及之后在国会答辩中出现的相关讨论和政策。首相菅义伟之所以在此阶段被大量报道，一方面是因为他上台不久，人们普遍比较关注他，但是更重要的还是因为他首次提出了日本脱碳化的日程。"コロナ"、"ウイルス"、"感染"和"新型"表明了该阶段所处的特殊时期背景，即新冠疫情肆虐，给日本的经济带来了很大影响。纵观这一阶段的主题词，其最大的特征是经济相关词汇较多，如"円""兆""減税""国債""予算""補正""金""特例"等。"円""兆"作为主题词，因为媒体大量报道了日本为了支持脱碳化开发新能源新技术所要花费的费用以及政府的支出等。"金"作为主题词，主要以"交付金""補助金""奨学金""協力金"等形式出现，说明新冠疫情的暴发导致日本经济雪上加霜，政府需要对企业及个人进行资助。与之相关的还包括"減税"，常以"エコカー減税""住宅ローン減税"等词丛形式出现。前者一方面是为了扩大内销，促进日本国内经济流动，另一方面因为汽车产业改革，即逐步淘汰燃油车，鼓励人们购买节能车，为脱碳化做准备；后者是为了应对当前的新冠肺炎疫情所导致的经济问题。"特例"主要指"减税特例"等，其出现也是由于在新冠肺炎疫情的形势下，需要日本政府制定一系列特例进行政府补贴。"国債"主要是以"国債発行"的词丛形式出现，说明在当前形势下，日本经济困难，需要大量发行国债以解燃眉之急。"補正"主要以"補正予算"的词丛形式出现，它和"予算"同样都是伴随日本的经济困难问题被大量报道的。因此，第三阶段主题词的突出特点，就是大量报道了经济问题。这说明，"脱碳"话语已经由最初的环境问题为主转移到了经济问题为主，日本进一步认识到，实施脱碳化政策并非未来发展的制约因素，而是发展的驱动力。

（12）総額106兆6097億円にのぼる政府の2021年度予算案がまとまった。過去最大をさらに更新した予算には、医療や雇用など暮らしにかかわる施策や、脱炭素化など社会の変革を後押しする事業が盛り込まれた。（2020年12月22日朝刊）

（13）コロナ禍で経済が落ち込む中、住宅ローン減税や自動車減税といった個人向けの負担軽減策や、企業の脱炭素化やデジタル化への投資を後押しする減税などが並ぶ。（2020年12月11日朝刊）

五、结语

近年来，世界各国为应对气候变化，纷纷发表了"碳中和"目标的实现进程。在"碳中和"之前，全球能源主要是从高碳到低碳转型。但随着环境问题加剧，能源必然经历从低碳到脱碳的二次转型。在从高碳到低碳的转型阶段，日本十分注重提升石化能源的效率，意图通过降耗实现减排。但"脱碳"阶段，仅仅降耗是不够的，全球能源必然要向新能源方向转型。

《朝日新闻》对脱碳经济话语建构从 2005—2020 年有着很大的变化。从 2005—2015 年底巴黎气候变化大会召开之前，《朝日新闻》的报道比较关注环境因素，同时也在探索如何提高能源效率。由于 2011 年的福岛核灾事故，日本对煤炭资源的需要和渴求上升到一个新的高点，日本在建和计划兴建多个火力发电站，并给发展中国家的火力发电建设提供技术支持和融资，这使得日本面临较大的国际和国内舆论压力。随着 2015 年巴黎气候变化大会的召开，各国纷纷制定碳排放、碳减量的目标，日本政府之所以选择火力发电，一方面因为安全，另一方面则考虑的还是经济问题。这个阶段可以说日本是非常纠结的，一方面要实现减排目标，另一方面又要考虑经济压力。在第三阶段，即菅义伟执政发表施政演说之后，媒体对"脱碳"话题的报道更多关注的是经济因素。随着各国纷纷发表"碳中和"日程，日本政府深深意识到脱碳潮流已势不可挡，于是菅义伟致力于追赶并领先世界能源的发展潮流，将绿色发展作为经济增长的核心动力。

参考文献

1. 梁茂成. 什么是语料库语言学 [M]. 上海：上海外语教育出版社，2016.
2. 李国庆，丁红卫. 地方城市低碳发展：日本实践与经验镜鉴 [J]. 日本学刊，2020（S1）.
3. 钱毓芳. 英国主流报刊关于低碳经济的话语建构研究 [J]. 外语与外语教学，2016（2）.

4. 钱毓芳. 《纽约时报》关于低碳经济的话语建构 [J]. 天津外国语大学学报, 2019 (2).

5. 邵冰. 日本建设低碳社会及其启示 [J]. 东北亚研究, 2020 (1).

6. 施锦芳. 日本的低碳经济实践及其对我国的启示 [J]. 经济社会体制比较, 2015 (6).

7. 县祥. 煤炭在能源革命中的地位及发展路径——日本能源基本计划的启示 [J]. 中外能源, 2016 (3).

8. 许家金. 语料库与话语研究 [M]. 北京: 外语教学与研究出版社, 2019.

9. 张瑞华, 李顺然. 国内基于语料库的批评话语分析研究综述 [J]. 当代外语研究, 2020 (6).

10. 中山寿美江. 日本和世界的燃煤发电现状及发展趋势 [J]. 电力设备管理, 2017 (6).

11. 周佺桢, 马雷. 日本家庭节电新方法 [J]. 环球揽萃, 2018 (1).

12. 邹才能等. 世界能源转型内涵、路径及其对碳中和的意义 [J]. 石油学报, 2021 (2).

13. 环球网. 日本诞生首个智能环保住宅区电能自给自足 [N]. https://hope.huanqiu.com/article/9CaKrnJAPS0, 2013 - 6 - 8.

14. BAKER P. & MCENERY A. (eds). Corpora and Discourse Studies: Integrating Discourse and Corpora [M]. Basingstoke: Palgrave Macmillan, 2015.

15. FAIRCLOUGH & WODAK. Critical discourse analysis [A]. T. A. van Dijk (ed.). Discourse Studies A Multidisciplinary Introduction [C]. London: Sage, 1997.

基于释意理论的社会新闻汉译日策略探究

王世彦[*]

[摘　要] 随着中国经济持续发展及综合国力不断提升，如何推动中国文化"走出去"是我们面临的重要任务。社会新闻追踪社会热点，反映最新社会生活，因此，将中国的社会新闻翻译并传播到海外，能够帮助外国人更加直观、深入地了解中国。社会新闻中常使用贴近日常生活的词汇，还经常出现新兴网络用语，并且伴随着一定比例的访谈内容。在翻译社会新闻时，若只关注字词的对译，则很容易导致译文逻辑不通、意义不明。根据释意理论关于翻译过程"三步走"的原则，在翻译社会新闻时，应把握核心信息，脱离源语言的外壳，尽量站在日语受众角度翻译原文，这样才能帮助受众充分理解原文含义，达到新闻的宣传效果。

[关键词] 释意理论　社会新闻　汉译日

引　言

随着中国经济持续发展，综合国力不断提升，中国在国际社会

---

[*] 王世彦，国际关系学院外语学院日语系助教，日语语言文学硕士，研究方向为日语口译、笔译。

上的地位也越来越高。如何讲好中国故事，推动中国文化走出去，从而进一步扩大中国文化的影响力，是我们面临的重要任务。

　　一个国家的社会新闻能够体现该国的文化特色、风土人情以及人民生活等方方面面。因此，将中国的社会新闻翻译并传播到海外，不仅能够帮助外国人更加直观、深入地了解中国，也能够方便中国文化更全面、更细致地对外交流。

　　中国与日本是一衣带水的邻邦，两国自古便有密切往来。尽管中日文化之间有着千丝万缕的联系，两国在饮食、服饰、节日风俗、语言文字等方面都能互相找到熟悉的元素，但历经漫长的发展之后，更多的其实是互不相同。因此，两国的相互理解与相互沟通离不开翻译。好的翻译能够迅速准确把握对方所希望表达的意思，从而节省时间，提高效率。这要求我们不仅要熟悉中日两国之间的文化以及相关差异，还要能灵活运用汉语和日语两种语言，并且站在译入语受众的角度思考该如何对原文进行理解和处理。

　　在翻译的过程中，译者需要完成理解、重构、输出译语这一整套过程。这一过程并不是简单的一一对应，必然会遇到各种各样的问题，译者需要充分发挥主观能动性，创造性地去解决这些问题。因此，探究社会新闻汉译日过程中的翻译策略，有助于提高中日交流的效率，让日本人更好地了解中国，从而助力中国文化"走出去"。

一、释意理论

　　释意理论（Interpretive Theory）又称"达意理论"（The Theory of Sense），是法国著名翻译学家达尼卡·塞莱斯科维奇（Danica Seleskovitch）于 20 世纪 60 年代末提出的。该理论主要探讨口译与非文学文本笔译的翻译原理。

释意理论强调翻译是一种交际行为，认为语言仅是用于交际的工具，交际中的双方主要感兴趣的并不是对方的语言，而是对方试图借助语言来表达和传递的信息。因此，翻译的对象不应该是语言本身，而是话语的交际意义；翻译不应该只是对原文词语的僵硬再现，而是译者积极参与的再创造的过程。

释意理论认为翻译过程可以分为三步：（1）理解原文。（2）脱离源语言外壳。（3）重新表达。

首先，在理解原文的过程中，译者不能只停留在抓取原文字面意思的阶段，更应该去理解原文所表达的深层含义。这就需要译者充分调动自己的双语知识和百科知识，快速对原文进行释意。

其次是"脱离源语言的外壳"。释意理论认为该步骤是翻译过程的核心，直接关系到译出效果的好坏。无法成功脱离源语言的外壳，则只能机械地进行代码转换，致使译文脱离原文的篇章环境，变得生硬难懂。因此，在这一过程中，译者要争取做到"得意忘形"，即不过分纠结语言形式，摆脱束缚，"透过现象看本质"，寻找全篇内容真正要表达的关键信息。

最后，在成功脱离源语言外壳之后，译者还需要坚持完成翻译的最后一道工序——重新表达。在此过程中，译者需要拥有较高的译入语语言表达能力。这样，译者才能在脱离源语言外壳的基础上，站在受众的角度，选择符合译入语表达习惯的语法和用词等，将抓取的关键信息表达出来，以实现交际目的。

作为汉语母语者，在进行汉译日时，我们往往会不由自主地站在汉语使用者的角度来揣摩日语听众对信息的接收程度，"一厢情愿地"担心若译文的信息不够全面、生动，则会让日语受众无法准确理解原文的意思，以至于过分执着于将原文中的每个词都原封不动地一一对译出来。然而事实却是，使用两种不同语言的人，生活环境、历史文化等各不相同，语言习惯也大不相同，因此接收到的信息必然是无法完全对等的。这就需要我们抛开母语的束缚，站在译入语受众的角度来思考如何翻译，才能真正实现交际目的。下面以一段社会新闻为例，来说明如何在释意理论的指导下更好地进行汉译日实践。

二、译例分析

例1：近年来，原本以糯米和粽叶<u>为基底</u>的传统美食粽子逐渐<u>包罗万物</u>，巧克力、榴莲、芋泥、麻薯……年轻人喜欢的<u>新鲜玩意被粽叶层层包裹，碰撞出了不一样的火花</u>。

译文1：最近、もち米とチマキの葉<u>で作る</u>チマキが<u>年々進化を遂げています</u>。チョコレートやドリアン、もちなど、<u>若者に人気の食材が数多く使われています</u>。

例句中的黑体划线部分是常常被认为"不知道如何翻译才算恰当"的内容。通过翻查字典和资料或许能够将它们逐字对译出来，但这样是否能准确表达原文的真正含义，完成交际目的呢？

比如"以糯米和粽叶为基底的传统美食粽子逐渐包罗万物"一句，若为所谓的"充分保留原文意思与风格"而严格遵守原文用词，将其直译成「もち米とチマキの葉を基にするチマキが次第に森羅万象を含めるようになりました」，则显得莫名其妙、不知所云，是典型的"一厢情愿地认为每个词都翻译出来才是合格的译文，才能让听众准确理解原文的意思"。遇到这种情况，应当迅速脱离字面意思的束缚，抓取说话人真正想表达的内容，然后言简意赅地翻译出来。

这句话中的"……为基底"其实就是"以……为原料"，而根据上下文可知,"逐渐包罗万象"其实就是"新品种越来越多"的意思。所以,整句话可以缩减成"用糯米和粽叶制作的粽子,新品种越来越多"。同理,后一句中的"新鲜玩意"意指"新颖食材",所以不能翻译成「新しいやつ」等。"被粽叶层层包裹,碰撞出了不一样的火花"则可简洁地概括为"(新颖的食材)被用来包粽子,市面上出现了很多新款"。因此,翻译时需要考虑的并不是"层层包裹""碰撞出了不一样的火花"该如何用日语表达,日语受众也不会因为译者没能翻出"碰撞火花"这些词而无法顺畅理解这段话的中心内容。

"新鲜玩意"并未被翻译出来,但「年々進化を遂げています」暗示了"粽子品种推陈出新"。"层层包裹"在原文中并非必不可少的要素,因此可以将其删除,以方便前后内容的连贯表达。虽然整段话用词与原文相差较大,但译文并没有偏离原文的中心意思,且表达上简洁易懂,更便于受众理解说话人的意思。

例2:记者还发现,卖场里这种现蒸现卖的熟粽子也非常受欢迎。这种方式满足了生活节奏快、需要快速品尝快速使用的消费者需求。

译文2:また、スーパーでは、この蒸したてのチマキもよく売れています。仕事が忙しくて早く食べたいという消費者のニーズを満たせます。

这句话中也存在不少无法逐字翻译的内容。

首先,开头的"记者还发现",若"忠实"于原文,将其翻译成「記者が発見したように」,则会导致非常严重的翻译腔。因为日语与汉语不同,人称使用较少,且新闻报道中也几乎看不到"记者看到""记者发现"这类表达。因此若只考虑字面意思的对应,而不注意两种语言在实际运用中的差别,则很难翻译出地道的、更能为译入语受众接受的译文。其实,根据日语的表达习惯,这里可以将"记者还发现"省去不译，直接翻译后半句的内容。这样并不会造成原文意思的缺失或歪曲，反而显得简洁达意。

后半句中需要注意的是"现蒸现卖"和"受欢迎"。"现蒸现卖"乍一看不知道该如何处理，这时可以思考到底什么是"现蒸现卖"，即"蒸好了就直接出售"的意思。因此，这里的"现蒸现卖"可以处理成「蒸したて」，表达"刚出锅的""刚蒸好的"意思。"受欢迎"若直接翻译成「歓迎されています」，即「蒸したてのチマキも非常に歓迎されています」，则会显得有违和感。因为「歓迎」一词在日语中用来表示"（某人）受欢迎，赞成"，而原文中"欢迎"真正的含义是"销量好"，所以不能直接采用日语中的「歓迎」，而要寻找日语类似语境下常用的表达，如「よく売れています」。「売れる」意为"买的人很多"，用在「蒸したてのチマキ」之后，组成「この蒸したてのチマキもよく売れています」，便充分表达了原文意思是"现蒸现卖的粽子销量很好，买的人很多"。

其次，"生活节奏快"，也不能直接按原文的字词翻译成「生活リズムが早い」。因为「生活リズム」的意思是"生物钟"，但这里显然不是在讨论生物钟的话题，"生活节奏快"其实是"工作繁忙，没有太多闲暇时间"的意思，因此简单地翻译成「仕事が忙しい」即可体现原文的意思，且更容易为受众所接受。

例3："一呢就是有这种蒸汽的<u>一个状态</u>，能给顾客提供一些<u>面前的味道</u>，就是直接你在走过去的时候就可以闻着<u>一股清香的味道，粽叶的清香</u>。除了粽叶的清香之外，还有就是，我们正常这个东西直接就可以即食的一个状态。这样的话能增加更多的一个销量。"

译文3：「<u>蒸しているので、香りが立ってて、通り過ぎたらチマキの葉のの芳ばしい匂いがしてきます。そして、すぐに食べられるので、売上も増えました</u>」

这是一段对超市负责人的采访。受访人通常不会准备专业的演讲稿，即使对采访有所准备，也很难做到像写文字稿一样逻辑清晰、流畅连贯，因而语句中会存在大量无意义的冗余成分。这些冗余成分并不直接关系到说话人想要体现的主旨意思，有时反而会影响主旨意思的表达，因此在翻译时，首先应排除冗余成分对理解原文意思的干扰，快速抓取整段话的主要含义，然后在脱离源语言外壳的基础上将其用译入语表述出来，从而更有效地完成翻译的交际功能。

例3中出现的"一个""就是"以及"……一股清香的味道，粽叶的清香。除了粽叶的清香之外……"等都属于冗余部分，翻译时应尽量整合，而不必"面面俱到"。如把"蒸汽的一个状态"翻译成「水蒸気の状態にある」就显得莫名其妙，粽子怎么会"处于水蒸气的状态"呢？仔细研读原文可以发现，说话人想表达的意思是"粽子处于加热状态，所以会有水蒸气从容器中飘散出去"，因此这里要将理解到的深层意思翻译出来，才能准确传达说话人想表达的意思。如译文中的「蒸しているので、香りが立ってて」，虽然没有提到"蒸汽"，却形象还原了说话人所描述的状态。

"能给顾客提供一些面前的味道"这句话，结合上下文可知，其想要表达的是"加热后香气飘散，能让顾客闻到"。因此，不能只片面地琢磨如何完整地把句子中的字词都一一翻译出来，尤其是"面前的味道"，这里的重点并不是"面前"，而是"（顾客能闻到）味道"，所以在抓取原文意思时，可以将这里的"面前"省略不译。

再比如"……闻着一股清香的味道，粽叶的清香。除了粽叶的清香之外……"中，反复出现了三次"粽叶清香"。这是明显的冗余，在转述说话人主旨意思时并非必不可少，翻译出来则会显得译文啰嗦拖沓，不够简洁，因此在翻译过程中需要将其整合，"点到为止"：「…チマキの葉のの芳ばしい匂いがしてきます。そして、すぐに食べられるので…」。译文中仅出现了一次关于"粽叶清香"的表述。后一句中的重点是"粽子可以即食，所以能提高销量"，因

此将关于"粽叶清香"的内容删除，并不影响原文意思的转达。

可见，在翻译访谈性的内容时，不能完全按说话人语句中的用词逐一对应。口语通常逻辑较为松散，要尽量概括成简洁明了、逻辑清晰的语句，同时还需注意脱离源语言的外壳，使译文符合译入语的表达习惯。

例4：今年粽子价格跟往年比基本持平，市面上除了传统的火腿粽、叉烧粽、咸蛋黄粽等，各种<u>网红粽子吸引了一大批热衷于尝鲜的年轻人</u>。<u>在盒马鲜生的粽子柜台，记者发现了不少新面孔</u>。

译文4：今年のチマキの価格はほぼ例年並みで、伝統的なハム味やチャーシュー味、塩漬け卵黄味のチマキのほか、<u>今話題の新感覚チマキが若者の間で絶大な人気を博しています</u>。ある生鮮スーパーでは、新しい味のチマキがずらりと並べられています。

在日语中，"网红"对应的单词通常是「インフルエンサー」，但这个词指的是"网络红人"，而不是物，因此这里不能使用该词，需要具体情况具体分析。根据常识可知，能成为"网红"的商品通常新颖别致、与众不同，因而迅速走红，人们争相在各大社交平台晒照片、晒心得，使其曝光度直线上升。有了这一背景知识，再联系上下文可知，这里的"网红粽子"中的"网红"包含两层意思：一是口味不同于传统；二是非常受欢迎。因此，原文中的"网红粽子"可以翻译成「今話題の新感覚チマキ」。「今話題」表明这些粽子时下非常流行、广受欢迎，而「新感覚」则体现了这些粽子是紧跟时代潮流的新口味，不是传统的、常见的口味。这样，虽然无法给"网红"一词找到对应的译法，但通过这种摆脱原文字词束缚的解释性的翻译，同样可以没有偏差地传达原文意思。

"吸引了一大批"除了翻译成「多くの若者を引きつけています」，也可以像译文中那样译为「若者の間で絶大な人気を博しています」。译文虽然没有完全对应原文中的字词，但表达出了原文的含义，而且也符合日语的表达习惯。

"盒马鲜生"对绝大多数日本人来说是陌生事物，因此在不同情况下，这个词的处理方法也不同。如果允许添加注释，则需要使用日语对"盒马鲜生"进行简要介绍。如果因篇幅等限制不能加注，则要权衡主次，只留下核心内容，让受众能在最短时间内了解关键信息。这篇新闻重点介绍的是各种新口味的粽子，至于在哪里销售，这并不是最关键的信息，而且大多数日语受众对中国的各种超市名称并不熟悉，直接按原名翻译反而很难理解，因此需要大胆舍弃原名，改用解释性翻译，如译为「生鮮スーパー」，日语受众一看便知这是一个专门销售生鲜产品的超市，也就基本理解了原文的意思。

另外，"记者发现了不少新面孔"显然不能直接按原文的字词翻译成「記者は少なくない新しい顔を見つけました」，这样的直译生硬晦涩且莫名其妙。遇到这样的句子一定不能只看表面意思，翻译时需要表达的是隐藏在字面下的意思。联系上下文可知，这句话其实是在说"超市里有很多新口味的粽子"，将这层意思翻译出来，才是合格的翻译。

例5："我们又开发了跟'奈雪的茶'合作的网红新锐的粽子。这个粽子我们现在有两种口味，一种是白巧克力口味，还有一种是黑巧克力可可口味，这样的话呢迎合小朋友和年轻人，一年四季地这种把粽子变换成一种休闲食品的另外一种操作模式。"

译文5：「タピオカ専門店とコラボさせていただいて、新しい味を開発しました。今はホワイトチョコ味とブラックチョコ味の2つの新品を販売しております。このようにお子さんや若者の皆さんのニーズに合わせることによって、端午節以外の時にもおやつとして召し上がっていただけたらと思います」

"奈雪的茶"与"盒马鲜生"一样，虽然在中国是著名品牌，但对大多数不熟悉中国社会的日本人来说只是一个陌生的词语。因此，在无法给出注释的情况下，翻译该词时要进行适当的调整，以便于日语受众快速把握原文所要表达的核心意思。联系上下文可知，这段内容要传达的核心意思是"与奶茶店合作推出新口味的粽子"，而不是介绍"奈雪的茶到底是一个什么品牌"。因此，对于不熟悉中国社会的日语受众来说，店名并不是最不可或缺的信息。考虑到"奈雪的茶"是一家主要出售珍珠奶茶的饮品店，可以将其解释性地翻译成「タピオカ専門店」。近几年伴随着珍珠奶茶在日本的流行，「タピオカ専門店」已经成为了一个为日本大众所熟知的词汇，看到「タピオカ専門店」，日语受众立刻就能领会其含义，明白原文是在介绍一家生鲜超市与一家珍珠奶茶饮品店进行合作。

这里又再次出现"网红"一词，并跟有"新锐"二字。同样，生硬地逐字翻译只会破坏原文真正的含义，因此首先要理解"网红新锐"到底是什么意思。下文提到店家推出了两种巧克力口味的粽子，而传统粽子是没有巧克力口味的，所以据此可以推断出这里的"网红新锐"其实就是"不同于传统的、新的（口味）"的意思，因此翻译成「新しい（味）」即可。

"一年四季地这种把粽子变换成一种休闲食品的另外一种操作模式"这句话语法不够严密，是典型的口头表达，其中的"另外一种操作模式"完全可以删去不译。因为说话人想表达的关键信息是"把粽子变成一种一年四季都可以享用的休闲食品"。抓住这部分信息，再用符合日语表达习惯的方式翻译出来，就不会出现词不达意的生硬直译了。如，"变换"并不是一定要翻译成「変える」才能准确传达原文意思，要从整体上分析采用怎样的句型来处理整句话。

另外需要注意的是，这段话的说话人是一位商店负责人，即从事服务行业的人员，因此，尽管中文里无法体现，但翻译成日语时需要根据日语表达习惯，对消费者使用敬语，如「お子さん」（小朋友）、「召し上がる」（享用）等。

由上述分析可知，对于无法直接找到对译的词语，需要结合上下文准确把握词语的深层含义，再进行解释性的翻译，以方便日语受众理解其含义；很多词语虽然在日语中有对应的译法，但也不能不假思索，机械地逐字、逐词进行对译，拼凑出一串与原文意思大相径庭的句子；对于访谈的内容，则需要在理解的过程中删除冗余信息，抓取核心意思，简洁明了地用日语进行表达。

三、结语

社会新闻追踪社会热点，反映最新社会生活，除了贴近日常生活的词汇，还经常出现新兴网络用语，并且伴随着一定比例的访谈内容。在翻译社会新闻时，若只关注字词的对译，则很容易将原文处理成逻辑不通、意义不明的译文。此时，应当将翻译看作是一种交际行为，遵循释意理论关于翻译过程"三步走"的原则，从全篇主题出发，把握核心信息，脱离源语言的外壳，挣脱字词的束缚，尽量站在日语受众的角度，将总结提取的关键意思创造性地翻译出来。这样才能排除阅读新闻时可能存在的障碍，从而帮助译文受众充分理解原文含义，达到新闻的宣传效果。

参考文献

1. 张曦，林慧. 汉英交替传译"脱离源语语言外壳"归因研究——以2019年全国两会总理记者招待会为例［J］. 东华大学学报（社会科学版），2020（6）.

2. 秦慈枫，余青. "交际释意理论"在"导游口译"课程教学中的运用［J］. 北京印刷学院学报，2020（8）.

3. 贺千舫，李桂丽. 交际翻译理论视角下的新媒体社会新闻英译——以中安在线网站为例［J］.海外英语，2021（1）.

    4. 郑爽.浅谈以读者为中心在汉英新闻翻译中的意义［J］.校园英语，2020（42）.

    5. 李泽铭.释意理论角度下法律口译分析——以甘肃省第一届法律与科技国际学术会议安德鲁教授发言稿为例［J］.海外英语，2021（1）.

    6. 近藤正臣.通訳の原理に関する省察（上）［J］.通訳研究，2012（12）.

    7. 森住史.通訳者とコミュニケーション［J］.成蹊大学文学部紀要，2014（49）.

    8. 勒代雷.释意学派口笔译理论［M］.刘和平，译.北京：中国对外翻译出版公司，2001.

    9. ポェヒハッカー，F.鳥飼久美子監訳.通訳学入門［M］.みすず書房，2008.

数字词汇英译法与日译法比较研究

王　禹[*]

[摘　要] 研究数字词汇的多语种译法具有重要意义。按照基数词、序数词、百分比率、数字缩略语、数词习惯搭配分类，对《中国政府工作报告》中数字词汇的英译法与日译法进行比较研究，可见，在不影响意思传达的情况下，英译本与日译本都会保留数字词汇的形式，而如果影响意思传达，则以准确传达原文的意思为首要目标。当不会造成理解障碍时，英译本与日译本都会以直译法为主，而日译本异化程度更高。当因文化背景和语言特点的差异可能造成数字缩略语理解困难时，英译本和日译本都会采用多种翻译方法，比如直译加注解法或将数字词汇所指的内容具体化、意译法等。

[关键词] 数字词汇　英译法　日译法　中国政府工作报告

引　言

《中国政府工作报告》作为中国文化"走出去"的重要文本载体之一，发挥着向世界传递中国特色文化的作用。翻译好《中国政

---

[*] 王禹，国际关系学院外语学院日语系副教授，研究方向为日汉翻译。

府工作报告》是一项重要的外宣工作，有利于世界对中国政治的理解及对中国文化的感知，有利于增强中国文化的感召力与吸引力。其中，《中国政府工作报告》中数字词汇的翻译是其外译的难点和重点。

一、研究《中国政府工作报告》中数字词汇译法的必要性及相关文献综述

（一）研究《中国政府工作报告》中数字词汇译法的必要性

《中国政府工作报告》内容严谨，言简意赅，高频使用数字词汇。对于熟知中国历史文化和当前政治语境的目的语的读者来说，这些数字词汇并不会造成阅读障碍。但是，对于不熟悉中国历史文化和当前政治语境的目的语的读者来说，数字词汇有时难以理解。如果不能正确翻译《中国政府工作报告》中的数字词汇，中国的文化传播会受到影响，也会影响对外宣传国家的政治实力、经济实力。因此，研究《中国政府工作报告》中包括缩略语在内的数字词汇的翻译方法，在建设文化强国、树立文化形象、扩展文化感召力、增强综合文化实力、维护国家文化安全等方面具有重要意义。只有在充分考虑目的语的读者的文化背景、语言习惯、接受能力、审美偏好的基础上，对数字词汇进行精准翻译，才能真正实现让《中国政府工作报告》"走出去"的翻译目的。

（二）研究《中国政府工作报告》中数字词汇译法的相关文献综述

《中国政府工作报告》数字词汇的外译本研究大多是英译研究，

分为两种：一是有关数字词汇英译法的研究，比较有代表性的是曾国秀和龙飞（2016）的《基于平行语料库的〈中国政府工作报告〉中数字短语英译法研究》，王琼（2017）的《功能目的论视域下外宣翻译中数字表达的策略探析——从"四个全面"的英译谈起》，以及翁雨婷（2020）的《功能对等理论视角下2019年〈中国政府工作报告〉数字词汇英译研究》；二是聚焦于数字词汇缩略语的英译法的研究，比较有代表性的是李晓燕和龚小萍（2016）的《读者反应论视角下〈中国政府工作报告〉缩略语英译研究（2010—2014）》，以及徐萌和钱聪炜（2019）的《翻译适应选择论视角下〈中国政府工作报告〉中缩略语的英译研究——以2018年〈中国政府工作报告〉为例》。上述文献基于相关理论，对《中国政府工作报告》数字词汇的英译进行了总结，涉及直译法、直译加注解法、意译法、意译加解释法等。

有关《中国政府工作报告》中数字词汇的外译本研究中也有少量日译本研究。同英译研究的分类一致，也是分为两种：一是有关数字词汇日译法的研究，比较有代表性的是童富智（2019）的《论中央文献数词略语的日译法——基于对2017年〈中国政府工作报告〉的考察》，从语内与语际、文化、功能等多角度对数词略语的日译方法进行分析和总结；二是聚焦于数字词汇缩略语的日译法的研究，比较有代表性的是江笔菲（2019）的《功能对等理论视角下政治词汇缩略语的日译研究——以2019年〈中国政府工作报告〉为例》。

综上所述，目前国内学者在《中国政府工作报告》数字词汇的译法方面进行了大量英译本和日译本研究，但是尚未有学者从多语言译本比较的角度对《中国政府工作报告》数字词汇的译法进行比较研究。本文对《中国政府工作报告》数字词汇的英译和日译进行比较研究，分析其作为政治文献外译的共性及基于不同语言特性而显现出来的差异。研究数字词汇的多语种译法的异同，有利于更好地推动多语言翻译间的相互借鉴，可以为外宣文本的外译提供一个新的视角。

二、《中国政府工作报告》中数字词汇英译法与日译法的比较

《中国政府工作报告》的政治严谨性构成其外译的难点和重点。探讨《中国政府工作报告》中高频出现的数字词汇的译法就成为外译的重要任务之一。笔者按照基数词、序数词、百分比率、数字缩略语、数词习惯搭配分类，对 2020 年《中国政府工作报告》中数字词汇的英译法与日译法进行比较研究。

（一）基数词、序数词、百分比率的英译法与日译法的比较

基数词、序数词、百分比率都属于高频出现的数字词汇，因而对基数词、序数词、百分比率的英译法与日译法进行比较研究具有重要意义。笔者将基于具体实例对其进行分析，并总结英译法与日译法的异同。

例 1

原文：……99.1 万亿元，增长 6.1%。城镇新增就业 1352 万人……

英译：…… 99.1 trillion yuan, representing 6.1 percent increase. Around 13.52 million new urban jobs were added……

日译：……99 兆 1000 億元に達し、6.1% 伸びた。都市部の新規就業者数が1352 万人となり……

例2

原文：1.3万亿斤

英译：665 million metric tons

日译：6億5000万トン

分析：《中国政府工作报告》中巧妙地运用各种数据以及数据之间的关系，展示出数据说话的魅力，将这些数字词汇所发挥的功能理解透彻是翻译成功的关键。翻译基数词、序数词、百分比率这类数字词汇时，不能简单地逐词外译，需要注意使用对应的表述方式。有些汉语中的数字词汇表达形式，外译时必须改变原来的表述方式，以符合目的语国家的文化习惯。有一部分数字词汇可以采用直接对应的方式进行英译，比如例1、例2原文中的"99.1万亿"和"6.1%"直接英译为"99.1 trillion"和"6.1 percent"；也有一部分数字词汇需要按照目的语的读者的阅读习惯转换计量单位进行英译，比如原文中的"1352万"和"1.3万亿斤"英译为"13.52 million"和"665 million metric tons"。

关于数字词汇的日译，也同英译一样，既有可以采用直接对应的方式进行日译的，比如例1、例2原文中的"6.1%"和"1352万"原封不动地直接日译为"6.1%"和"1352万"；也有按照目的语的读者的阅读习惯转换计量单位进行日译的，比如原文中的"99.1万亿"和"1.3万亿斤"日译为"99兆1000億元"和"6億5000万トン"。从实例中可以看出，基数词和百分比率的英译法与日译法之间相似度比较高。

例3

原文：把人民生命安全和身体健康放在第一位

英译：putting the healthy and safety of our people before everything else

日译：人民の生命の安全と健康を第一に揭げる

例4

原文：中美第一阶段经贸协议

英译：the phase one China – US economic and trade agreement

日译：中米第一段階貿易合意

例5

原文：第七次全国人口普查

英译：The seventh population census

日译：第七回国勢調査

分析：例3、例4和例5都是关于序数词的翻译。日译均采用直译法，直接将"第一位""第一阶段""第七次"翻译成"第一に""第一段階""第七回"。例3英译并没有采用直译法，而是采用了意译法，将"第一位"翻译成"putting……before everything else"，在译文中并没有出现数词。例4和例5的英译同日译一样，采用直译法，直接将"第一阶段""第七次"翻译成"the phase one""The seventh"。

结合具体实例分析《中国政府工作报告》中的数字词汇的英译法与日译法，可以发现，基数词、序数词、百分比率因其内涵相对稳定，所以无论是英译还是日译，都是既有直译，又有按照目的语的读者的阅读习惯转换计量单位进行翻译的。当目的语的读者能够很好地理解直译的数字词汇的内涵时，直译可以令读者花费最少的处理时间获取最大的效果。而如果汉语原文中的数字词汇的计量单位不为目的语的读者所熟知，那么译者在翻译时就需要按照目的语的读者的阅读习惯，转换计量单位进行翻译，以保证目的语的读者能够正确理解该数字词汇的内涵。基数词、序数词和百分比率的英译法与日译法有相似之处，其差别在于因为日语与汉语同属汉字文化圈，所以《中国政府工作报告》中的基数词、序数词和百分比率的日译本比英译本异化程度更高，呈现出日汉同形的表述方式。

（二）数字缩略语的英译法与日译法的比较

《中国政府工作报告》中高频出现的数字缩略语能够起到言简意赅的表达效果。汉语中的数字缩略语是通过提炼语素或归纳字句结构，并加上相应的数字构成的。因此，对于不熟悉相关背景的目的语的读者来说，具有中国特色的数字缩略语比较难于理解。数字缩略语的英译与日译均需考虑到文化背景和语言特点的差异限制。

例1

原文："一带一路"

英译：the Belt and Road Initiative（BRI）

日译：「一带一路」

例2

原文："十三五"规划

英译：the 13th Five‐Year Plan

日译：第13次5ヵ年計画

例3

原文："十四五"规划

英译：the 14th Five‐Year Plan

日译：第14次5ヵ年計画

分析：例1、例2和例3的汉语原文中出现的"一带一路""'十三五'规划""'十四五'规划"是中国广为人知的数字缩略语，对于关心中国政治、经济的目的语的读者来说，可谓耳熟能详。因此，无论是英译还是日译，都采用了直译法，无须过多进行解释。而因为日语中有一些日汉同形的表述方式，比如汉语原文中的"一带一路"直接对应日语中的"一带一路"，所以同属汉字文化圈的日译"一带一路"和英译"the Belt and Road Initiative（BRI）"相比，异化程度更高。

例4

原文：三大攻坚战

英译：the three critical battles（This refers to the battles against poverty, pollution, and potential risk）

日译：三大堅塁攻略戦

例5

原文：中央八项规定精神

英译：the central Party leadership's eight‐point decision on improving work conduct

日译：党中央の「八項目規定（大衆路線の徹底、仕事における無駄の抑制など）」の精神

例6

原文："两新一重"建设

英译：new infrastructure and new urbanization initiatives and major projects

日译：「両新一重」の建設

分析：无论是英译还是日译，都没有过多地对"一带一路""'十三五'规划""'十四五'规划"等广为人知的数字缩略语加以注解，而对例4、例5、例6中出现的数字缩略语，英译和日译则采用不同的翻译方法。例4汉语原文中的"三大攻坚战"的英译采用直译加注解法，而日译则采用直译法。与之相反，例5中的"中央八项规定精神"，英译采用直译法，日译则采用直译加句内注解的翻译方法。例6汉语原文"'两新一重'建设"的英译并没有采用简单直译或加注解的方式，而是将"两新"一词具体化为"new infrastructure and new urbanization initiatives"，将"一重"一词具体化为"major projects"，译文中没有出现数字，日译则采用直译法，译

为日汉同形的"「両新一重」の建設"。可以看出，英译和日译采用了不同的方法来翻译这些涉及政府工作的基本政策并极具中国特色的数字缩略语。在判断对于关心中国政治、经济的目的语的读者来说可谓耳熟能详时，可采用直译法。而判断认为有些词语如果不加以解释，目的语的读者可能会因文化背景和语言特点的差异限制而难以理解时，则采用直译加注解法或将数字词汇所指的内容具体化的翻译方法。

例 7

原文："四早"

英译：early detection, reporting, quarantine, and treatment of cases

日译：「早期発見、早期報告、早期隔離、早期治療」

例 8

原文：纠治"四风"

英译：address the practice of formalities for formalities' sake, bureaucratism, hedonism, and extravagance

日译：「四つの悪風（形式主義・官僚主義・享楽主義・贅沢浪費の風潮）」を正す

例 9

原文：增强"四个意识"、坚定"四个自信"、做到"两个维护"……

英译：strengthen our consciousness of the need to maintain political integrity, think in big-picture terms, follow the leadership core, and keep in alignment with the central Party leadership; stay confident in the path, theory, system, and culture of socialism with Chinese characteristics; and uphold General Secretary Xi Jinping's core position on the Party Central Committee and in the Party as a whole, and uphold the Party Central

Committee's authority and its centralized, unified leadership……

日译：「四つの意識（政治意識・大局意識・核心意識・一致意識）」を高め、「四つの自信（中国の特色ある社会主義の道・理論・制度・文化への自信）」を固め、「二つの擁護（習近平総書記の党中央・全党の核心としての地位の擁護、党中央の権威と集中的・統一的指導の擁護）」を徹底させ……

分析：例7、例8、例9的汉语原文中出现的数字缩略语英译和日译的共同之处在于都没有采用简单直译的方式，而都是采用将数字词汇所指的内容具体化的翻译方法。其不同之处在于英译是舍弃数字缩略语，直接将数字缩略语的具体内涵翻译出来；日译则先保留数字缩略语，然后再以句内注解的方式对数字缩略语的具体内涵加以说明。注重数字缩略语的具体内涵的译法可以为目的语的读者准确地理解原文内涵打下坚实的基础。而日译将解释内容置于直译的数字缩略语之后，这样可以保持译文句式的美感和可读性。

（三）数词习惯搭配的英译法与日译法的比较

除了上述的基数词、序数词、百分比率、数字缩略语之外，数字词汇还包括一些数词习惯搭配，比如包含数词的四字成语等。这些数词习惯搭配的外译需要考虑到文化背景和语言特点的差异限制，不必强求译文中一定会出现对应的数词，而需要以避免目的语的读者产生阅读障碍为宗旨，在不影响目的语的读者理解的前提下，既可以在译文中将数词直译出来，也可以放弃原文中数词的高度概括性和浓缩性特点，而着重将原文中数词习惯搭配的意义翻译出来。

例1

原文：千方百计

英译：make every effort to

日译：あらゆる方策を尽くして

例2

原文：一视同仁

英译：treated as equals

日译：分け隔てなく平等に遇され

例3

原文：一网通办

英译：access via a single website

日译：オンライン・ワンストップで

例4

原文：一揽子政策

英译：a package of policies

日译：包括的な政策

例5

原文：一流大学和一流学科

英译：world – class universities and world – class disciplines

日译：一流大学・一流学科

分析：例1"千方百计"和例2"一视同仁"是汉语中的四字成语，英译"make every effort to"和"treated as equals"以及日译"あらゆる方策を尽くして"和"分け隔てなく平等に遇され"都不是按照字面意思直译，而是采用意译法。虽然原文中的数词在译文中不复存在，但数词习惯搭配的意义却准确无误地出现在译文中。例3"一网通办"和例4"一揽子政策"是汉语中的数词习惯搭配，英译"access via a single website"和"a package of policies"中出现了表示数字"一"的不定冠词，而日译"オンライン・ワンストップで"译为外来语，源语为英语词汇"one – stop"，其中也出现了数字"一"。与之相对，汉语原文"一揽子政策"日译为"包括的

な政策",其中并没有出现数字词汇。例5 "一流大学和一流学科"的英译 "world-class universities and world-class disciplines" 采用了意译法。与之相对,日译 "一流大学·一流学科" 采用的是直译法,并且日汉同形。

三、结语

言简意赅的数字词汇在《中国政府工作报告》中高频出现,而研究数字词汇的多语种译本对于外宣工作及中国文化"走出去"具有重要意义。本文按照基数词、序数词、百分比率、数字缩略语、数词习惯搭配分类,对2020年《中国政府工作报告》中数字词汇英译法与日译法英译进行了比较研究,得出如下结论:

对于关心中国政治、经济的目的语的读者来说耳熟能详的内容,无论是英译还是日译,均以直译为主。不同之处在于,具有日汉同形词汇的日译与英译相比,异化程度更高。有时为了保证目的语的读者能够正确理解数字词汇的内涵,需要按照目的语的读者的阅读习惯,转换计量单位进行翻译。

涉及中国政府工作的基本政策并极具中国特色的数字缩略语,无论是英译还是日译,均采用多种翻译方法。当认为目的语的读者不会产生理解障碍时,多采用直译法,而当认为目的语的读者可能会因文化背景和语言特点的差异限制而难以理解时,多采用直译加注解法或将数字词汇所指的内容具体化的翻译方法。不同之处在于,英译多是舍弃数字缩略语,直接将数字缩略语的具体内涵翻译出来;日译多先保留数字缩略语,然后再以句内注解的方式对数字缩略语的具体内涵加以说明。

翻译汉语中的数词习惯搭配时,无论是英译还是日译,均采用多种翻译方法，而当日语中具有日汉同形词汇时，多采用直译法。当按照字面翻译容易造成误解时，无论英译还是日译，多采用意译法。虽然原文中的数字在译文中不复存在，但数词习惯搭配的意义却明白无误地出现在译文中。

《中国政府工作报告》中高频出现的数字词汇常见的译法有直译法、直译加注解法、意译法等。数字词汇的翻译应该以准确传达原文的意思为首要目标，在不影响意思传达的情况下可以考虑保留数字词汇的形式；如果影响意思传达，则可以舍其形式，以准确传达原文的意思为重。

参考文献

1. 徐萌, 钱聪炜. 翻译适应选择论视角下《中国政府工作报告》中缩略语的英译研究——以2018年《中国政府工作报告》为例[J]. 海外英语, 2019 (14).

2. 曾国秀, 龙飞. 基于平行语料库的《中国政府工作报告》中数字短语英译法研究[J]. 哈尔滨学院学报. 2016 (1).

3. 李晓燕, 龚小萍. 读者反应论视角下《中国政府工作报告》缩略语英译研究 (2010—2014) [J]. 黑龙江教育学院学报, 2016, 35 (3).

4. 翁雨婷. 功能对等理论视角下2019年《中国政府工作报告》数字词汇英译研究[J]. 戏剧之家, 2020 (8).

5. 王琼. 功能目的论视域下外宣翻译中数字表达的策略探析——从"四个全面"的英译谈起[J]. 云南开放大学学报, 2017, 19 (1).

6. 童富智. 论中央文献数词略语的日译法——基于对《2017年中国政府工作报告》的考察[J]. 哈尔滨学院学报, 2019, 40 (10).

7. 江笔菲. 功能对等理论视角下政治词汇缩略语的日译研究——以2019年《中国政府工作报告》为例[C]. 贵州省翻译工作者协会2019年年会暨学术研讨会论文集. 2019.

汉日共延路径型虚构位移表达中的方式

石金花*

[摘　要]　汉日共延路径型虚构位移表达都遵守方式条件，即位移的方式不能出现在该类表达当中，除非它们用于描述路径特征。方式信息既可以通过方式动词进行编码，也可以通过方式状语进行编码。汉日共延路径型虚构位移表达中方式动词的使用频率都不高，但归属方式语言的汉语要略高于归属路径语言的日语。日语共延路径型虚构位移表达中的方式状语在形式上比汉语更为多样，但在使用频率上汉日间差别并不明显。这是由于受方式条件限制，汉日共延路径型虚构位移表达中方式动词的出现频率都相对较低，方式信息需要更多地依靠方式状语表达所致。

[关键词]　共延路径型　虚构位移表达　方式

引　言

共延路径型虚构位移表达指的是通过虚构某一实体在具有延展性的静态物体上的移动来描述该静态物体的形状、方向或位置的句

---

* 石金花，信息工程大学洛阳校区讲师，博士，研究方向为日语语言学、汉日对比研究。

子。汉语和日语中都存在共延路径型虚构位移表达，例如：

（1） a. 被碌碡压倒高粱闪出来的公路轮廓，一直向北延伸。（中日对译语料库①）

b. 道は舞鶴市から湾の底部に沿って西へ向い、宮津線と直角に交わり、やがて滝尻峠をこえて、有良川へ出る。（中日对译语料库）

共延路径型虚构位移表达虽然是一种虚构的位移表达，但是依然满足运动事件的相关构成要素。本文即从"方式"这一要素出发，探讨汉语和日语中的共延路径型虚构位移表达。

一、方式的界定

Talmy（2000）将事件分为单一事件和复杂事件两种，单一事件通常用单句来表达，复杂事件通常用复句来表达。但在语言的实际使用过程中，人们也常会用单句来表达复杂事件。Talmy认为此时实际上经历了事件的重新融合，并将这种经过重新融合的事件称为"宏事件"（macro-event）。宏事件由框架事件（framing event）、②副事件（co-event）以及两者之间的连接关系（support relation）构成。

Talmy（2000）又指出，运动事件（motion event）中的框架事件包含四个要素：图像（figure）、背景（ground）、位移（motion）或静止（stationariness）、路径（Path）。其中，图像是一个与整个运动事件相关的物理实体，它的路径或存在需要在表达中得到描述；

---

① 本文的"中日对译语料库"指的是北京外国语大学日本学研究中心于2002年研发完成的中日对译语料库。

② 框架事件也称主事件（main event），与副事件相对。

背景同样是一个与整个运动事件相关的物理实体，它的功能是为描述图像的路径或存在提供参照；位移描述的是图像相对于背景的位置变化，静止描述的是图像相对于背景的固定位置；路径则指的是图像相对于背景运动的轨迹或占据的位置。

除了上述框架事件的构成要素外，运动事件的构成要素还包括副事件，通常是指位移的方式和原因。对于运动事件表达中的方式，Talmy 和 Slobin 都曾尝试定义。Talmy（1985）认为，方式就是与位移主体的主要动作或者状态同时出现的次要动作或者状态"。Slobin（2006）则认为方式是一个包含多个维度的范畴，既包含运动方式（如 hop，skip），也包含运动工具（如 sled，skateboard），其中运动方式又常与运动速度（如 walk，sprint）、力（如 step，tramp）或态度（如 amble，stroll）等维度相结合。本文在分析时将不深究方式的下位构成要素，而更多地去关注方式的编码，因此，本文把方式简单地理解成运动事件中位移主体的移动方式。

二、方式条件

Matsumoto（1996）[1]、松本曜（1997）[2] 在讨论英日共延路径型虚构位移表达的共性时除了路径条件外还提出了一个方式条件，即位移的方式不能出现在英日共延路径型虚构位移表达当中，除非它们用于描述路径特征。松本曜（1997）[3] 又进一步指出，不论是方

---

[1] Matsumoto（1996：194）对方式条件表述的原文是"the manner condition: no property of the manner of motion can be expressed unless it is used to represent some correlated property of the path."

[2] 松本曜（1997：211）对方式条件的表述参照的是 Matsumoto（1996），原文是"移動の様態は経路の特性を表現する限りにおいてしか表現できない"。

[3] 松本曜（1997：213）的原文是"移動の様態を表す動詞や副詞句でも、それが経路の形状を表すと解釈できる場合は範囲占有経路表現に用いることができる"。

式动词还是方式副词等，当其用来表示路径的形状时，就可以用在共延路径型虚构位移表达当中。从这两个描述中可以看出，Matsumoto（1996）所说的路径特征指的就是松本曜（1997）所说的路径的形状。下述（2）中的方式动词或方式状语之所以不能用在共延路径型虚构位移表达当中，就是因为它们没有体现路径的形状。

（2）a. *その道は公園を｛歩く/急ぐ/スピードを出して行く/大股で歩く｝。

b. *その道は｛車で/徒歩で｝｛怒りながら/嬉しそうに/必死に/ゆっくり｝森の中を走る。（松本曜，1997）

相反，下述（3）中的方式动词和方式状语由于体现了路径的形状，所以可以用在共延路径型虚构位移表达当中。

（3）a. 道は林の中で<u>丘裾の線をなぞって自然にうねって</u>いた。（中日对译语料库）

b. 道は、<u>鬼怒川に近寄ったり、また遠ざかったりしながら</u>通り抜ける。（BCCWJ①）

松本曜（1997）的用例是通过内省的方式生成的，并未使用实际语料。为了进一步确认日语共延路径型虚构位移表达对方式条件的遵守情况，本文对所搜集到的268例日语语料进行了分析，发现但凡使用方式动词或方式状语的例子，其中的方式动词或方式状语都与路径特征有关。这也再次证明了日语共延路径型虚构位移表达是遵守方式条件的。

那么，汉语共延路径型虚构位移表达是否也同样遵守方式条件呢？

范娜（2011）曾指出，汉语共延路径型虚构位移表达也是遵守

---

① BCCWJ（Balanced Corpus of Con‑temporary Written Japanese）在本文指的是现代日语书面语均衡语料库（現代日本語書き言葉均衡コーパス）。

方式条件的，但表现出一定的局限性，比如，方式条件并不能很好地解释下述（4）中的两个句子。

(4) a. 湖岸上公路和铁路一齐奔向一个目标。

b. 这条路顺着河走。（范娜，2011）

范娜（2011）对此的解释是，方式条件要求共延路径型虚构位移表达中的方式动词或方式副词等只呈现路径特性，同时抑制自身的方式信息，而这两个例子的中的"奔"和"走"却体现了位移主体的位移方式。具体来说，"奔"的原意是奔跑、急走，用在（4a）中体现了位移主体（汽车和火车）快速移动的方式；而"走"的原意是人或鸟兽的脚交互向前移动，用在（4b）中则体现了人特有的位移方式。

对于范娜的解释，本文认为有值得商榷的地方。方式条件强调的是表达中的方式动词或方式副词等是否体现了路径的形状特点，并没有强调是否要抑制自身的方式信息。所以，对于"奔"和"走"能否用在共延路径型虚构位移表达中，关键就是看表达中的"奔"和"走"是否体现了路径的形状特点。从位移的速度来讲，"奔"的速度非常快，其路径通常都是笔直的，至少在一定距离内是笔直的。因此，将"奔"用在（4a）中符合公路和铁路的形状特点。而"走"的速度一般不会太快，对路径的形状要求也相对较低。沿着河的路由于受到河流形状的影响，多数情况下是弯弯曲曲的，人走在上面速度不会太快。因此，（4b）中"走"的使用正体现了沿着河的路的这一特点。基于上述分析，本文认为（4a）和（4b）中"奔"和"走"的使用体现了各自路径的形状特点，符合方式条件对出现在共延路径型虚构位移表达中的方式动词的要求。而将动词互换后的句子（5a）和（5b）之所以不成立，也正是由于互换后的动词无法体现各自路径的形状特点，不满足方式条件所致。

(5) a. *湖岸上公路和铁路一齐走向一个目标。
　　b. *这条路顺着河跑。(范娜,2011)

另外,本文同样运用搜集到的实例对汉语共延路径型虚构位移表达对方式条件的遵守情况进行了检验,发现并无违反的情况。因此,笔者认为,汉语共延路径型虚构位移表达与日语共延路径型虚构位移表达一样,也遵守方式条件,并且不存在任何局限性。

三、方式的编码

在汉日共延路径型虚构位移表达中,方式信息既可以通过方式动词进行编码,也可以通过方式状语进行编码,下面将分别进行讨论。

(一) 方式动词

按照 Talmy(2000)对位移动词词汇化模式中的方式动词的定义,方式动词除了表达位移外还表达位移的方式或原因,在共延路径型虚构位移表达中主要表达的是位移和位移的方式。但受方式条件限制,汉日共延路径型虚构位移表达的方式动词必须用于表示路径的形状[①]。例如,"蜿蜒"原本形容龙蛇等曲折爬行的样子(《现

[①] 正因为方式动词必须体现路径的形状,以致于有些研究成果将部分方式动词(如"蜿蜒"等)划为路径动词,称之为"形态路径",如范娜(2014:95)。同样将"蜿蜒"等动词归为路径动词的还有王义娜(2012),王义娜(2012)称之为蜿蜒类路径动词。本文认为蜿蜒类动词属于方式动词,只是它们用在共延路径型虚构位移表达中都受到方式条件的限制,用于表示路径的形状。

代汉语大词典》①),用在(6a)中表示路径的形状弯弯曲曲;"爬"原意是人或动物伏地慢行(《现代汉语大词典》),用在(6b)中表示路径的形状崎岖不平;"うねる"的原意是"大きくゆるやかに曲がりくねる"(『新明解国語辞典第七版』),用在(6c)中表示路径的形状蜿蜒曲折;"蛇行する"的原意是"ヘビがはうように、S字形をなぎ合わせた形をつくっていくこと"(「新明解国語辞典第七版」),用在(6d)中表示路径的形状像蛇爬行一样弯曲。

(6) a. 道路顺着一个又一个山脚蜿蜒起伏。(CCL②)

b. 如果我没记错,瀑布旁边应该有道阶梯,但主要的道路则会沿着斜坡曲折地往上爬。(CCL)

c. 折れた先の道は、はじめ住宅地を混じえる水田をゆるくうねってゆくが、B 地点からは直線となる。(BCCWJ)

d. まっすぐ進み、岩がゴロゴロした道は左に蛇行して右に曲がり返すと木曽駒ガ岳山頂だ。(BCCWJ)

按照 Talmy(2000)对运动事件中位移动词词汇化模式的分类来看,汉语属于第一种类型,即"运动+副事件(方式或原因)",因此被归为"方式语言"。李雪(2010)曾基于语料对汉语真实位移表达中位移动词的使用情况进行过调查,发现在 500 例汉语真实位移表达中,方式动词有 486 个,占到了位移动词总数量的 70.23%。这说明汉语中包含了大量的方式动词,且在汉语真实位移表达中使用频繁,这也进一步验证了汉语属于方式语言的结论。

汉语共延路径型虚构位移表达与汉语真实位移表达虽同属运动事件,但在方式动词的使用上却表现出很大的差异。在通过 CCL 以

---

① 本文所使用的《现代汉语大词典》和『新明解国語辞典第七版』均出自卡西欧电子词典 E-E300。

② CCL(Centre for Chinese Linguistics PKU)在本文指的是 CCL 语料库,即北京大学中国语言学研究中心研发的现代汉语语料库。

"道路"为关键词所检索到的100例汉语共延路径型虚构位移表达中,方式动词有12个,仅占位移动词总数量的9.7%。与李雪(2010)对真实位移表达中方式动词的使用频率的调查结果相比(70.23%),汉语共延路径型虚构位移表达中的方式动词的使用频率大幅降低,本文认为这正是由于受方式条件限制,方式信息受到了抑制所致。

另外,从分布上来看,上述100例汉语共延路径型虚构位移表达中的方式动词分布得较为均衡,没有出现过度集中的情况,具体如下(括号内为各动词出现的次数):

爬(1)、攀爬(1)、走(2)、步(1)、钻(2)、盘(1)、起伏(1)、蜿蜒起伏(1)、迂回(1)、盘曲迂回(1)。

与此相对,日语属于Talmy(2000)位移动词词汇化模式分类中的第二种类型,即"运动+路径",因此被归为"路径语言"。在路径语言中,运动事件表达中的动词多为路径动词,但并非完全排斥方式动词,只是方式动词的种类相对较少。在用于共延路径型虚构位移表达时,由于受到方式条件的限制,能用的方式动词更是少之又少。本文对通过BCCWJ以"道は"为关键词所搜集到的100例日语共延路径型虚构位移表达进行了分析,发现其中出现的方式动词共有10个,占位移动词总数的7.4%,低于汉语共延路径型虚构位移表达的9.7%。本文对二者进行卡方检验,其结果为 χ^2 = 3.094,df = 1,P = 0.05 < .079 < 0.10。通过对比卡方分布表(李绍山,2001)发现,当显著水平为0.05时,检验结果小于临界值为3.84,不具有显著意义;当显著水平为0.10时,检验结果大于临界值为2.71,具有显著意义。

这说明,虽然受方式条件限制,汉日共延路径型虚构位移表达中方式动词的使用频率都不高,但分属不同语言类型的汉日两种语言在方式动词的使用上略有区别,归属方式语言的汉语比归属路径语言的日语在方式动词的使用频率上略为频繁。

另外，上述100例日语共延路径型虚构位移表达中出现的10个方式动词的具体分布如下（括号内为各动词出现的次数）：

うねる（2）、走る（6）、曲がりくねる（1）、蛇行する（1）

其中，"走る"共出现了6次，所占比例最大，达到了46.2%。在这些方式动词中，除"走る"外的其他方式动词都非常明显地与路径的形状有关，符合方式条件的要求。对于"走る"之所以能出现在日语共延路径型虚构位移表达中的原因，松本曜（1997）曾有过专门论述。他认为，日语共延路径型虚构位移表达中的"走る"只能用于描述近于直线状的路径，因为有些日语母语话者认为（7a）中的"くねくねと"不可接受，并且大部分日语母语话者认为"走る"不能用于描述类似于（7b）中的小的圆形道路。因此，"走る"用于日语共延路径型虚构位移表达中时，也可以视为与路径的形状有关，即与方式条件的要求一致。

(7) a. その小道は公園の真ん中を｛くねくねと／まっすぐに｝走っている。

b. *その小道は小池の回りを走っている。（松本曜，1997）

除方式条件外，方式动词用在共延路径型虚构位移表达中时还受到其他限制，即表达中通常要有能表示路径信息的状语性成分同现，否则句子不成立。以（8a）为例，若没有状语性成分"海岸沿いを／まっすぐ"，句子就不成立，相反则句子成立。这是由于方式动词本身不包含路径信息，受路径条件限制，必须有其他形式的路径表达出现在共延路径型虚构位移表达当中。而当句子为真实位移表达或句中动词为表示方向性的路径动词时，类似的状语性成分则可有可无，如（8b）和（8c）所示。

(8) a. その道は*｛海岸沿いを／まっすぐ｝走り始めた。

b. 彼は｛海岸沿いを／まっすぐ｝走り始めた。

c. その道は ｛登り/下り/曲がり｝ 始めた。（松本曜，1997）

（二）方式状语

除了方式动词外，汉日语中还包含可以编码方式信息的状语性成分，俗称方式状语。从前文对方式条件的论述可知，方式状语在汉日共延路径型虚构位移表达中的使用同样受到方式条件的限制，即与路径形状无关的方式状语不能出现在汉日共延路径型虚构位移表达当中。从结合对象上来看，方式状语既可以与方式动词结合进一步完善句中的方式信息，如（9）；也可以与路径动词结合，充当表达中的方式信息，如（10）。

(9) a. 如果我没记错，瀑布旁边应该有道阶梯，但主要的道路则会沿着斜坡曲折地往上爬。（CCL）

b. 折れた先の道は、はじめ住宅地を混じえる水田をゆるくうねってゆくが、B地点からは直線となる。（BCCWJ）

(10) a. 他们又走了好几里，道路最后终于开始缓缓下降来到平原上……（CCL）

b. 道はうねうねと西北にすすみ、集落がつきると三峡に入っていく。（BCCWJ）

方式状语在运动事件表达中的使用情况与位移动词词汇化模式下的语言类型紧密相关。李雪（2010）在对比了英汉真实位移表达后指出，方式语言中方式动词的种类十分丰富，因此运动事件表达中的方式信息更多地由方式动词表达，方式状语使用较少；相反，路径语言中方式动词的种类相对较少，方式信息的表达则更多地依赖方式状语。李雪的结论是以真实位移表达为研究对象所得出的，那么这种差异是否也体现在共延路径型虚构位移表达上呢？下面本文将从汉日共延路径型虚构位移表达中方式状语的形式和使用频率上对此展开讨论。

首先，从方式状语的形式上看，汉语共延路径型虚构位移表达中的方式状语多是与路径形状相关的副词，如上述（9a）中表示路径弯曲的"曲折地"，（10a）中表示路径倾斜程度的"缓缓"，以及下述（11a）中表示路径呈直线状的"笔直"等；另外，还可以是形式较为复杂的状语成分，如（11b）中的"像是一条缎带一般"。

（11）a. 公路<u>笔直</u>地往南通去，愈远愈窄最后被高粱淹没。（中日对译语料库）

b. 他转过身，透过众多的树木，看见那条通往奥斯吉力亚斯的道路，<u>像是一条缎带一般</u>绵延往西方。（CCL）

日语共延路径型虚构位移表达中的方式状语在形式上比汉语更为多样，可以是简单的方式副词，如（12a）中的"ゆっくりと"；可以是形容词、形容动词或动词的连用形，如（12b）中的"ゆるく"、（12c）中的"急激に"、（12d）中的"並行して"；也可以是复杂的状语性成分，如（12e）中的"流れに沿うように"。

（12）a. ここからの稜線上の道は、紅葉した灌木の間を<u>ゆっくりと</u>登っていく。（BCCWJ）

b. 左にスポーツセンターの金網が続き、土堤に突き当たると道は左へ<u>ゆるく</u>登って行く。（BCCWJ）

c. ソイヤー渓谷の頂に出ると、道はそこから、エリスの集落がある海岸線に向かって<u>急激に</u>下りはじめる。（BCCWJ）

d. 道は幅広いその川の左側を、ほぼ<u>並行して</u>走っていた。（BCCWJ）

e. 道は<u>流れに沿うように</u>北に向かっている。（BCCWJ）

此外，由于日语属于路径语言，方式动词数量有限，因此一部分方式信息常由拟声拟态词表达（宮島達夫，1984）。日语共延路径型虚构位移表达中也存在不少由拟态词充当方式状语的情况，如上

述（10b）中的"うねうねと"和下述（13）中的"ぐるりと"等。在以"道は"为关键词搜集到的100例日语共延路径型虚构位移表达中，共有5例使用了拟态词。

（13）道はぐるりと回り、「本白根探勝歩道最高地点」の標識のある展望所に着く。（BCCWJ）

其次，从方式状语的使用频率来看，100例图像为"道路"的汉语共延路径型虚构位移表达中方式状语共出现24次，100例图像为"道は"的日语共延路径型虚构位移表达中方式状语共出现25次，汉日差别并不明显。卡方检验结果也表明二者没有显著差异（卡方检验结果为 $\chi^2=.020$，$df=1$，$P=.886>0.20$）。这说明上述李雪（2010）所得出的结论并不适用于共延路径型虚构位移表达。本文认为，这是由于受方式条件限制，汉日共延路径型虚构位移表达中方式动词的出现频率都相对较低，方式信息相对更多地依靠方式状语表达所致。

综上，笔者发现，汉日共延伸路劲型虚构位移表达中的方式信息——不论是方式动词还是方式状语，在使用上都受到了方式条件的限制。原因是，运动事件表达中的方式是对位移主体发生位移的方式进行的描述。而在共延路径型虚构位移表达中，位移主体只是假想的在延伸物体上发生移动的另一实体，该位移主体并不出现在虚构位移表达当中，因此方式信息也相应地受到了抑制（Matsumoto，1996：203）。

四、结语

共延路径型虚构位移表达作为一种语言现象普遍存在于汉语和日语当中。汉日共延路径型虚构位移表达都遵守方式条件，即位移的方式不能出现在该类表达当中，除非它们用于描述路径特征。在汉日共延路径型虚构位移表达中，方式信息既可以通过方式动词进行编码，也可以通过方式状语进行编码。其中，方式动词在汉日共延路径型虚构位移表达中的使用频率都不高，但分属不同语言类型的汉日两种语言在方式动词的使用上略有区别的，归属方式语言的汉语比归属路径语言的日语在方式动词的使用频率上略为频繁。从方式状语的形式上看，日语共延路径型虚构位移表达中的方式状语比汉语更为多样，但在使用频率上汉日间差别并不明显。这是由于受方式条件限制，汉日共延路径型虚构位移表达中方式动词的出现频率相对较低，方式信息相对更多地依靠方式状语表达所致。

参考文献

1. 范娜. 英汉延伸路径虚构运动表达的路径及方式［J］. 大连海事大学学报（社会科学版），2011（2）.

2. 范娜. 运动事件模式下汉语虚构运动表达的认知研究［M］. 南京：南京大学出版社，2014.

3. 李绍山. 语言研究中的统计学［M］. 西安：西安交通大学出版社，2001.

4. 李雪. 英汉移动动词词汇化模式的对比研究——一项基于语料的调查［J］. 西安外国语大学学报，2010（2）.

5. 王义娜. 主观位移结构的位移表征——从英汉对比的角度［J］. 解放军外国语学院学报，2012（2）.

6. 松本曜. 移動表現の拡張：主観的移動表現［C］//田中茂範・松本曜. 空間と移動の表現. 東京：研究社，1997.

7. 宮島達夫. 日本語とヨーロッパ語の移動動詞［C］//金田一春彦博士古稀記念論文集編集委員会. 金田一春彦博士古稀記念論文集（第二巻　言語学編）. 東京：三省堂，1984.

8. Matsumoto Y. Subjective motion and English and Japanese verbs［J］. *Cognitive Linguistics* 7（2），1996.

9. Slobin, D. I. What makes manner of motion salient? Explorations in linguistic typology, discourse, and cognition [C] //M. Hickmann & S. Robert (eds.). *Space in languages: Linguistic systems and cognitive categories*. Amsterdam/Philadelphia: John Benjamins, 2006.

10. Talmy, L. Lexicalization Patterns: Semantic Structure in Lexical Forms [C] // T. Shopen (eds.). *Language Typology and Syntactic Description, Vol III: Grammatical Categories and the lexicon*. Cambridge, Britain: Cambridge University Press, 1985.

11. Talmy, L. *Toward a Cognitive Semantics, Vol. II: Typology and Process in Concept Structuring* [M]. Cambridge, MA: MIT press, 2000; 北京: 外语教学与研究出版社, 2012.

移动动词"去"的日译研究
——以"动词+去"为例

刘世琴[*]

[摘　要] 汉语中的"去"和日语中的"行く""去る"的基本词义都表示某人或某物向离开说话人所在地的方向移动，但"去"在译成日语时，并非都会译成"行く""去る"，两者并不都是一一对应的。本文以中文"动词+去"["趋向动词+去（复合趋向动词）"、"一般动词+去"]的日语译文为考察对象，把这两种形式中"去"的日语译法分为三种情况：一一对应、不对应类、逆对应类，着重从汉语动词本身所具有的属性和"视点的移动"等角度对"去"的日译译法进行探究。

[关键词] 去　行く　去る　日译

引　言

通过对语料库（北京日研中心文学作品コーパス）检索，发现在汉语中"动词+去"存在以下三种形式的用法："趋向动词+去"

---

[*] 刘世琴，广东外语外贸大学南国商学院副教授，硕士，研究方向为日语语言学；广东外语外贸大学南国商学院第三批校级科研创新团队——汉字在亚洲地区的传播与环流研究团队的一员。

（复合趋向动词）、"一般动词+去"、"一般动词+趋向动词+去"，共收集到表示动向（~去）的例子132个，其中"动词+去［'趋向动词+去（复合趋向动词）'、'一般动词+去'］"的形式有40个，占30%，"动词+其他趋向动词（'进、出、上、下、回、过'）+去"的形式有92个，占70%。由此可以看出，在中文的语言表达中，表示"动向"时以"动词+其他趋向动词（进、出、上、下、回、过）+去"的形式居多。

日语中的"行く""去る"的基本词义都是表示某人或某物向离开说话人所在地的方向移动，这和汉语中"去"的基本词义是一样的。但"去"在译成日语时，并非都会译成"行く""去る"，两者并不都是一一对应的。本文以中文"动词+去［'趋向动词+去（复合趋向动词）''一般动词+去'］"和其日语译文为研究对象，着重从汉语动词本身所具有的属性和"视点的移动"的原理等角度出发，对汉语"趋向动词+去（复合趋向动词）""一般动词+去"的日语译文"去"的译法进行考察。

一、先行研究

首先，我们看下汉语学界对趋向动词的界定。对于汉语中关于趋向动词范围的界定，语法学界有不同的看法，张志公（1956）、范继淹（1963）、邢福义（1998）、黄伯荣（2002）等认为趋向动词包括"来、去、上、下、进、出、回、过、开、起"；赵元任（1979）认为趋向动词包括"来、去、上、下、进、出、回、过、开、起、拢"；刘月华（1998）则认为趋向动词有"来、去、上、下、进、出、回、过、开、起、到"。

由此可以看出，汉语学界学者对趋向动词的界定范围有共同点，他们都承认简单趋向动词有"来、去、上、下、进、出、回、过、开、起"以及其构成的复合趋向动词（参见表1）。

表1　汉语简单趋向动词及复合趋向动词

趋向动词	上	下	进	出	回	过	起	开
来	上来	下来	进来	出来	回来	过来	起来	开来
去	上去	下去	进去	出去	回去	过去	×	开去

存在分歧的是"开、到、拢"，张士超（2011）通过调查LCMC语料库发现"开、到、拢"以及其组成的复合趋向动词"开来、开去、到来、到去、拢来、拢去"的例子少，用法简单，不是汉语趋向动词教学的重点。所以本文所界定的趋向动词以及复合趋向动词，以"表1"中所列举的趋向动词作为本次考察的范围。

徐靖（2011）对汉日的移动动词做了如下分类（参见表2）。

表2　汉日移动动词分类

移动动词	方向移动动词（移动动词本身包含着方向性的动词）	汉语：来、去、上、下、进、出、过……
		日语：来る、行く、登る、降りる、入る、出る、渡る……
	样态移动动词（移动时所伴随的样态的动词）	汉语：走、跑、飞、游、滑、逛、漂……
		日语：歩く、走る、飛ぶ、泳ぐ、滑る、ぶらつく、漂う……

本文以此分类为基础，探讨"动词+去"中动词的属性，并以此为依据进行分类，对"动词+去"中"去"的日译译法进行考察。

刘月华（1998）认为，"动词+去"除了表示"方向、结果"外，还有许多特殊的用法，如："看去"、"走来走去"以及惯用用语"过得去"、"下不去手"等，并认为"去"的立足点是指说话人，"去"表示朝背离表达者的方向移动。在对话中，以第一人称叙述时，表达者所在的位置是立足点，以第三人称叙述时，立足点既可能是正在叙述中的人、事物及处所所在的位置，也可能在"局外"。

森田良行（1968）将"行く/来る"所表示的移动分为与"表达者的现在位置（说话时的位置）"密切相关的移动和与此不相关的移动两大类。久野暲（1978）认为当移动主体不是表达者时，"行く/来る"的使用取决于表达者的视点离出发点和到达点的远近。下地早智子（1997）指出汉语倾向于将视点放在对话现场中的"咱们"这一领域，并以此为中心选择移动动词（朝向该点用"来"，反之则用"去"），同时指出，在进行汉日语移动动词用法的对比时，至少要设定说话人、听话人在说话时移动时是否在到达点，明确移动主体（说话人、听话人还是第三方）。彭广陆（2008）考察了《雾都孤儿》的日译本和中译本中的移动动词"行く/去""来る/来"，指出在日译本和中译本中移动动词不对应或完全不对应的现象主要表现在视点的差异上。盛文忠（2013）从汉日对比的角度，基于移动主体人称考察了移动动词"来/去"和"行く/来る"的用法，并指出：汉语表达者的视点比较固定，大都为表达者说话时所在地；日语表达者的视点可以随移动主体、表达者何时在何地等情况的不同而发生变化，视点比较容易移动；汉语移动动词受地点限制比日语大，即汉语的认知场比日语窄，因此汉语较难"自我投射"，而日语更容易"自我投射"。

二、"动词+去"的日译译法分析

如前所述，本文以通过语料库（北京日研中心文学作品コーパス）检索到的40个"动词+去［'趋向动词+去（复合趋向动词）''一般动词+去'］"的例句为研究对象，来考察其中"去"的日译译法，因本文篇幅所限，"一般动词+趋向动词+去"的日译译法则另行考察。本文以汉语中动词本身所具有的属性进行分类，从"视点的移动"等角度对例句进行分析，根据收集到的例子可以把前述两种形式的日语译文分为三种情况：一一对应类（"去"被翻译成"行く"或"去る"）、不对应类（"去"没有被翻译成"行く"或"去る"，而是用了其他的动词）、逆对应类（"去"被翻译成"来る（来）"）。

（一）一一对应类

1. 方向移动动词+去（复合趋向动词）

（1）a. 母亲总是高高兴兴的，接待父亲和我们的朋友。朋友们来了，玩得好，吃得好，总是欢喜满足地<u>回去</u>。【关于女人】

b. 母は、喜んで子どもたちの友人をもてなした。友人たちは、遊んだり、食べたりして、満足して<u>帰っていった</u>。

（2）a. 铁汉妈带着信任和满足的神气<u>回去</u>了。【金光大道】

b. 鉄漢の母親は信頼しきった、満足げな面持で<u>立ちさった</u>。

例句（1）（2）中"回+去"构成复合趋向动词，翻译成日语分别为"帰っていった""立ち去った"。"帰っていった"是由"行く"构成的补助动词，"立ち去った"则是日语复合动词，因"去る"有"去、离去，离开以前所在的场所、地位，不再回去"之

意，所以翻译成"去る"在本文中也列入了一一对应中。

（3）a. 到了我的住处，他匆匆地洗了澡，换了一身很漂亮的西装，匆匆地又出去。【关于女人】

b. 私の宿に戻ると急いでシャワーを浴び、ぱりっとした背広に着替えてそそくさと出ていった。

（4）a. 宋郁彬笑着点头。把道静领到他的书房，交代她一些要抄的东西，他就出去了。【青春之歌】

b. 宋郁彬は、笑いながらうなずいた。それから静静を書斎に案内して、清書する文章の説明を簡単にすると、すぐ部屋から出ていってしまった。

（5）a. 顺便将我母亲的一副手套塞在裤腰里，出去了。【呐喊】

b. そしていきしなに、そこにあった母の手袋をズボンのポケットにねじこんで、行ってしまった。

（6）a. "好，你带他出去罢，我给他闹够了，"祖父歇了半晌才有气无力地说了一句，又把眼睛闭上了。【家】

b.「よろしい。つれて行け。世話のやけるやつだ」祖父はしばらくしてがっかりしたようにそういってから、眼を閉じた。

（7）a. 觉民看见祖父出去了，便对着觉慧伸出舌头，笑道："他果然把你的事忘记了。"【家】

b. 覚民は祖父の去ったのを見ると、覚慧に舌を出して見せ笑いながら「やっぱりおまえのことを忘れちゃってるね」

（8）a. 他静静地立在这里，希望祖父早些醒来，他也可以早些出去。【家】

b. 彼はただ静かにそこに立っているより仕方がなく、祖父がはやく眼覚めてくれればいいと思った。そうすれば彼もはやく立ち去ることができる。

例句（3）~（8）中由"出+去"构成复合趋向动词，表示从

里面移到外面，立足点在里面。在翻译成日语时，例句（3）（4）中的"出去"翻译成"出ていった、出て行ってしまった"；例句（5）（6）的"出去"则只译了"去"即"行ってしまった、行け"；例句（7）（8）中的"出去"分别翻译成"去った"和日语复合动词"立ち去った"，此例句中的"出去"有"离去，离开"之意，所以翻译成"去った"，"立ち去る"。

（9）a. 进去的时候，觉民弟兄走在后面，觉慧走到琴的旁边，问琴道："琴姐，你觉得有趣味吗？"【家】

b. 覚民兄弟はあとからゆっくりはいっていった。覚慧は琴のそばへ歩み寄って「琴姐、おもしろかった?」とたずねる。

（10）a. 徐太太见流苏一定不肯，也就罢了，自己推门进去。【倾城之恋】

b. 徐夫人は、流蘇が頑として折れそうにないので、あきらめて自分でドアを押して入って行った。

例句（9）（10）中的"进+去"组成复合趋向动词，表示由外面移动到里面，立足点在外面，翻译成日语时一一对应，译成了"入って行った（はいっていった）"

（11）a. 趁着机会，父亲捧着酒坛上去。奶奶接过酒坛，脸色陡变，狠狠地看了父亲一眼。【红高粱】

b. それを機に、父は酒壺をかかえていった。酒壺を受けとった祖母はさっと顔色を変えて、父をにらみつけた。

例句（11）中的"上去"是复合趋向动词，表示由低到高的移动，立足点在低处，但译成日语时，并没有翻译"上"，而是借助前面的动词"捧"，翻译成"かかえていった"，具有动作性却不具有方向性。

以上的复合趋向动词在实际应用中，有的翻译成日语复合动词，有的翻译成补助动词等（见表3）。

表3 一一对应类："方向移动动词+去（复合趋向动词）"的日译译法

方向移动动词+去 （复合趋向动词）	日译
回去	例（1）"帰っていった"
	例（2）"立ち去った"
出去	例（3）、（4）"出ていった、出て行ってしまった"
	例（5）、（6）"行ってしまった、行け"
	例（7）、（8）"去った、立ち去る"
进去	例（9）、（10）"入って行った（はいっていった）"
上去	例子（11）"いった"

综上所述，"方向移动动词+去（复合趋向动词）"——"回去、出去、进去、上去"在翻译成日语时，其中的"去"均译成了"行く"或"去る"，其中翻译成"行く"时多以补助动词的形式出现即"…ていく"的形式，在翻译成"去る"时多以日语复合动词的形式出现。这几个例子中（除了例句6）的移动主体都是第三人称（例句6中的移动主体是第二人称），汉语中在叙述时采用客观叙述方式，动作的视点在立足点，要离开立足点（具体立足点在哪里，由"去"前面的趋向动词而定），在译成日语时基本上都译成了"行く/去る"。

2. 样态移动动词+去

(12) a. 走去的刘祥又转回来了。【金光大道】

b. 立ち去った劉祥が、また引き返してきた。

(13) a. 说完，他就向相反的方向大步走去了。【青春之歌】

b. そういい終ると、かれはすぐ反対の方向へ、大またで歩き去っていった。

(14) a. 她又走去在窗板上敲了两下，她盼望他会听见敲声。【家】

b. 彼女はまた近づいて行って、彼に聞こえるように窓カラスを二度ほどたたいた。

（15）a. 张金发说："你呀，就是怪脾气，认准了死理儿，一条道儿跑到黑！"又打个哈欠，伸伸腰，在黑暗中走去了。【金光大道】

b.「おめえも、おかしな奴だ。強情っぱりで、何とかの一つ覚えなんだから」張金発はまた伸びをして、闇の中へ消えていった。

（16）a."大伙儿给你齐。"众人对他嚷。他这才跟跟跄跄地跟着跑去了。【小鲍庄】

b.「皆で用意してやるから」村人たちが彼に言った。彼はやっとよろよろと後を追っていった。

（17）a. 筏子在水上打转，一只鸟贴着水面飞去了，鲍山矮了许多。【小鲍庄】

b. 筏は一カ所をぐるぐるまわり、鳥が一羽水面すれすれに飛んでいった。鮑山はかなり低くなっていた。

（18）a. 鬼子把能干活的人都赶去了……打毛子工，都偷懒磨滑……你们家里那两头大黑骡子也给拉去了。【红高粱】

b. 鬼どもは働ける者を根こそぎ駆りたてていった……外国人にこき使われるんじゃ、誰もまともに働きゃしない……あんたの家のあの二頭の大きな黒騾馬も持っていかれた。

例句（12）～（18）中的"走""跑""飞""赶""拉"是样态移动动词，这些移动动词和"去"组成表示动向的句意，其中的方向补语"去"都表示它们原有的移动的意思，对应的译文多为"行く"，只有例（12）中的"去"译成"去る"，在翻译成"行く"时，多以补助动词的形式出现即"…ていく"的形式；在翻译成"去る"时，则以日语复合动词的形式出现。

(19) a. 人们悄悄离去。【活动变人形】

b. みんなそっと立ちさっていった。

例句（19）中的"离"是带有经由位置关系的样态移动动词，"去"是表示趋向的动词，译成日语时，先是翻译成日语复合动词"立ちさる"，再进一步翻译时加上了补助动词"…ていく"即"立ち去っていった"。

表4 一一对应类："样态移动动词＋去"的日译译法

样态移动动词＋去	日译
走去	例（12）"立ち去った"
	例（13）"歩き去っていった"
	例（14）"近づいて行って"
	例（15）"消えていった"
跑去	例（16）"追っていった"
飞去	例（17）"飛んでいった"
赶去	例（18）"駆りたてていった"
拉去	例（18）"持っていかれた"
离去	例（19）"立ちさっていった"

"走""跑""飞""赶""拉""离"是样态移动动词，这些移动动词和"去"组成表示动向的句意，其中的方向补语"去"都表示它们原有的移动的意思，对应的译文多为"行く"，只有例（12）中的"去"译成"去る"。其中例（13）中的"走去"和例（19）中的"离去"分别翻译成"歩き去っていった""立ちさっていった"，两句都有离开之意，在翻译时用"去る"，在翻译成"行く"时，多以补助动词的形式出现即"…ていく"的形式；在翻译成"去る"时，则以日语复合动词的形式出现。

且例句（12）～（19）中的"动词＋去"中的动词，多表示躯体、物体自身运动的动词。此类动词与"去"结合，具有趋向意义，多见于文学作品，用于叙述句。①

(二) 不对应类

1. 方向移动动词 + 去（复合趋向动词）

(20) a. 有一个在跟同伴讲话，他说："倘若没有结果，我们决不回去。"【家】

b. そしてその一人がほかの者と話し合っている。「もし結果が得られなけりゃあ、われわれはけっしてひき上げない。

(21) a. 他们三个人转身回去，一面谈论着两方军队的优劣。【家】

b. 三人は仕方なくきびすを返して、路々両軍の優劣について語り合った。

(22) a. 随随愣了半晌，回去。【插队的故事】

b. 随随はしばし呆然としたがやがて家に帰った。

(23) a. 觉慧的日记本上只写了这一天的日记，他第二天果然出去了。【家】

b. 覚慧の日記帳にはこの一日の記録しか書いてない。彼はその翌日果して外へ出かけてしまったからである。

(24) a. M先生却总是警报前出去，解除后才回来，【关于女人】

b. M君は警報より先に家を出て、解除になってから帰宅する。

(25) a. 我出去从不锁门，却不曾丢失过任何物件，如银钱，衣服，书籍等等。【关于女人】

---

① 刘月华，趋向补语通释 [M]. 北京语言大学出版社，1998：68 - 70.

b. 外出するとき鍵はかけなかったが、銀貨、衣類、書籍、なにも失くならなかった。

（26）a. 奶奶说："背上你的铺盖卷，出去吧。"【红高粱】

b. 祖母が言った。「布団包みを担いで、外へ出ておくれ」

（27）a. 她有时忽然说："叔叔，我祖父说你在美国一定有位女朋友，否则为什么在北平总不看见你同女友出去？"【关于女人】

b. おじさん、おじいちゃんがおじさんにはアメリカにいい人がいるっていってたわ。でなきゃ、どうして北京の女のひとと出歩かないの」と言い出したり、

（28）a. 说是有一家一天夜里进去一个贼，贼是偷锅的，被主人听到了动静，贼端着铁锅在前头跑，主人喊着捉贼在后面追，最后贼害了怕，把锅往地下一放，自己跑掉了。【活动变人形】

b. 軒の家にある晩泥棒が忍びこんだ。そいつは鍋盗人じゃったが、物音を聞きつけた家人に怒鳴られ、鍋を抱えて一目散に逃げだした。

（29）a. 上去几个士兵把五猴子反剪双手，捆了起来。【红高粱】

b. 幾人かの兵士が駆けよって、五猴子を後ろ手に縛りあげた。

（30）a. 我奶奶膝行上去，搂住曹县长的腿，连连呼叫【红高粱】

b. 祖母は膝をついたままにじり出て曹県長の脚をたきしめ、つづけざまに叫んだ。

2. 样态移动动词＋去

（31）a. 大老刘婆子开了门，群狗冲去，包围着外曾祖父，只叫不咬。【红高粱】

b. 劉ばあさんが門をあけると、犬たちはどっととび出して曽祖父を取り囲み、食いつかんばかりに吠えたてた。

（32）a. 他一边直奔楼上走去，一边还振振有词地对身旁神情

惨淡的蒋校长说。【青春之歌】

　　b. かれはひと息に階段を<u>かけあがって</u>、二階へと逃げながらも、うちひしがれたような顔をして、一緒に階段をかけあがっているかたわらの蒋夢麟に、まだ得意そうにわめいていた。

　　（33）a. "热乎"翻翻眼，也不知道听懂了多少。反正觉得自己没什么话可说了，也听不到什么了，便告辞<u>离去</u>。【活动变人形】

　　b. 「お節介」は目をパチクリさせた。聞いてどれ程理解したかは別として、とにかくそれ以上言うこともなし聞きだしもならずで、早々に<u>腰を上げた</u>。

　　例句（20）~（22）中的"回"、例句（23）~（27）中的"出"、例句（28）中的"进"、例句（29）和（30）中的"上"，是方向移动动词（趋向动词），例句（31）中的"冲"、例句（32）中的"走"是样态移动动词，例句（33）中的"离"是表示躯体、物体运动的动词，这些移动动词和"去"一起表示趋向意义。其中方向补语"去"在中文中表示原有的移动的意义，但在对应的日语译文中没有出现"行く""去る"，而是用了其他动词或者其他表达方式来表示。从日语译文来看，翻译的重点放在了"动词+去"的"动词"上面，如：例句（20）~（22）中的"回去"分别译成了"ひき上げ、きびすを返して、帰った"，强调"回"；例句（23）~（27）中的"出去"译成了"出かけてしまった、出て、外出する、外へ出ておくれ、出步かないの"，强调"出"；例句（28）~（33）中的"进去/上去/冲去/走去/离去"分别译成了"忍びこんだ、駆けよって（にじり出て）、とび出して、かけあがって、腰を上げた"，分别强调动词"进/上/冲/走/离"。

　　在中文例句（20）~（33）中，"动词+去"中的"去"是不可省略的，省去了"去"，则表意不明，但在其相对应的日语译文中则没有"去"，虽然只是翻译了"动词+去"的"动词"，但表意明确。这从侧面也可看出，日语的独立性及灵活性要比汉语的强。

表5 不对应类

样态移动动词+去	"方向移动动词+去"（符合趋向动词）的日译译法（11例）	
	日译	备注
回去	例（20）"ひき上げない。"	从日语译文来看，翻译的重点放在了"动词+去"的"动词"上面，如：(20) ~ (22) 中的"回去"分别译成了"ひき上げ、きびすを返して、帰った"，强调"回"；例子（23）~ (27) 中的"出去"译成了"出かけてしまった、出て、外出する、外へ出ておくれ、出歩かないの"，强调"出"；例子（28）~ (30) 中的"进去/上去"，分别译成了"忍びこんだ、駆けよって（にじり出て）"，分别强调动词"进/上"。
	例（21）"きびすを返して"	
	例（14）"帰った"	
出去	例（23）"出かけてしまった"	
	例（24）"出て"	
	例（25）"外出する"	
	例（26）"出ておくれ"	
	例（27）"出歩かないの"	
进去	例（28）"忍びこんだ"	
上去	例（29）"駆けよって"	
	例（30）"にじり出て"	
"样态移动动词+去"的日译译法（3例）		
冲去	例31 "とび出して"	例子（31）~ (33) 中的"冲去/走去/离去"分别译成了"とび出して、かけあがって、腰を上げた"，分别强调动词"冲/走/离"。
走去	例32 "かけあがって"	
离去	例33 "腰を上げた"	

（三）逆对应类

（34）a. 晓燕，你跟我<u>出去</u>一下，一会儿再回来照顾小林。【青春之歌】

b. 暁燕、ちょっとわたしと一緒に<u>来てくれない</u>、戻ってきたら、また道静を看護してあげて。

（35）a. 李老太太也从屋里拿了一个红纸包<u>出去</u>。【关于女人】

b. 李のおかみさんも、部屋から紅い紙の包みを持って<u>きた</u>。

（36）a. 老乡们也没料到我的腿会残废，但却已料到我不会再

回去。【插队的故事】

b. 村の人々は私の両足が完全にが麻痺してしまうとは思わなかったろうが、二度と<u>帰って来る</u>ことはあるまいと考えていたようだ。

(37) a. 觉慧快走到桥头时，才发现自己是一个人，鸣凤并未跟来，于是他又转身<u>回去</u>。【家】

b. 覚慧は橋のじき手前まで行ったとき、自分一人きりで鳴鳳がついて来ないのに気がついて、また<u>ひき返して来</u>た。

(38) a. "废话！她能光叫她弟弟<u>过去</u>吗？"【插队的故事】

b. 「アホか。弟だけ<u>こさせる</u>わけにはいかないだろう？」

(39) a. "说那儿有个火炉子，让咱们<u>过去</u>暖和暖和。我说不用了。"【插队的故事】

b. 「むこうにはストーブがあるから<u>来て</u>暖かまれと言うんだ。その必要はないと答えておいたけど。」

"去"表示它们原有的移动的意义，但在中文里的"去"在日文中却翻译成了"来る"。对于这种现象比较有说服力的理论就是在日语中常常发生"视点的转移"。所谓"视点"是说话人说话时的所在地，而视点的转移是指说话人说话时把视点转移到自己所在地以外的另一个地方上，立足于转移到的地方表示方向。对于这种转移有三个因素起决定作用：说话人说话时或参照时的所在地；听话人说话时或参照时的所在地；移动人物。[①] 在译成日语时，视点发生了转移，其中例句（35）的视点放在了屋外，所以在日语译文中用了"持ってきた"；例句（36）的着落点即视点转移到"老乡们"所在的地方所以用了"来る"；例句（37）在翻译时视点转移到了鸣凤的所在地。这种视点的转移在日文的对话部分经常出现，如例

---

① 下地早智子．『移動動詞に関わる「視点」の日中対照研究』[J]．『中国語学』244号，1997：132–140.

句（38）（39）。

（40）a. 道静站起身说："不用。我现在先出去一下，一会儿再回来看你。"【青春之歌】

b. 道静はたちあがった。「いいえ。わたし、ちょっと出てくるわ、あとでまた来るわ。」

深田（1968）指出，表达"去"某处做一个动作然后回到原处的这种情况的时候，日语把重点放在回原处的过程上，用"来る"来表达，而一般不用"行く"。① 日语中的日常用语"行ってきます"，就是一个很好的例证。

表6　逆对应类

方向移动动词+去	"方向移动动词+去"（复合趋向动词）的日译译法（7例）	
	日译	解释
出去	例（34）"来てくれない"	这7个例子中的"去"，日译为"来る（来）"。在日语表达中其重点放在了"回原处"的过程上。
	例（35）"持ってきた"	
	例（40）"出てくるわ"	
回去	例（36）"帰って来る"	
	例（37）"ひき返して来た"	
过去	例（38）"こさせる"	
	例（39）"来て"	

三、结语

通过对"动词+去"的日语译文分析表明，在把中文中的"动词+去"的句子翻译成日语时，其中"去"翻译成"行く/去る"

---

① 森田良行.『「行く・来る」の用法』[J].『国語学』75号，1968：78.

——对应的占47%、不对应的占35%、逆对应类占18%。综上所述，通过分析汉语中"去"的日语译法，可以得出以下结论：

（1）通过比较表示"移动的倾向"的"动词+去"的形式和"动词+其他趋向动词（进、出、上、下、回、过）+去"的形式，可以看出在中文表达中后者占主要部分。换句话来说，在中文的语言表达中，在表示"移动的倾向"时，以"动词+其他趋向动词（进、出、上、下、回、过）+去"的形式居多。

（2）从收集到的"动词+去"例句来看，"方向移动动词+去（复合趋向动词）"形式的例句共29个，占73%；"样态移动动词+去"形式的例句共11个，占27%。

（3）"动词+去"的形式在日语译文中——对应的译文占的比例最大，多数译成"行く"和补助动词的形式"～ていく"，译成"去る"时则多是"去る"及其由"去る"所构成的复合动词。

（4）"动词+去"的形式，如果在中文中去掉方向补语"去"，其中文的意思则不成立，而在日语译文中既可以用"いく/去る"，也可以用其他动词或者日语复合动词来表示。如，在所收集的"动词+去"的日语译文中，其中不对应的占35%、逆对应类占18%，这两部分日译译文中没有出现"行く/去る"等，而是用其他动词以及用"行く"的反义词"来る"来表示其意思。由此可见，与汉语相比，日语的独立性更强更灵活。

（5）"动词+去"的形式在对应的日语译文中，逆对应类都只占很少的一部分，在把"去"翻译成"くる"时，"视点"已经发生了转移。即在日语中表达去某处做一个动作然后回到原处的这种情况时，日语则把重点放在回原处的过程上，用"来る"来表达，而不用"行く"，且"动词+去"中"去"的逆对应译法基本上出现在"方向移动动词+去（复合趋向动词）"中"去"的译法。

表7 "动词+去"日译译法一览表

	动词+去	类别	日译
方向移动动词+去（复合趋向动词）	回去（表示向原处所（出发地、家、家乡、祖国）等地移动，立足点不在远处所）	对应类	例（1）帰っていった
			例（2）立ち去った
		不对应类	例（20）ひき上げない
			例（21）きびすを返して
			例（22）帰った
		逆对应类	例（36）帰って来る
			例（37）ひき返して来た
	出去（表示由里面移到外面，立足点在里面）	对应类	例（3）出ていった
			例（4）出て行ってしまった
			例（5）"行ってしまった
			例（6）行け
			例（7）去った
			例（8）立ち去った
		不对应类	例（23）出かけてしまった
			例（24）出て
			例（25）外出する
			例（26）外へ出ておくれ
			例（27）出歩かないの
		逆对应类	例（34）来てくれない
			例（35）持ってきた
			例（40）出てくる
	进去（表示由外面移动到里面，立足点在外面）	对应类	例（9）"入って行った
			例（10）（はいっていった）
		不对应类	例（28）忍びこんだ
	上去（表示由低到高处移动，立足点在低处）	对应类	例（11）かかえていった
		不对应类	例（29）駆けよって
			例（30）にじり出て
	过去（表示离开或者远离立足点经过某处或向另一目标趋近）	逆对应类	例（38）こさせる
			例（39）来て

续表

	动词+去	类别	日译
样态移动动词+去	走去	对应类	例（12）立ち去った
			例（13）歩き去っていった
			例（14）近づいて行って
			例（15）消えていった
		不对应类	例（32）かけあがって
	跑去	对应类	例（16）追っていった
	飞去	对应类	例（17）飛んでいった
	赶去	对应类	例（18）駆りたてていった
	拉去	对应类	例（18）持っていかれた
	离去	对应类	例（19）立ちさっていった
		不对应类	例（33）腰を上げた
	冲去	不对应类	例（31）とび出して

参考文献

1. 张志公．汉语课本第三册［M］．人民教育出版社，1956．

2. 范继淹．动词和趋向性后置成分的结构分析［J］．中国语文，1963．

3. 邢福义．汉语语法学［M］．东北师范大学出版社，1998．

4. 黄伯荣．现代汉语［M］．高等教育出版社，2002．

5. 刘月华．趋向补语通释［M］．北京语言大学出版社，1998．

6. 赵元任．汉语考口语语法［M］．商务印书馆，1979．

7. 张士超．基于语料库的趋向动词"来""去"的语义认知与对外汉语教学研究［D］．浙江大学硕士论文，2011．

8. 徐靖．汉日移动表达方式对比研究［J］．外语研究，2011（4）．

9. 彭广陆．从翻译看日汉移动动词「来る/行く」和"来/去"的差异［J］．日语学习与研究，2008．

10. 盛文忠．移动动词"来/去"和"来る/行く"的汉日对比研究［J］．解放军外国语学院学报，2013．

11. 田中茂範・松本曜著．『空間と移動の表現』［M］．研究社出版，1997．

12. 下地早智子.『移動動詞に関わる「視点」の日中対照研究』[J].『中国語学』244号，1997.

13. 森田良行.『「行く・来る」の用法』[J].『国語学』75号，1968.

日语字音语素中的自由语素

纪晓晶[*]

[摘 要] 语素是语言中最小的音义结合体，是有意义的最小的语法单位，其主要功能是构词。日语中构词能力最强、与汉语关系最为密切的是字音语素。本文以字音语素中的自由语素为研究对象，共包含 515 个自由语素和 16960 个二字词。日本学界对日语语素的研究缺乏系统性和实证性，因此本文对日语自由语素的研究主要借鉴了中国学者对汉语语素的研究方法和成果，从日语字音语素的自由与粘着入手，对其进行计量统计、功能分类，并分析自由语素的构词能力，同时兼与同形的粘着语素进行对比。

[关键词] 字音语素　自由语素　粘着语素　构词

引　言

"语素"这一术语出自美国描写语言学派，是 morpheme 的汉语译名。布龙菲尔德指出："跟别的任何一种形式在语音、语义上没有任何部分相似的语言形式是一个简单形式（simyple form）或者叫做

---

[*] 纪晓晶，国际关系学院外语学院日语系副教授，文学博士，研究方向为日语词汇。

语素（morpheme）"。① 随着人们对语言符号的形式和功能关系认识的逐渐加深，语素已成为多种语言学科的基本概念之一。语素这一概念的确立，不仅拓宽了语法研究的内容，也为词汇学和词法研究开辟了新的途径。

在日语语言研究中，morpheme 一般被译为"形態素"。"形態素"是指有意义的最小的语法单位，而这正符合汉语对"语素"的定义。可以说日语中的"形態素"大致相当于汉语的"语素"。从现存的研究成果来看，日本学者对日语语素、尤其是汉字语素的研究还不够透彻，远不及中国学者对汉语语素的研究成果丰厚。本文旨在借鉴中国学者对汉语语素的研究方法和成果，将其应用到日语语素的研究中去，以期拓宽日语词汇研究以及日语语素研究的视野。

汉语语素都是以"汉字"形式呈现的，与此不同，日语语素按"語種"主要可以分为"漢語形態素""和語形態素""外来語形態素" 3 类。② 由于本文将中国学者对汉语语素的研究方法应用到日语语素的研究中去，因此只选择日语中构词能力最强、与汉语关系最为密切的"漢語形態素"（字音语素）作为研究对象，从字音语素的自由与粘着入手，对其进行计量统计、功能分类并分析其构词能力。

一、研究对象及方法

无论是日语的字音语素还是汉语的语素，他们在形态上的载体都是"汉字"。张斌曾经说过："汉字同汉语是对应的，基本上是一

---

① 布龙菲尔德. 语言论（袁家骅、赵世开、甘世福 1980 年译本）[M]. 商务印书馆，1933：195.
② 森冈健二. 語彙の形成 [M]. 明治書院，1987：61.

个汉字一个音节，而汉语中的语素绝大部分也是单音节的，所以从整体上看，大多数汉字和语素具有对应关系。"① 笔者认为这种说法同样适用于日语的字音语素。森冈健二曾经明确指出："通常情况下一个汉字就相当于一个形态素。"② 因此，本文利用1981年日本内阁颁布的日语《常用汉字表》为提取日语字音语素的基础材料，从中提取常用汉字中的所有字音语素，包括737个字音专用的语素，以及1168个音训两用语素的字音部分，共计1905个。

正如山下喜代（1995）指出的，对于语素是否能够独立成词这一问题，各种国语辞典的标准是有差异的。因此，为了保证研究结果的客观性，在确定日语字音语素是自由语素还是粘着语素时，笔者分别利用日本《現代新国語辞典（第二版）》《新明解国語辞典（第六版）》以及《明鏡国語辞典（携帯版）》这三本辞典为客观依据进行判断，最后抽取多数辞典认可的自由语素。

以下笔者仅用《現代新国語辞典（第二版）》中的几个范例来说明本文对语素自由和粘着的具体判断过程。

い【威】［音］イ［訓］—

［1］〈字〉（1）人をおそれさせる。威力（いりょく）．権威（けんい）

（2）いかめしくて寄りつきにくい。威厳（いげん）

（3）勢いの盛んなこと。威勢（いせい）．猛威（もうい）

［2］〈名〉［文章語］人をおそれさせる勢い。「～を振るう・人の～を笠に着る」

い【医】［音］イ［訓］—

［1］〈字〉（1）病気やけがをなおす。医学（いがく）・医院

---

① 张斌. 新编现代汉语（第二版）［M］. 复旦大学出版社，2008：152.
② 森岡健二. 文字形態素論［J］. 国語と国文学45巻2号，1968：8-27.

（いいん）

（2）病気やけがをなおす人。医師（いし）．名医（めいい）

［2］〈名〉［文章語］病気やけがをなおす技術。医術．医学（〜は仁術なり）

い【胃】［音］イ［訓］—

［1］〈字〉消化器官の一つ。消化液を出して、食物を消化する

胃腸（いちょう）・胃液（いえき）．健胃剤（けんいざい）

［2］〈名〉胃ぶくろ。「〜がしくしく痛む・〜をこわす」

通过字典词条可以看出，当一个字音语素为自由语素时，日语辞典中通常会标明其"品詞性"，并附例句。如上述的"威"字条、"医"字条和"胃"字条，义项［1］中列举的是其充当语素构词时的意思及其构词示例，义项［2］中列举的是其独立成词时的"品詞性"、释义及语用形式，由此可以判断"威""医"和"胃"都是自由语素，它们既可以充当构词成分，同时也可以独立成词。

通过这种对实例的逐一查阅，即可从日语国语辞典中确定一个字音语素是否可以独立成词。再利用上文提到的三本辞典进行对照核实，如两本以上（含两本）辞典认为该语素可以独立成词，则这一语素为自由语素，反之则是粘着语素。通过这种方法，笔者统计出字音语素中自由语素有515个。

二、既有研究概况

自由和粘着是语素研究中的两个基本概念，与构词功能有着密切的联系，是研究构词能力时必须考虑的一对重要因素。在日语研究中这对概念一般被称为"自立形式"和"結合形式"。日语中对

语素的研究主要侧重于分类，目前还没有将语素的自由粘着与构词功能相关联的系统性、计量性研究。日语研究中对语素能否独立成词的分类主要有以下几种观点。

松下大三郎（1928）曾经提出语言单位的三种形式，即"原辞""詞""断句"，其概念大致相当于现在日语中普遍使用的"形態素""語""文"。斋贺秀夫（1957）指出，字音语素中有一些能够作为实质名词独立使用，如"駅""気""線""門"等，这些是真正意义上的独立成词。还有一些必须附加助词才能独立使用，例如可以作为副词使用的"実（に）""特（に）"、可以作为形容词使用的"急（な）""妙（な）"等。斋贺认为，这些语素在严格意义上说并不能实现真正的独立，但仍可以将它们视作能独立成词的语素进行统计。森冈健二（1984）在松下大三郎学说的基础上，以构造语言学的视点进一步阐述了对"形態素"的分类。森冈将"形態素"分为"語基""接辞""助辞"三种，进一步将"語基"分成了"自立形式"和"結合形式"两大类，"自立形式"即相当于汉语研究中的"自由语素"，"結合形式"相当于"粘着语素"。

在汉语词汇研究中经常将语素的自由和粘着与构词功能相关联，有很多对自由和粘着与构词功能关系进行的量化论证。吕叔湘（1962）按语素本身的构词能力将汉语语素分为自由语素和粘着语素。他强调："自由和粘着的分别，必须守住'自由'的原来的意义，也就是能单说，并且必须是在正常的情况下能单说。"[①] 资中勇（2000）以国家语委公布的《现代汉语常用字表》（1988）中的3500个常用、次常用字作为研究材料，确定常用字中共有自由语素2058个，并对这些常用自由语素进行了分类。邢红兵（2006）从留学生用《汉语水平词汇等级大纲》中提取出了全部6396个双音节词，指

---

① 吕叔湘. 说"自由"和"粘着"[J]. 中国语文（1），1962：6.

出，研究范围内的大部分语素是自由语素，能够独立成词的语素义项共有 3608 个，占全部语素义项的 67%。

在日语研究中，至今还没有研究者提到语素的自由、粘着与构词之间的关系，这将成为本文的一个独特的研究视角。日语也使用汉字作为记录符号，使得汉语对日语汉字的功能和词汇的形成有着深远而持久的影响，汉语语素的某些分类方法和研究成果可以被日语适当借鉴、为日语所用。事实证明，将汉语语素的研究成果应用到对日语自由语素的研究中，是一种行之有效的方法。

三、日语自由语素的分类

在日语字音语素中，自由语素的数量不多，有 515 个，约占字音语素的 27.03%；粘着语素的数量较多，共计 1287 个，所占比例达到 67.56%。自由语素按照独立成词时的词性，可以分为 a、b、c、d、e 五类，如表 1 所示。

表 1 自由语素的分类

类别		示例	数量（%）	合计（%）
自由语素	a	医 胃 駅 王 恩 句	406 (78.83)	515 (100%)
	b	愛 印 感 賞 罰 訳	84 (16.31)	
	c	楽 逆 雑 俗 密 妙	15 (2.91)	
	d	損 通 得 変	4 (0.78)	
	e	極 約 実 真 単 順	6 (1.17)	

a 类自由语素在独立成词时只能作名词，例如，"医は仁術なり"、"胃がしくしく痛む"、"恩を売る"等。在自由语素中，a 类的数量最多，在全部自由语素中所占比例近乎 80%。

b 类自由语素可以独立作名词，并可与"する"结合构成动词，如"親の愛"中的"愛"是一个独立的名词，"子どもを愛する"中的"愛する"用作动词。

c 类自由语素可以独立作名词，并可与"な"结合构成形容词，如"雑"在"雑の部類"中作名词，在"雑な作り方"中用作形容词。

d 类自由语素数量极少，可以独立用作名词，并且既可与"する"结合构成动词，也可与"な"结合构成形容词，例如"損"在下列三个词组"千円の損をする""機嫌を損じる""損な役回り"中，分别用作名词、动词和形容词。

同样，e 类自由语素的数量也非常少，它作名词时可以独立使用，同时可与"に"结合构成副词，或直接作副词，例如"真"在"かれこそ真の詩人だ"中作名词，在"真に国の将来を考えた人だ"中作副词。

从表 1 可以看出，自由语素性质的字音语素的数量不多，大约占字音语素的三成，能作自由语素的字音语素必然有名词性语素的性质，这些现象的产生与日语"和語"的存在有着密切关系。字训语素几乎都是可以独立成词的，它分布于所有的"品詞"类别中，特别是在动词、形容词和副词中集中了大量的"和語"，有研究表明，大部分的动词都是"和語"[①]。因日语是粘着语，有显性助词性标记，在不附加任何接续成分的情况下，自由语素性质的字音语素不能单独作动词性语素、形容词性语素。也就是说，独立成词且以词的身份参与句子构成的作用，大部分是由"和語"来承担的，而字音语素的主要作用并不是独立成词，而是作为构词成分参与构词。

例如，"学"的音读和训读分别是"ガク"和"まな（ぶ）"，

[①] 朱京伟. 日语词汇学教程 [M]. 外语教学与研究出版社，2005：30.

二者都能独立成词，如"学を修める"、"師のもとで学ぶ"，但在独立成词时，"学"一般只用于文章表现中，而"学ぶ"却作为常用的动词，无论在文章中还是在会话中，都能找到大量使用实例。在构词方面，训读"まな（ぶ）"只能构成"学び取る""学び舎"两个词，而音读"ガク"可以构成"学院""学士""学習""学術""学籍""学長""学派""学友""学齢""学歴""国学""薬学""語学""理学""漢学""文学""儒学""神学""転学""蘭学"等107个二字词。

由上述例子可以清楚地看出，字音语素的主要作用是参与构词，之所以自由语素性质的字音语素数量少，是因为存在着可以独立使用的"和語"。自由语素性质的字音语素在构词时称为语素，但在单独使用时就成为了一字词（"一字漢語"）。这些一字词的使用并不是随意的，它通常受到文体的限制，在日语中大多数的一字词都只能用于书面语，甚至仅存于一些传承下来的固定表达之中，而且经常可以被同义的二字词替换。例如：

孝(こう)は百行の基

医(い)をもって世に尽くす

政治の権(けん)をにぎる

惨敗の因(いん)をなす

学(がく)を修める

婚礼の儀(ぎ)を始める

行(こう)をともにする

彼は有用の材(ざい)

官と民との協力

勇を鼓す

除了在固定词组或书面语中，以上的一字词通常会被"孝行""医術""権利""原因""学問""儀式""行動""人材""国民""勇気"等二字词替代。这也可以间接证明，即使一个字音语素是自由语素，它的一个重要功能仍然是参与构词。

四、日语自由语素的构词能力

本文中词的选择、分类、分析标准都遵循共时的原则，即以现代日语为判断依据。由于篇幅的限制，本文只选择二字词作为研究对象。笔者利用《现代新国语辞典第二版》来抽取包含515个自由语素的所有日语二字词，词数共计16960个。在表1中，按照独立成词时的词性，自由语素可分为a、b、c、d、e共5类。这5类语素语素的构词能力有很大差异。表2是对这5类语素的构词能力进行的统计。

表2 自由语素的构词状况

类别		语素数量	构词数	平均构词数
自由语素	a	406	12654	31.17
	b	84	3429	40.82
	c	15	468	31.20
	d	4	164	41.00
	e	6	245	40.83
合计		515	16960	32.93

从表2可以看出，日语字音语素中构词能力最强的语素依次是d类、e类和b类，它们的平均构词数都在40到41之间。例如，d类语素"通（つう）"可以构成"通学""通勤""通史""通信""通则""精通""内通""流通""共通""直通"等71个二字词，而e类语素"実（じつ）"可以构成"実意""実状""実情""実用""実例""誠実""果実""史実""虚実""真実"等89个二字词。虽然e类和d类语素的数量不多，但平均来看每个语素的构词能力都较强。

c类和a类语素的平均构词数在30以上40以下。例如，c类语素"密（みつ）"可以构成"密雲""密談""密度""密約""密林""精密""濃密""過密""厳密""親密"等44个二字词，a类语素"芸（げい）"可以构成"芸界""芸者""芸術""芸道""芸人""陶芸""農芸""曲芸""武芸""演芸"等37个二字词。

自由语素最容易与其他语素结合构词，而粘着语素与其他语素相结合的能力较低、平均构词能力较弱。为了进一步验证这一观点，笔者将所有日语字音语素的构词数量按照由多至少的顺序排列，并抽取出构词数最多的前10个语素，如表3所示。

表3 语素的构词数量

排序	语素	构词数	类别	词例
1	人	180	自由语素	人員 人格//偉人 愛人
2	一	173	自由语素	一案 一員//第一 逐一
3	気	170	自由语素	気圧 気温//意気 景気
4	地	160	自由语素	地位 地域//大地 当地
5	大	156	自由语素	大学 大師//偉大 盛大
6	本	150	自由语素	本案 本意//台本 蔵本
7	水	144	自由语素	水圧 水温//海水 廃水
8	中	141	自由语素	中央 中間//集中 途中
9	名	130	自由语素	名医 名所//罪名 題名
10	文	121	自由语素	文化 文学//俳文 名文

通过表3可以看出，日语字音语素中构词数量排在前10的语素全部是自由语素。这足以说明自由语素强大的构词功能，可以说自由语素是日语构词的主力。

五、独立成词时语素的字音与字训的关系

在字音语素中有515个语素为自由语素，能够单独用作一字词。这515个语素中有267个是字音专用的语素，其他248个语素同时兼有字音和字训，也就是说，有248个语素的字音和字训都能独立成词。既然语素的书写形式是相同的，那同一汉字的字音和字训都独立成词时，是不是表示相同的意思呢？带着这一思考，笔者将这248个音训兼有的自由语素分成三类，表4列举了音训兼有的自由语素的字音和字训都能够独立成词的情况下各自表达意思的异同。

表4 独立成词时语素的字音与字训

类别	示例	数量（%）
基本相同	渴 間 眼 技 境 兄 左 弱 静 嘆 敵 刀 命 雷	89（35.89）
部分相同	陰 音 金 辺 中 弦 内 実 円 骨 書 球 面 卵	29（11.69）
完全不同	印 運 縁 機 額 香 根 都 曲 香 札 市 種 図	130（52.42）
合计	—	248（100）

（一）在表意上基本相同

同一汉字的字音与字训都能独立成词时，分别称为字音词和字训词。当字音词和字训词意思基本保持一致时，我们将该语素归为

此类。例如：

渇（カツ）＝渇（かわ）く・渇き
間（カン）＝間（あいだ）
眼（ガン）＝眼（まなこ）
技（ギ）＝技（わざ）
境（キョウ）＝境（さかい）
兄（ケイ）＝兄（あに）
左（サ）＝左（ひだり）
弱（ジャク）＝弱（よわ）い（もの）
静（セイ）＝静（しず）か
嘆（タン）＝嘆（なげ）く・嘆き

虽然上述字音词和字训词意思基本相同，然而相对比较而言，字音词不常用而字训词常用。即使同一语素的字音词和字训词意思相同，二者所处的文体也是有所差别的。此类语素独立构成的一字词通常用于书面语，而字训词多用于口语。这些一字词在文章中，多以熟语和谚语的形式出现，基本属于古语残留下来的用法。例如：

渇（カツ）をおぼえる
その間（カン）のいきさつ
眼（ガン）を付ける
技（ギ）神に入る
無人の境（キョウ）を行く
兄（ケイ）たり難く弟たり難し
左（サ）に示す図
弱（ジャク）をもって強に当たる

静（セイ）中、動あり

破鏡の嘆（タン）

虽然这些一字词与其训读词的汉字书写形式和意思相同，但二者都有存在的必要，它们互为补充，在不同的言语环境下发挥着各自的作用。

（二）在表意上有一部分相同

同一汉字的字音与字训都能独立成词时，有时字音词有多个义项而字训词的意思较为单一，有时字训词有多个义项而字音词的意思较为单一，有时字音词和字训词都有多个义项，其中既包括共有义项也包括独有义项，也就是说，字音词和字训词在表意上有一部分重合，另一部分不同。举例如下（参见表5）。

表5 字音词和字训词在表意上有一部分相同的示例

语素	音和训	字音独有的义项	音训兼有的义项	字训独有的义项
陰	イン/かげ	消极，被动的	照不到光之地	—
音	オン/おと	音读，字音	声音	—
金	キン/かね	星期五的简称	金属的一种，钱	—
弦	ゲン/つる	圆周两点间的直线	弓弦	—
中	チュウ/なか	中等，中国的简称	中间	—
边	ヘン/あたり	程度，多边形的边	周围	—
内	ナイ/うち	—	内部	自己所属的集团
円	エン/まる	数学中的圆	圆形	钱的俗称
実	ジツ/み	事实，诚意	成果	内容

例如"円"的字音"エン"和字训"まる"都能独立成词，独

立成词时都可以表示"圆形",如在日语国语辞典的示例中,"円を描く"既可以读"エン"也可以读"まる"。此外,字音"エン"还可以表示数学概念中的"圆",如"円の面積",字训"円"还可以作为"钱"的俗称被使用,如"円がない"。字音和字训在表意上有重合,这是它们有联系的一面,而字音和字训有时又各有意思,这又是它们相互区别的一面,这正体现了语素的字音和字训的互补性。

(三) 在表意上完全不同

同一汉字的字音与字训都能独立成词,但是字音词与其训读词在意思上没有任何联系。例如:

印(イン)印章≠印(しるし)标记
運(ウン)运气≠運(はこ)ぶ搬运
縁(エン)缘分≠縁(ふち)框、边沿
機(キ)机会≠機(はた)织布机
額(ガク)数额≠額(ひたい)额头
香(コウ)燃香≠香(か・かおり)香味
根(コン)气力≠根(ね)根茎
都(ト)东京都≠都(みやこ)首都

这类词共有130个,约占字音和字训都独立成词的248个语素的一半。这些一字词,虽然汉字书写与其训读完全一样,但在本质上它们和训读词完全代表两个不同的概念,这些字音一字词在很大程度上还残留着古代汉语的影子。

例如,"機"的字音"キ"在日语中表示"机会"的意思,在

大多数情况下，日本人会用"機会"或"チャンス"来表示"机会"的含义，几乎没有人会用到字音"キ"。但是，在"機が熟する""機に乗じる""機に臨み変に応ず""機を見るに敏"等固定词组中，字音"キ"又是很难被替代的，它确实沿袭了古汉语的意思，但是在很多场合下，恰恰需要类似于古汉语的这种言简意赅的效果。

六、结语

本文以能否独立成词为标准，对日语字音语素进行了分类和计量统计，对自由语素的构词能力进行了考查，并对同一汉字的字音与字训都能独立成词时字音和字训的语素义进行了对比分析。

按照独立成词时的词性，自由语素可分为 a、b、c、d、e 共 5 类。这 5 类语素的构词能力有很大差异。从构词能力来看，字音语素的构词能力与其能否独立成词有一定关系，自由语素最容易与其他语素结合构词，可以说自由语素是日语构词的主力。此外，同一汉字的字音与字训都能独立成词时字音和字训的语素义并不一定相同，字音与字训的语素义完全不同的共有 130 个，约占字音和字训都独立成词的 248 个语素的一半。这些一字词，虽然汉字书写与其训读完全一样，但在本质上它们代表两个不同的概念，这些字音一字词在很大程度上还残留着古代汉语的影子。

语素的构词功能是一个及其复杂的问题，语素的自由与粘着只是影响日语字音语素构词能力的因素之一。笔者今后将从其他角度入手，继续探索日语字音语素的构词功能和特点。

参考文献

1. 布龙菲尔德. 语言论（袁家骅、赵世开、甘世福1980年译本）[M]. 商务印书馆，1933.

2. 朱德熙. 说"的"[J]. 中国语文12月号，1961.

3. 吕叔湘. 说"自由"和"粘着"[J]. 中国语文（1），1962.

4. 资中勇. 常用字中成词语素分类标准研究[J]. 常德师范学院学报（社会科学版）2000，25（4）.

5. 朱京伟. 日语词汇学教程[M]. 外语教学与研究出版社，2005.

6. 邢红兵. 构成合成词的语素统计分析[J]. 世界汉语教学，2006（3）.

7. 张斌. 新编现代汉语（第二版）[M]. 复旦大学出版社，2008.

8. 松下大三郎. 改撰標準日本文法[M]. 中文館書店，1928.

9. 斎賀秀夫. 語構成の特質[J]. 講座現代国語学Ⅱことばの体系. 筑摩書房，1957.

10. 森岡健二. 文字形態素論[J]. 国語と国文学45巻2号，1968.

11. 森岡健二. 形態素論—語基の分類—[J]. 上智大学国文学科紀要1，1984.

12. 森岡健二. 語彙の形成[M]. 明治書院，1987.

13. 山下喜代. 形態素と造語成分[J]. 日本語学・特集単語とは何か5月号，1995.

14. 藤原宏. 注解常用漢字表[M]. 株式会社ぎょうせい，1981.

15. 北原保雄. 明鏡国語辞典（携帯版）[M]. 大修館書店，2003.

16. 市川孝. 現代新国語辞典（第二版）[M]. 三省堂，2004.

17. 柴田武ら. 新明解国語辞典（第六版）[M]. 三省堂，2005.

"あり"在日语古文中的语法功能

苏民育[*]

[摘　要] "あり"在古文中是ラ行变格动词，它作为"独立语"（实词）使用时，和现代日语中的意义是相同的，即表示"有""存在"的含义。"あり"在日语古文中还具有很多语法功能，其中部分功能和现代日语中"あり"的语法功能相同，但是"あり"在现代日语中被淘汰的很多语法功能恰是日语古文中"あり"用法的学习重点和难点。因此，全面考察日语古文中"あり"的语法功能，通过例证综合分析和归纳"あり"在日语古文中的用法尤为重要。

[关键词] 日语　古文　あり　语法功能

一、相关文献综述

在以往的先行研究中，鲜有学者对"あり"在古文中的语法功能进行全面的考察和总结。但是，无论在日本还是在国内，都有"あり"语法作用的相关研究。

在日本，北原保雄和时枝诚记的研究比较有代表性。北原保雄

---

[*] 苏民育，国际关系学院外语学院日语系教授，硕士，研究方向为日本古典文学。

(1981)在其著作《日本语助动词的研究》中从句子构造功能的角度分析了"あり"的语法功能，指出形容词及形容词型的助动词都要借助"あり"下接其他助动词。时枝诚记（1957：255－256）则在著作《国语学原论》中指出，"あり"有两种截然不同的用法。一个是"詞（し）"的用法；另一个是"辞（じ）"的用法。"詞（し）"的用法即指作为"独立语"（实词）的用法，而"辞（じ）"的用法则指它的语法作用。此外，山田孝雄（1936：270）将"あり"及由它派生的系列动词"をり""はべり""いまそかり"等作为一类称为"存在词"，以示与其他动词和助动词的区别。而且，他同样将"あり"的用法分为两种：一种接在"が"下面表示存在；一种接在"で"下面表示判断。这两种用法其实就对应着"あり"作为"独立语"的用法和它的语法功能。

在国内，绝大多数关于"あり"的研究主要集中在表示"存在"和"存续"的用法研究上。在"あり"语法作用研究上最有代表性的是李树果（1986）的《试谈"あり"的融合作用》，文中对"あり"在粘合词语上所起的语法作用进行了深入分析，特别是对所粘合词语的类型、粘合方法及用法均进行了全面总结，对"あり"的语法作用研究来说是颇有参考价值的宝贵资料。

本文将在以上这些先行研究的基础上，主要就"あり"在古文中的语法功能和用法进行考察和分析。

二、"あり"作独立语（实词）的意义

在考察"あり"在古文中的语法功能之前，先就"あり"作独立语的意义总结如下：

(一) 表示"在、存在"之意

"あり"一般接在表示位置或场所的格助词"に"之后表示"存在"之意。

（1）人を召して、駿河の国にある山の頂に持てゆくべき由仰せたまふ。（竹取物語）

（2）世の中にある人と住みかと、またかくのごとし。（方丈記）

（3）火打其の裏に有りき。（古事記）

以上例句中格助词"に"前面的"駿河の国""世の中""其の裏"都是表示地点或场所的名词，"あり"均接在格助词"に"后，表示在这些地点或场所"存在"的意思。

(二) 表示"有"之意

（4）辻風は常に吹くものなれど、かかる事やある。（方丈記）

（5）命ありて、この世にまた帰るやうもあらむ。（源氏物語）

（6）心づきなきことあらん折は、なかなかその由をもいひてん。（徒然草）

（7）山はさけ海はあせなむ世なりとも君に二心わがあらめやも。（金槐集）

以上例句中的"あり"都表示"有"的含义。例如，（4）的"ある"所在句子的意思为"怎么会有这样的事呢？"（7）中"あら"所在句子的含义为"有不满意的事情时"。从其含义可见，"あり"作为"独立语"（实词）使用时，常常表示"有、拥有"之意。

(三) 替代其他实词使用

"あり"作为"独立语"(实词)使用时，为了上下文需要或避免语句重复，经常替代其他实词使用，它在句中的含义要根据所替代词的含义进行判断。

(8) しやせまし、せずやあらましと思ふことは、おほやうせぬはよきなり。(徒然草)

(9) さるに、十二月ばかりに、とみのこととて御文あり。(伊勢物語)

(10) 春来ぬと人はいへどもうぐひすの鳴かぬかぎりはあらじとぞ思ふ。(古今集)

(11) この道を立てて、世にあらんには、仏だによく書き奉らば、百千の家も出できなん。(宇治拾遺物語)

例句(8)的"あら"是为了避免与前面的"せまし"重复而代替了サ变动词"す"的未然形"せ"，所以"あら"在此处的意思是"做"之意。例句(10)同样也是为了避免和前句的"来ぬ"重复，用"あり"的未然形"あら"代替了カ变动词"来"的未然形"こ"。例句(9)的"あり"前面接的是"御文"(书信)，显然在这里是代替了动词"寄す"，意为"来信"。例句(11)的"あら"根据上下文的意思，此处代替了动词"生く"，表示"生存、生活"之意。

综上所述，古文中的"あり"作为"独立语"(实词)使用时，它的含义和现代日语中"ある"作为"独立语"的意思是完全相同的。

三、"あり"作附属语的语法作用

与"あり"作"独立语"具有实际意义的用法相比，它作为附属语的语法功能更加受到关注。桥本進吉（1939）指出，"あり"在语法上具有补助功能，因此将它定义为"补助用言"。"あり"作为"补助用言"具有以下语法作用：

（一）状态的存续

古文中的"あり"和现代日语的"ある"一样，接在接续助词"て"后面，可以表示状态的存续。

（1）たよりなくなるままに、もろともにいふかひなくてあらむやはとて、河内の国、高安の郡に、行き通ふ所いできにけり。（伊勢物語）

（2）しばしも生きてありぬべかめり。（枕草子）

（3）かくさしこめてありとも、かの国の人来ば、みなあきなむとす。（竹取物語）

以上例句中的"あり"全部接在接续助词"て"后面，表示状态的存续。例句（1）中"あり"所在的句意为"一緒にふがいない暮しをしていられようか"；例句（2）的句意为"少しの間も生きているのでしょう"；例句（3）中"あり"所在的句意为"このように閉じ込めていても"，根据上述意思可知，"てあり"在古文中为"……ている"之意，表示状态的存续。

（二）"に＋あり"表示判断

古语的断定助动词"なり"的原形就是"にあり"，它是"に＋あり"复合而成的（用罗马字表示其复合为：ni – ari→nari）。在《万叶集》中有29例标记作"爾有"或"爾在"，读作"にあり"，就是"なり"的原形。①"にあり"表示断定时"に"和"あり"之间可插入提示助词或副助词表示强调。以下分成体言和用言接续"あり"的情况分别进行分析。

1．"体言＋にあり"表示断定

（4）人、木石にあらざれば、みな情あり。（源氏物語）

（5）ゆく川の流れは絶えずして、しかも、もとの水にあらず。（方丈記）

（6）人に交はれば、ことばよその聞きに従ひて、さながら心にあらず。（徒然草）

例句（4）～（6）中的"にあり"均表示断定。如（4）的句意为"木や石ではないから、みな情けがある。"（5）的"にあら"所在的句意为"もとの水ではない"。（6）句末的"にあら"同样表示断定之意，句意为"人と交わると、きっと言葉は他人の聞き方に従って、全く自分の本心のままではない。"

（7）かかる病もあることにこそありけれ。（徒然草）

（8）この人、国に必ずしも言ひ使ふものにもあらざんなり。（土佐日記）

（9）これを見れば、春の海に秋の木の葉しも散れるやうにぞ

---

① 津之地直一．万葉集における"あり"融合の助動詞［J］．愛知大学文学論業．1954（16）：28．

ありける。（土佐日記）

（10）始めよりおしなべての上宮仕へしたまふべき際にはあらざりき。（源氏物語）

（11）恨みを負ふ積もりにやありけむ、いとあつしくなりゆき。（源氏物語）

（12）一つ子にさへありければ、いとかなしうしたまひけり。（伊勢物語）

以上例句（7）～（11）中表示断定的"にあり"的"に"和"あり"之间均插入了提示助词，（7）的"こそ"、（8）的"も"、（9）的"ぞ"、（10）的"は"均为提示助词，表示强调。（11）的"や"也是提示助词，表示疑问。（12）的"に"和"あり"之间插入了副助词"さへ"，也表示强调。

2. "用言の連体形+にあり"表示断定

（13）さりとて、夜を明かしたまふべきにあらねば、帰らせたまひぬ。（竹取物語）

（14）人、木石にあらねば、時にとりてものに感ずることなきにあらず。（徒然草）

用言接续"にあり"表示断定使用连体形。（13）的"にあら"前接续的是助动词"べし"的连体形"べき"，（14）的"にあら"前接续的是形容词"なし"的连体形"なき"，两个例句中的"にあり"均表示断定。（13）的"にあら"所在的句意为"夜をお明かしになることができないのだから"；（14）的"にあら"所在的句意为"時によっては、物に感じることがないでもない"，其中的"にあり"均表示断定之意。

（15）夏果てて、秋の来るにはあらず。（徒然草）

（16）[この文は]あぢきなきすさびにて、かつ破り捨つべきものなれば、人の見るべきにもあらず。（徒然草）

（17）かた時の間とて、かの国よりまうで来しかども、かくこの国にはあまたの年をへぬる<u>になん有り</u>ける。（竹取物語）

（18）よき人の物語りするは、人あまたあれど、一人に向きて言ふを、おのづから人も聞く<u>にこそあれ</u>。（徒然草）

（19）雀こそいたく鳴くなれ、ありし雀の来る<u>にやあらん</u>と思ひて、出でて見れば、この雀なり。（宇治拾遺物語）

（20）人の心すなほならねば、いつはりなき<u>にしもあらず</u>。（徒然草）

以上例句（15）～（19）中表示断定的"にあり"的"に"和"あり"之间均插入了提示助词，（15）的"は"、（16）的"も"、（17）的"なん"、（18）的"こそ"均为提示助词，表示强调。（19）中的"や"也是提示助词，表示疑问。（20）的"に"和"あり"之间插入了副助词"しも"，也表示强调。

（三）作为补助语后续助动词

古文中因为强调插入提示助词的情况很多，但是提示助词一旦插入两个活用语之间，隔断的两个活用语在接续上就会出现障碍，无法按语法规则正常接续。这主要是因为日语粘着语的特点造成的，日语句子主要靠助词、助动词等附属词的粘着作用，在句中发挥语法功能。当两个活用语在接续上出现问题时，"あり"就会插入其中后续活用语发挥重要的语法作用，它如同"万能胶"一样把在接续上出现障碍的两个活用语粘着在一起，通过自身的活用接续后面的活用语。以下按照"あり"前接续的词类分成助动词和形容词两种情况，对"あり"后续词的情况进行阐述。

1. 前续助动词

（21）走り来たる女子、あまた見えつる児どもに似るべうも<u>あ</u><u>ら</u>ず。（源氏物語）

（22）後の世にも思ふにかなはずぞ<u>あ</u>らむかし。（更級日記）

（23）なほあかずや<u>あ</u>らむ。（土佐日記）

以上例句在两个助动词之间均插入了提示助词，（21）插入了"も"，（22）插入了"ぞ"，都表示强调；（23）插入了"や"表示疑问。这些例句前续助动词，因为提示助词的插入无法和后续的助动词正常接续。（21）的助动词"べし"和"ず"之间因为插入了提示助词"も"、（22）的助动词"ず"和"む"之间因为插入了提示助词"ぞ"、（23）的助动词"ず"和"む"之间因为插入了提示助词"や"不能正常接续。此时为了后续助动词，需要在提示助词后补入一个活用语，通过其词尾的活用来后续助动词。"あり"正是承担了这个语法功能，作为补助语通过语尾的活用接续使两个助动词得以正常接续。

（24）験なき物を思はずは一杯の濁れる酒を飲むべく<u>あ</u><u>る</u>らし（万葉集）

以上例句的两个助动词"べし"和"らし"之间虽然没有插入提示助词，但是因为"べし"后不能直接接续助动词"らし"，所以依然如插入提示助词的处理方法一样，中间补入"あり"，借助其语法功能，通过"あり"的词尾活用后续助动词"らし"完成接续。

2. 前续形容词

（25）さらんからにけしうは<u>あ</u>らじ。（古今著聞集）

（26）御心など移りなば、はしたなくも<u>あ</u>べいかな。（源氏物語）

（27）うちいでむことかたくや<u>あ</u>りけむ。（伊勢物語）

以上例句在形容词和后续的助动词之间均插入了提示助词，(25) 插入了"は"，(26) 插入"も"，都表示强调；(27) 插入了"や"表示疑问。这些例句因为在形容词后有提示助词的插入无法正常接续后面的助动词。(25) 的形容词"けし"和助动词"じ"之间、(26) 的形容词"はしたなし"和助动词"べし"之间、(27) 的形容词"かたし"和助动词"けむ"之间均因为提示助词的插入不能正常接续。为了后续助动词，需要在提示助词后补入一个活用语，通过词尾的活用来后续助动词。"あり"作为被补入的活用语，正是通过语尾的活用后续助动词，发挥了它的语法作用。

（四）扩大某些词的活用范围

日语属于粘着语，主要靠附属词的粘着作用发挥语法职能。日语中的活用词在接续附属词时需要有一定的词尾变化，而在日语古语中有些词的词尾变化并不完备。此时，存在动词"あり"好像"万能胶"一样和前续词粘合在一起，借用自身的词尾变化使那些词尾变化不完备的词增加了词尾活用，扩大了活用范围。所以桥本进吉（1936）把"あり"称为补助用言，其活用称作补助活用。斋藤友季子（1967）认为，动词"あり"之所以被作为问题研究，并不是因为它作为独立词表示实际意义的用法，而是因其存在意义派生出来的与其他词粘合所产生的陈述功能。[①] 词尾变化不完备的活用词主要包括形容词和形容词型的助动词，"あり"的粘着作用正是扩大了这些词的活用范围。以下就分成形容词和助动词两种情况进行分析。

---

① 斎藤友季子. 上代から中古への変遷ー「あり」と「なり」ー[J]. 米沢国語国文. 1967 (6).

1. 形容词

日语古语中的形容词词汇比较贫乏，最初的活用也很少，和动词相比活用范围小了很多，因为形容词的活用一般不能直接接续助动词。于是，形容词利用了"あり"的粘着作用，通过形容词连用形的活用词尾"く"+"あり"的融合产生了原有活用以外的"カリ活用"（ku＋ari→kari），使其词尾活用具备了和动词同样的活用功能，可以直接接续助动词。山田孝雄（1936）把由形容词连用形的词尾"く"和"あり"融合而成的"カリ活用"称为形容存在词，以示与主活用的区别，说明它在语法中的作用极为重要。

（28）林の木近ければ、爪木をひろふに乏しからず。（方丈記）

（29）恋しからむことの堪へがたく、湯水飲まれず。（竹取物語）

（30）瀬枕大きに滝鳴って、さかまく水も速かりけり。（平家物語）

（31）世の中にたえて桜のなかりせば春の心はのどけからまし（古今集）

（32）都なる荒れたる家に一人寝ば旅にまさりて苦しかるべし。（万葉集）

（33）もとのすみかに帰りてぞ、さらに悲しきことは多かるべき。（徒然草）

以上例句中形容词的词尾变化都是"カリ活用"，均后续助动词。（28）、（29）均为"カリ活用"的未然形"から"，（28）后续否定助动词"ず"表示否定，（29）后续推量助动词"む"表示委婉的语气。（30）、（31）均为"カリ活用"的连用形"かり"，（30）后续过去助动词"けり"表示过去时态，（31）后续过去助动词"き"的未然形"せ"表示过去。（32）、（33）均为"カリ活用"的连体形"かる"，后续推量助动词"べし"表示推量之意。

2. 形容词型助动词

如同形容词一样，有一部分助动词在后续其他助动词时也要借助"あり"的粘着作用，将词尾变成"カリ活用"去接续其他助动词。这些助动词必须有"あり"的介入才能后续助动词的原因是它们的属性颇似形容词，活用变化也和形容词基本一样。因此，它们原有的活用变化也不完备，无法直接后续其他助动词。和形容词一样，它们也需要通过"あり"扩大词尾的活用功能，使其具有完整的活用形，以便和其他助动词一样发挥语法作用。这类形容词型助动词包括与形容词的活用变化基本一致的希望助动词"まほし"和"たし"、推量助动词"べし"和否定推量助动词"まじ"。此外，否定助动词"ず"的活用变化比较复杂，其中的"ざり"活用也是由"ず"原有的连用形"ず"+"あり"融合而成的。

第一种：希望助动词"まほし"和"たし"

"まほし"和"たし"都是表示主观愿望的助动词，最初"まほし"作为雅语用于和歌，而"たし"作为俗语使用。到了镰仓时代，"まほし"逐渐为"たし"取代。"まほし"和"たし"的"カリ活用"分别由它们的连用形"まほしく"、"たく"加上"あり"融合而成。

（34）心のうちには、あらまほしかるべき御事どもを思へど。（源氏物語）

（35）敵にあうてこそ死にたけれ、悪所に落ちて死にたからず。（平家物語）

（34）是"まほし"的"カリ活用"的连体形"まほしかる"后续推量助动词"べし"的用例，表示当然之意；（35）是"たし"的"カリ活用"的未然形"たから"后续否定助动词"ず"的用例，表示愿望的否定。

第二种：推量助动词"べし"

推量助动词"べし"是形容词性质的助动词，和形容词一样有两套活用形，用"カリ活用"后续助动词。"べし"的"カリ活用"是由它的连用形"べく"+"あり"（ku+ari→kari）融合而成。

（36）この事ゆめゆめ御けしきにも御言葉にも出ださせ給ふべからず。（平家物語）

（37）おそれの中に恐るべかりけるは、ただ地震なりけり。（方丈記）

（38）今宵ぞ安き寝は寝べかんめる。（徒然草）

例句（36）是"べし"的"カリ活用"的未然形"べから"后续否定助动词"ず"的用例，表示否定、禁止。例句（37）是"べし"的"カリ活用"的连用形"べかり"后续过去助动词"けり"的用例，表示当然之意。例句（38）是"べし"的"カリ活用"的连体形"べかる"的拨音便"べかん"后续推量助动词"めり"的用例，表示可能。

第三种：否定推量助动词"まじ"

"まじ"是表示否定的推量助动词，同样具有形容词的性质，它的"カリ活用"是由其连用形"まじく"+"あり"（ku+ari→kari）融合而成的。

（39）くちをしくはものしたまふまじかめり。（源氏物語）

（40）めでたく見えさせたまふ御ありさま、千年を経とも、飽く世あるまじかんめり。（増鏡）

例句（39）、（40）是"まじ"的"カリ活用"的连体形"まじかる"的音便形"まじか"（"まじ"的连体形"まじかる"的拨音便"まじかん"的"ん"被省略）和"まじかん"（"まじ"的连体形"まじかる"的拨音便"まじかん"）后续推量助动词"めり"的用例，表示推量。

第四种：否定助动词"ず"

平安时代以后，否定助动词"ず"后续助动词时都是由"ず"

的连用形"ず"+"あり"融合而成的"ざり活用"来完成接续。"ざり活用"与形容词的连用形与"あり"融合而成的形容词的补助活用性质相同。①

（41）物合、なにくれといどむことに勝ちたる、いかでかうれしからざらむ。（枕草子）

（42）この人、国に必ずしも言ひ使ふものにもあらざんなり。（土佐日記）

（43）初めよりおしなべての上宮仕へしたまふべききはにはあらざりき。（源氏物語）

（44）人、木石にあらざれば、みな情あり。（源氏物語）

例句（41）是否定助动词"ず"的"ざり活用"的未然形"ざら"后续推量助动词"む"的用例，表示推量。例句（42）是"ず"的"ざり活用"的连体形"ざる"的拨音便"ざん"后续断定助动词"なり"的用例，表示否定的判断。例句（43）是"ず"的"ざり活用"的连用形"ざり"后续过去助动词"き"的用例，表示否定的过去时态。例句（44）是"ず"的"ざり活用"的已然形"ざれ"后续接续助词"ば"的用例，表示原因。

如上所述，日语古语中的形容词型助动词因为与形容词的活用变化一样，在后续其他助动词时，与形容词一样也要借助"あり"的粘着作用去接续其他助动词。

结　语

以上总结了"あり"在日语古语中的各种语法功能，它在日语

---

① 桥本進吉. 助動詞の分類について [J]. 国語と国文学, 1936, 13 (10): 154.

的发展史中无疑起到了极其重要的作用。它作为日语中不可缺少的"万能胶",不仅本身具有一定的语法意义,还为许多词增添了语法功能。这些功能有的至今在现代日语中还在沿用。例如,"あり"作为存在动词除了表示"有"和"存在"的意思外,它所具有的的存续意义在现代日语中体现为补助动词"てある";古语中表示断定的"にあり"在现代日语中则成为了表示判断的助动词"である"。而"あり"在古语中和某些词融合而成的活用词尾"カリ活用"只能在形容词的连用形"かっ"和推量形的"かろ"上看到它的影子。至于其他的语法功能都已不复存在,"あり"在日语中的作用也远不如过去。但是这些曾经发挥过重要作用的语法功能,正是我们学习日语古文的重点和难点,因此综观"あり"曾经的语法功能,回顾"あり"的发展变化,对我们理解日语的特征、从语源上准确把握词意是非常有帮助的。

参考文献

1. 李树果. 试谈あり的融合作用 [J]. 日语学习与研究, 1986 (06).
2. 北原保雄. 日本語助動詞の研究 [M]. 大修館書店, 1981.
3. 斎藤友季子. 上代から中古への変遷—「あり」と「なり」— [J]. 米沢国語国文, 1967 (6).
4. 時枝誠記. 国語学原論 [M]. 岩波書店, 1957.
5. 津之地直一. 万葉集における"あり"融合の助動詞 [J]. 愛知大学文学論業, 1954 (16).
6. 桥本進吉. 新文典別記 文語篇 [M]. 冨山房, 1939.
7. 山田孝雄. 日本文法学概論 [M]. 宝文館, 1936.
8. 桥本進吉. 助動詞の分類について [J]. 国語と国文学, 1936 (10).

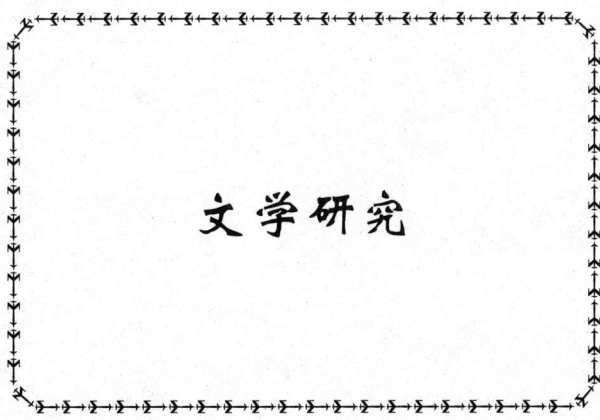

异国与底层视域下的他者言说
——日本无产阶级文学中的中国劳工书写

郭 璇[*]

[摘 要] 关于日本无产阶级文学中的中国劳工书写的研究，多是在形象学范围内基于形象表面的讨论和分析。对于日本无产阶级文学中的中国劳工形象研究不仅涉及形象学，还涉及知识分子的底层言说问题。此外，作家对中日底层言说方法的差异也不容忽略。在此基础上，本文总结作家在言说中国劳工时所存在的问题，指出异国与底层视域下的他者表述如何成为可能，从而为跨文化的底层言说提供借鉴经验。

[关键词] 日本无产阶级文学 中国劳工 底层言说 异国形象

引 言

19世纪二三十年代，世界范围内的资本主义新生产方式大力发展，日本无产阶级文学运动振兴并一度占据文坛的主流地位。与此同时的中国本土，日本帝国主义势力逐渐渗透到各个地区，民族民

---

[*] 郭璇，江苏人，广岛大学在读博士，研究方向为中日比较文学。

主革命风起云涌。在这种时局的影响下，许多日本无产阶级文学作家把关注的目光投向了受着剥削压迫的中国劳工，并创作了以中国劳工为题材的经典作品。比如村山知义的《暴力团记》（1929年）、黑岛传治的《武装的市街》（1930年）、里村欣三的《苦力头儿的表情》（1926年）、平林泰子的《敷设列车》（1929年）、伊藤永之介的《万宝山》（1931年）等。李雁南在总结这个时期日本作家所创造出的中国形象时指出，日本无产阶级文学作家"既不缅怀由汉语经典文献所建构的古代中国的光辉形象，也不以殖民主义偏见异化现代中国的现实。（中略）他们笔下的中国无产阶级不再是其他文学流派的日本作家笔下的'支那苦力'，而成为超越国界的'阶级兄弟'"。①

此前对中国形象的问题研究主要从形象学的角度分析，然而涉及日本无产阶级文学中的中国劳工形象这一具体问题，这一视角则有所欠缺。因为日本无产阶级文学中的中国劳工形象，包含了两个层面的含义：一是作为形象学的异国形象；二是被边缘化的底层他者形象。故对日本无产阶级文学中的中国劳工形象的研究，既是形象学的研究，也是底层他者的研究，这就具体涉及社会想象物、自我与他者的关系，以及知识分子对他者的表述等问题。此外，作为无产阶级的发声者，具有阶级意识无可非议，但这忽略了作家对日本劳工和中国劳工言说的差异，中国劳工形象的背后含义还有待进一步探讨。

本文以形象学和底层文学研究理论为依托，首先选取经典文本为研究对象，重点探讨日本无产阶级作家如何塑造底层中国劳工形象，即形象背后的话语机制，并重点关注作家如何处理自我和他者的关系。其次，对比描写日本劳工和中国劳工时方式的异同，分析

---

① 李雁南. 近代日本文学中的中国形象［D］. 广州：暨南大学，2006：57.

作家对中日底层言说方法的差异和特点，指出日本作家言说中国劳工时存在的问题，总结异国与底层视域下如何对他者进行言说，从而为底层言说提供借鉴经验。

一、被言说的"他者"——里村欣三的《苦力头儿的表情》

大正末年到昭和（1928年）是日本无产阶级文学发展的初期，这一时期形成了以杂志《文艺战线》为中心的"劳农艺术家联盟"（简称"劳农"）。"劳农"派作家很多都具有朝鲜或满洲的外地体验，其创作也是朴素的、自发的、以个人经验为基础的"劳动文学"，里村欣三就是其中的代表作家之一。

1922年，里村由于躲避日本国内的征兵检查逃难至哈尔滨，并潜入一群中国苦力中间。里村欣三和苦力们一起劳作，度过了一年的流浪生涯。以其流浪经历为原型创作的小说《苦力头儿的表情》（《文艺战线》1926年6月号）是里村欣三的成名之作。小说以第一人称视角，讲述了主人公"我"，一个20多岁的日本人弃子独自在东北北部流浪，在俄罗斯卖淫妇的妓院花光了最后一分钱被赶出来，于饥肠辘辘中偶遇一群中国苦力在啃馒头——"我"伸出手索要食物却遭到了拒绝。饥饿驱使着"我"跟着苦力们一起努力劳作，最终苦力接纳了"我"，给"我"递来了馒头咸菜和酒。

小说塑造了一个真诚、友爱、并且有着阶级和革命连带感的苦力形象。然而，这个正面形象并非从一开始就被设定，而是在"我"和苦力关系发生转变后实现的，也是"我"从注视苦力和"我"的差别到发现了"我"和苦力的共通性后实现的。一开始"我"注意到的是苦力头儿是"长着麻子的凶恶的脸"。"我"这样观察五六苦力围坐在一边吃东西："发辫像盘卷起来般肮脏的苦力，大口地吃着大块的馒头"。在"我"伸出手的时候，苦力"发出了如猛兽嘶吼般的叫声"。①

"不洁""发辫""麻子"这些记号式的话语都是当时一般日本人对中国人的刻板印象，是日本文学里常见的描述中国底层穷人时的固定套话。巴柔指出，套话是以隐含的方式提出了一种恒定的等级制度，一种对世界和对一切文化的真正的二分法。② 里村对苦力身体的关注，反映了其潜在的中国人和日本人二元对立的差别意识以及民族优越感。

而"我"和苦力关系得以突破的关键，是发现了"自我"和"他者"苦力的同一性之后才实现转变的。在被苦力一度无视、拒绝之后，"我"联想到来自友人曾经的忠告："为了生存人不得不吃饭，而为了吃饭就不得不为别人劳动。这就是劳动者的命运，不管去哪个国家，这一点都是共通的。"③ "我"在认识到劳动可以打破和苦力之间的界限后，开始改变自己，尝试接近苦力，与苦力一起生活，通过踏实的劳动来获得苦力的认可。这种亲善的态度也是"我"最终能够正面理解苦力的关键。

然而，尽管小说旨在塑造一个正面的苦力形象，里村并没有能够突破历来对"沉默"的苦力的叙述模式。小说中的"我"是作为殖民者的日本人，始终是作为主体的观察者，而中国苦力则是被观察和诠释的一方。小说的最后描写道：苦力头儿让"我"喝酒，他凝视着"我"，拍着"我"的肩摇着杯子，像安慰"我"一般说着"食物不久你会习惯的，忍耐点好好干吧，劳动没有国界。只要一起干活，不管是中国人还是日本人，都没有差别。干上一杯鼓起劲来，

---

① 里村欣三. 新兴文学全集第七卷日本篇 [M]. 東京：平凡社，1929：449 - 460. 笔者翻译.

② 达尼埃尔-亨利·巴柔. 孟华译. 形象 [A]. 孟华编. 比较文学形象学 [C]. 北京：北京大学出版社，2001：160.

③ 里村欣三. 同上：453.

兄弟!"① 这里表面是对苦力头儿的"国际主义"的解读,归根结底只是里村将其个人的政治信条强加于苦力。如此一来,小说中的苦力只是一个被客体化"他者"的存在。正如福柯说的,话语和权力、欲望相联系。② 主人公"我"掌握了话语权,折射出作为殖民者的里村欣三潜在的权力意识。

《从富川町来》(《文艺战线》1924年11月号)是里村描写日本底层劳动者社会的初期作品之一。富川町作为当时东京屋外劳动者的一大聚集地,聚集了来自不同民族的底层劳动者。里村赞美日本的劳动者一旦工作起来就会尽心尽力完成到最后,甚至会忘记时间和金钱。而相比之下朝鲜和中国的劳动者工作起来混乱不堪、抱怨不断,且里村对朝鲜和中国的劳动者的饮食描述也充满了歧视与偏见。由此可见,其根深蒂固的民族优越感已然渗透到方方面面——包括劳动品行、劳动规范、生活和饮食习惯甚至是劳动者身体本身,但凡是与日本人不同之处,都是其差别看待的对象。由此,他对中国苦力的言说,只是本国中心主义审视下的苦力言说,苦力的真实声音被压抑了,他并非真正理解苦力,更无谓苦力的代表。

二、客观全面的叙述——平林泰子的《敷设列车》

20年代末期日本无产阶级发展到高潮,以《战旗》同人为主体的"战旗派"兴起,其同人多是共产主义者同盟,主张文学隶属于政治,革命性的文学成为主流,同时期诞生了小林多喜二的《蟹工船》等多部名作。平林泰子的小说《敷设列车》(《改造》1929年2

---

① 里村欣三. 新兴文学全集第七卷日本篇[M]. 东京:平凡社,1929:459-460.
② 米歇尔福柯. 肖涛译. 话语的秩序[A]. 许宝强,袁伟编. 语言与翻译的政治[C]. 北京:中央编译社,2000:3.

月号）就是在此时局下的产物。该作品是平林调查了满铁的写真集并且参考满铁年鉴等史料创作的"调查小说"。

故事起因于奉天政府和日本 M 铁道（满铁）公司之间签订的关于洮昂铁道线工事的承包合同。合同规定，在约定期限若不完工奉天政府就可以延期支付工费；反之在约定期间内完工，则奉天政府在完工后六个月之内交不出工费这笔钱就作为债款转移。日本 M 铁道公司为了快速完工，将工程贷款强行变成对华政治贷款，实现不可告人的目的，从而不惜一切代价强迫中国劳工在恶劣的环境下超强度劳作，并对劳工进行非人的压榨。劳工在经历了日本统治者暴打、搜身、鼠疫和洪水来袭也坐视不管的一系列折磨后忍无可忍，发起反抗，几经失败和挫折后，最终成功地将列车掉回头开向相反方向。

平林和满铁劳工的联系，可以追溯到 1923 年的关东大地震时期。当时，日本政府加大对社会主义运动的打击力度，参与运动的平林和丈夫山本虎三也被捕入狱。而后夫妻二人以离开东京为条件被释放，迫不得已之下逃离日本来到大连。两人在老友的介绍之下在马车铁道公司务职——丈夫担任中国劳工的监督，平林负责铁道公司的清扫等后勤事务。在满期间，身怀有孕的平林经历了丈夫入狱、孩子营养不良而亡的丧女之痛。同处于社会的最底层是她对受压迫和剥削的中国劳工特别瞩目，且对其境遇产生共感的原因所在。

《敷设列车》中将监督、技师等日本人形象和中国劳工形象置于支配与被支配、压榨与被压榨的二元对立的权力机构中。日本人作为反面的、丑恶的形象出现，而中国劳工作为主体、正面的形象被描述。小说采用群像描写的方式，对劳工进行了全观、整体性的描述，开头对劳工们被机器支配的精神状态的描写，暗含了当时资本主义大机器生产方式的时代背景，同时也显示出作者对中国劳工发自内心的同情。

此外，在平林的笔下，劳工是知足且能随遇而安的人。即使被时局所迫辗转沦落他乡，他们也没有过多的抱怨，而是选择活在当下。然而，他们并非只看到眼前的目光短浅无知无识之人，还会默默关注和自己有关的工人运动。然而就是这样有着美好品质的劳工们，"他们毫无理由地，认为自己比老鼠的地位更加卑微"。① 平林将描写渗透到劳工的心理层面，呈现出立体的人物形象。

法国比较文学学者让·马克·莫哈指出："一个形象最大的创新力，即它的文学性，存在于使其脱离集体描述总和（因而也就是因袭传统，约定俗成的描述）的距离中。"② 平林泰子所描述的苦力形象的文学性，就在于对此前文学中偏见式的叙述保持了距离并进行了严格的审视。《敷设列车》上经常出现东西丢失的情况，明知道是老鼠的原因，而日本人却嘲讽地问中国劳工是否从小就被教育如何偷盗。鲛岛特别看不惯劳工张，就对其他日本人说"那个人长着一张偷盗的脸"。平林通过再现恶意丑化中国劳工的日本人的丑态，揭示了对劳工具有"盗癖"的固有偏见实则是日本支配者压制中国劳动者使暴虐支配和统治得以正当化的手段。

此外，她对中国劳工"不洁"的背后原因也进行了揭露，劳工住的地方"如果不爬着走的话就会撞到头"③，而且充满了煤气。炊事车里堆积的食材由于气温过高而"开始渐渐腐烂并像皮肤病一样蔓延开来"④，且残留着老鼠的齿印。而生活在同一列车的日本人住的地方则"铺着绿油油的散发着清香的地板"⑤，和劳工住处的条件显示出天壤之别。通过对比描写，平林彻底曝光了劳工残酷的生活

---

① 平林泰子. 平林泰子全集1 [M]. 東京：潮出版社，1979：284. 笔者翻译.
② 让－马克·莫哈. 孟华译. 试论文学形象学的研究史及方法论 [A]. 孟华编. 比较文学形象学 [C] 北京：北京大学出版社，2001：29.
③ 平林泰子. 同上：284.
④ 平林泰子. 平林泰子全集1 [M]. 東京：潮出版社，1979：283.
⑤ 同上：285.

环境，暗示了劳工的卫生问题实质上是由于日本支配者的榨取和压迫造成的。

此前的文学中，中国劳动者都是以毫无个性的群体出现，而平林笔下的劳工却具有个性。劳工张就是一个能忍辱负重、有想法且具有革命意识的"主人公"般的角色。此前，张是"H 煤铁公司"的工人，并发起过工人罢工，由于破坏建造物罪而被日本宪兵追踪，这次应募铁道工事，只是为了再次伺机而动。他在面对日本监督的恶意挑衅时，依然能不动声色，在后来有劳工遭到日本警务员枪击后才展开行动——他向劳工们说明了 M 铁道公司的阴谋，并提议反抗计划，最终带领劳工们取得了革命最后的胜利。

对比里村欣三笔下的差别化、客体化的沉默的苦力形象，平林泰子塑造的劳工形象具有主体性和能动性，勇于捍卫自己的利益并自我言说。产生两者差别的根本原因，在于后者从根本上摆脱了日本人的视线，她以超越的视角来言说中国劳工，不仅对当时的殖民者的偏见进行了审视并保持距离，还渗透到劳工的精神和内心世界，使得劳工形象得以较为客观地展现。

平林对中国劳工的视线是对日本劳工视线的延伸。她出身在制丝产业发达的信州，从小目击了资本主义对家乡产业的侵蚀并导致其衰落的过程，由此萌生了社会主义思想。其早期作品如《荷车》（《新潮》1928 年 6 月号），《和蛹一起》（《文艺市场》1927 年 5 月号）大多都是关于制丝业工厂女工的哀歌。这种对于遭受性别和阶级双重压迫的劳工的关注是一致的——对中国劳工的视线，不仅仅是资本压迫下阶级连带的视线，同时将矛头指向日本帝国主义和殖民主义。她重新审视了日本帝国主义视线下的苦力认知，彻底揭露了日本帝国主义支配的实质。

然而，平林的叙述也存在问题。战后作者在对初期文学反思中提到：这个时期的文学被当为性所压抑，本身个性化的成熟的重要过程被急功近利地呈现了。正如当代底层文学研究学者刘小新在谈及无产阶级文学和底层的关系时指出："阶级概念替代底层，那么底层的丰富性就有可能丧失。底层的爱情经验、美感经验、伦理经验和民间信仰等在阶级范畴内是很难看到的。"[①]

三、劳工的自我言说——无产阶级诗歌杂志《燕人街》的诗歌

相比小说，诗歌是更能直接抒发情感的文学表现形式，而无产阶级诗歌正弥补了底层叙述中上述丰富性缺失的问题。

受到日本国内无产阶级运动的影响，同时期以大连为中心的日本人文坛也掀起过一场小型的无产阶级文学革命。[②] 1930 年高桥顺四郎等人创办的《燕人街》就是其中的代表诗刊。

所谓"燕人"，就是指像燕子一样飞来飞去，春天从山东来满洲务工，冬天又回家的山东劳工。而诗刊的同人们——落合郁郎、泉哲二、久吕澄狂介等 13 人，也都是从日本漂泊来到大连的，其中有很多在满洲工厂做过劳工，和"燕人"有很多相似之处。因此，刊名包含了同人们对自身命运的嗟叹，以及和苦力之间的连带感。这些诗人们不再是注视者、旁观者，而是置身"他者"其间言说切身体验。加藤郁哉的《燕人群》中就有这样设身处地的感人言说：

---

① 刘小新，练暑生等. 底层经验的文学表述如何可能？[A]. 李云雷编. 底层文学研究读本[C]. 上海：上海书店出版社，2018：60.

② 关于这场革命的具体情况可参照单援朝的专著《飘扬过海的日本文学》（社会科学文献出版社），2016.

甲板的缝隙
明天会更加明显吗
日日夜夜
白天在日光下
夜晚在星光下

荒芜的大海
仿佛被耕耘过般
这样艰难的日子
还要等待吗

又到桃花盛开的季节
战争已过去三年
被夺走孩儿的那片土地
是时候抛弃了

这样突然地
向满洲出发
如同燕子一样
身体渐渐清瘦

　　这是一群为人父母的山东劳工的内心感受。他们是因日本帝国主义侵略战争夺走孩子的父母，日日翘首等待音讯，看着大海望眼欲穿，甲板缝隙已经在风吹日晒中越发明显。这样没有盼头的绝望日子重复了三年，他们已然不是壮年，但为了生活得以继续却不得已去满洲务工。加藤郁哉将他们的境遇比作燕子，"身体渐渐清瘦"则表现了这种远走他乡的无奈的抉择似乎能缓解孩子杳无音讯带来的沉痛,实则暗含了劳工对生活丧失期待后内心的绝望。

另一首落合郁郎创作的题为《苦力的诗》也从劳动者的视角倾吐了他们的心声:

> 不要去追那些已经失去的东西
> 那家伙是和野鸡一起逃走
> 十年的计划也随着汗水而消逝
> 我信任你,你也要信任我……
> 这就足够了
> 原野没有尽头,但我们携手同行高声鸣啭,步履轻轻
> 山东已经被夺走
> 因此季节也与我们无关
> 百灵啊,没有了你的啼鸣是如此寂寞
> 即便是昨日才认识的朋友,今天就要分离也会难受
> 但是应以微笑相送,因为他们是精力充沛地踏上旅程
> 我们饱餐一顿,如果困了那就睡吧
> 明天会是个好天

这首诗歌并没有面面俱到地全方位展现劳工形象,而是"苦力"心理写照的一个方面。它不像平林对劳动者的高歌,也没有沉痛的呻吟,而是充满轻松欢快的节奏。

诗歌中所展现的苦力形象和平林泰子笔下的劳工性格有着相似之处,中国人素来安土重迁,但是战乱时局他们只得随遇而安。家乡再也回不去了,于是他们便放下了对故乡的执着,辗转于他乡。时局、生活带走了他们很多东西,也带来别离,但怨恨和怨言都无济于事,所以不如对明天充满期待,对拥有的事物感到知足,对身边的劳工朋友更加珍惜,能饱餐、困了就睡就是莫大的满足。这就

直接反映出劳工们之所以能保持单纯和知足的原因。

单纯性和明朗化是《燕人街》同人们追求的重要因素。久吕澄狂介在《燕人街》发表的一篇题为《诗歌必须为大众所理解》的评论里写道："无产阶级诗歌首先必须是面向社会和大众的。（中略）因此诗人必须是客观情况的准确把握者而非批判者。正是因为这样，诗歌必然是简单明了的，易被大众所理解的。"① 诗刊的同人还曾写道："在寺儿沟周围的中国人的生活，并不需要日本人（包括所谓的知识分子）以自己的常识去同情或是为之愤恨不平。"②

《燕人街》里的诗歌体现了诗刊的创刊风格和要求。这些诗歌内容很多改编或来自当时的满蒙民谣，其中塑造的东北苦力形象具有地域性，其背后包含了对战争、日本帝国主义的控诉。然而，这种控诉并没有过度言说，成为一种感伤式的喟叹；也没有过度讴歌，沦为一种意识形态化的高歌。在这些诗歌中，作家深入到底层劳动者的内心世界，自我和作为苦力的他者已融为一体，因此诗歌成为劳动者生活百态的"再现"，也是劳动者内心真实声音的直接抒发，具有切实的真实感和丰富性。正如练暑生所言："在文学层面表述底层，最简便的方式就是直接表达那些被压抑的阶层经验"。③

四、结语

日本无产阶级文学里中国劳工形象，首先是作为异国的他者形象，同时也是被压抑了话语权力的底层他者形象。日本无产阶级文

---

① 西田勝編. 新発見作品詩誌『燕人街』抄（3）評論篇（上）[J]. 植民地文化研究，2009，(7)：180-181.
② 大内隆雄. 高静译. 满洲文学二十年[M]黑龙江：北方文艺出版社，2017：77.
③ 李云雷编. 底层文学研究读本[C]. 上海：上海书店出版社，2018：61.

学虽然以国际主义的阶级视线为根基，但作家根深蒂固的民族优越感是很难根除的。首先，这就需要作家在书写底层劳工时，完全抛开民族优越感和殖民主义式偏见，对自我身份和劳动者的底层之间的权力关系有所自知，并正确处理话语权力关系，与劳工实现真正平等对话与交流。其次，作家需要摆脱套话的桎梏，对以往社会想象物进行严格地审视并保持距离，从客观的角度进行全面叙述。最后，对劳工的表述，不是一个概念化的代表，而是对具体的人物命运的描述，从底层的角度，再现其具体的生活，发出底层真实的声音，使得表述更具有丰富性和真实性。只有完全抛开民族优越感和偏见，真正站在底层的立场，充分意识到底层在结构中的位置，才能为底层劳工代言。

总的来说，日本文学中的中国劳工形象历来都是被差别化、客体化、甚至污名化的对象，日本无产阶级作家对中国劳工正面的书写，在近代日本文学中开辟了先河。作为一种现实主义文学，日本无产阶级文学里的中国劳工描写，一定程度上揭露了日本帝国主义视线下对中国固有的偏见，对日本帝国主义和殖民主义侵略的历史真实地进行了批判和反思，这对于我们客观审视中日关系史具有独特的价值和意义。

参考文献

1. 李雁南. 近代日本文学中的中国形象 [D]. 暨南大学, 2006.
2. 孟华编. 比较文学形象学 [C]. 北京大学出版社, 2001.
3. 李云雷编. 底层文学研究读本 [C]. 上海书店出版社, 2018.
4. 大内隆雄. 高静译. 满洲文学二十年 [M]. 北方文艺出版社, 2017.
5. 单援朝. 飘扬过海的日本文学 [M]. 社会科学文献出版社, 2016.
6. 许宝强, 袁伟编. 语言与翻译的政治 [C]. 中央编译出版社, 2000.
7. 里村欣三. 新兴文学全集第七卷日本篇 [M]. 平凡社, 1929.

8. 平林泰子. 平林泰子全集 1 [M]. 潮出版社, 1979.

9. 西田勝編. 新発見作品詩誌『燕人街』抄 (3) 評論篇 (上) [J]. 植民地文化研究, 2009 (7).

鸭长明的老庄情结
——以《方丈记》为例

杨 滢[*]

[摘 要]《方丈记》因其独特的无常思想总是从佛教的视角被解读。鸭长明的思想与佛教思想有着很深的联系,但这并不意味着鸭长明的思想中只有一种思想元素的存在。探讨《方丈记》中的老庄元素,不仅可以对鸭长明思想中的融合元素进行解读,还可以进一步印证老庄思想对日本隐者文学的影响之深。本文运用文献比较法和文本分析法从鸭长明对老庄思想的接受情况以及其在《方丈记》中的体现进行考察,发现老庄思想对鸭长明的影响并不只停留在引用的层面,他的思想内核也受到了老庄思想的浸润。其礼佛的不彻底性中反映出对闲居的喜爱以及对反自然之事的不满与老庄遵循自然规律的大道有着极大的相似之处。鸭长明节欲不争的生活方式比起佛教的禁欲思想更加贴近老庄顺其自然的欲望观。另一方面,鸭长明向往庄子"虚己以游世,乘物以游心"式的境界,却始终无法企及。

[关键词] 鸭长明 《方丈记》 老庄 闲居 自然

---

[*] 杨滢,国际关系学院外语学院日语系硕士研究生,研究方向为日本文学与中日比较文学。

引　言

鸭长明是日本平安末期的著名歌人和随笔作家，50 岁遁世隐居大原山，后又在日野山搭建草庵并栖居其中，《方丈记》①正是在这样的环境下被创作并流芳百世的。鸭长明的《方丈记》与晚其一百余年问世的《徒然草》并称为"日本隐者文学的双璧"，被誉为日本隐士文学之"白眉"，而他本人也被称为"日本中世隐士文学的开拓者"。

《方丈记》成书于建历二年（1212 年）。作品的前半部分记述了平氏统治时期的大火、暴风、迁都、饥荒以及地震五大天灾人祸，揭示了世间之人与居所转瞬即逝从未长久留存的人间常理，正如《方丈记》的开篇名句"逝川流水不绝，而水非原模样"。后半部分作者侧重于对自己隐居生活的记录，也是更体现鸭长明自己观点的部分。《方丈记》无论是作为随笔文学，还是作为隐者文学都对后世文学产生了极其深远的影响。而除《方丈记》以外，鸭长明还创作了和歌论《无名抄》以及佛教说话集《发心集》等作品。

在论及《方丈记》时大多数学者都会从佛教的视角切入。正如《方丈记》和《发心集》中呈现的那样，鸭长明的思想确实与佛教有着很深的联系，但这并不意味着鸭长明的思想中只有一种思想元素的存在。石田吉贞（1976）的《中世草庵文学》就提到了《方丈记》中老庄思想的存在。首次详细探讨《方丈记》中老庄思想这一

---

① 本文中《方丈记》原文引自鴨長明，吉田兼好著，西尾実校注. 方丈記・徒然草［M］岩波書店，1957，译文部分引自鸭长明，吉田兼好著，李均洋译. 方丈记徒然草［M］法律出版社，2011：3-21。

问题的是细野哲雄的《方丈记与老庄的思想》①。细野（1978）围绕鸭长明在《方丈记》中所描写的寻找救济的方式、知足安分的闲居境界等方面考察了《方丈记》中除了佛教以外的老庄元素。此外，陆晚霞（2006）在《〈方丈记〉对老庄思想的接受》中从文学的角度，在爱居论、鱼鸟对仗、养生自适等方面印证了《方丈记》思想内核深处的老庄思想。可以说，这些文献为我们理解《方丈记》中的融合思想打开了一个新的视角。

探讨《方丈记》中的老庄元素不仅可以为拓展《方丈记》解读的新视角提供思路，对鸭长明思想中的融合元素进行解读，还可以进一步印证老庄思想对日本中世隐者文学的影响之深。本文试从鸭长明消极的无常观以及其礼佛的不彻底性入手，在分析其思想并不只存在一种思想因素的基础上，通过对《方丈记》内容的梳理从自然观、欲望观与闲居生活三个方面对鸭长明精神世界中的老庄思想进行考察。

一、鸭长明礼佛的不彻底性

在谈及鸭长明的无常观时，其礼佛的不彻底性总会成为被批判的重要因素。确实，《方丈记》中无处不在的无常观并不都与佛教有关。"假如念佛苦累，读经不能身心投入时，就随意休息，随意怠惰。"这句话多次被学者引用批判鸭长明佛教思想的不彻底性，细野哲雄称鸭长明"就连佛教修行这种具有无上价值的行为，也被他理解为未必要受的束缚，而是跟随本心去唱出可以随心所欲的自由欢喜"。

在养和饥馑部分，作者描述了如下内容：饥寒交迫的人为了生

---

① 此文收录于细野哲雄. 鴨長明伝の周辺・方丈記［M］笠間書院，1978 一书中。

存下去不得已自拆家宅售卖木材以谋生，后发现这些薪柴中混有赤丹涂料、金箔银箔之木，质问之下才得知乃是饥饿者走投无路从古寺盗取佛像劈成碎块充当薪柴出售。对此，鸭长明以"当此浊恶暗世，方见此等悲惨无耻之事"为借口，为损坏佛像者开脱。鸭长明把损坏佛像的人放置在一个特定的环境中来看待，这个环境就是"浊恶之世"，可见其虽一心向佛但对这俗世的失望则比之更甚。

在《方丈记》的后半部分，鸭长明从描述灾难的场景转而讲述自己在没有外界和他人打扰的山林方丈中的闲居生活。"小庵东侧搭了个三尺余的小棚……南侧铺着竹箦，西侧建了于伽棚，靠近北侧，隔着障子，安置着阿弥陀的画像，旁侧悬挂着普贤画像，阿弥陀的前面放置着法华经……西南吊着竹棚，上面放着三只皮面的竹笼，内收和歌、管弦书及《往生要集》。竹笼旁竖立着一把琴和琵琶。"鸭长明的"方丈"屋内陈设简易，仅供日常起居使用，而屋内的装饰则围绕着供奉佛像、佛经为主。除此之外，对和歌与管弦倾注热情的鸭长明并没有因为往生佛道就放弃自己遁世前的所爱。他观四季之景，眺过往航船，偶有自弹自咏，自养心性。

从《方丈记》中多处都可以看出，对于鸭长明来说，即使是念佛之事，与闲适的生活相比也是无法企及的。正如鸭长明在《方丈记》的结尾部分自述道："佛的教旨是，遇事莫执心。如今爱草庵，也成咎过。执著于闲寂，也有碍悟道。为何絮叨与悟道无关的快乐而虚度光阴？静谧的拂晓，反复思考着这个道理，扪心自问，遁世隐林，要修心行道吗？"他对礼佛之事的随性，对和歌管弦的热爱，对自然之景的留恋都是与佛教旨趣中"勿执着"相违背的，而这种对随心所欲的闲居生活的赞美虽然与佛教义理相违背，但从另一个角度来看，《方丈记》中的生活又何尝不是他自己构筑的向往的精神世界呢？正如细野（1978）指出的那样，鸭长明的无常思想从那个时代来看是被佛教所触发的，但也并不局限于佛教。下面本文试以老庄思想的视角分析鸭长明思想中佛教因素以外的部分。

二、《方丈记》中的老庄思想

根据广本与略本的不同，《方丈记》流传的版本众多①，但是在这部仅仅9000字左右的文学作品中，鸭长明在抒发自己感悟的同时融汇了多个典故。与许多以"传说""古人曰"等形式直接引用古籍的作者不同，鸭长明将这些典籍中的内容烂熟于心，并以借用、改写等形式用自己的观点呈现出来。以下为根据西尾实校注的日本古典文学大系注释整理的《方丈记》中出自中国典籍的典故。

表1　《方丈记》中出自中国典籍的典故②

序号	章节	《方丈记》中的记载	典故来源
1	二	殿に茅ふきて、その軒をだにととのへず…	《史记·秦本纪》尧帝的故事
2	三	白波のおそれ	《后汉书》白波盗贼
3	三	秋はひぐらしの聲、耳に満（て）り。	《题李十一东亭》/《和汉朗咏集上》白居易 相思夕上松台立，蚤思蝉声满耳秋。
4	三	桂の風、葉を鳴らす夕には、潯陽の江を思ひやりて…	《琵琶行》白居易 浔阳江头夜送客，枫叶荻花秋瑟瑟。
5	三	勝地は主なければ、心をなぐさむるにさはりなし。	《游云居寺赠穆三十六地主》白居易 胜地本来无定主，大都山属爱山人。

---

① 现在流传的《方丈记》版本众多，其中略本有最简略本、延德本、长享本等，广本氛围古本系统与流布本系统两种，古本系统以大福光寺藏本最为出名（大系本的底本）。广本与略本在内容上有着一定的差异。

② 资料来源为西尾实校注的《方丈记》中提及到的出自中国典籍的典故，除中国典籍外，还有出自《日本书纪·卷十一·仁德纪》《往生要集》《万叶集》《玉叶集》《山家集》等日本史书、和歌集与佛教典籍等部分，因本文以中国隐逸思想为主，表中就不详细列举了。

续表

序号	章节	《方丈记》中的记载	典故来源
6	四	魚と鳥とのありさまを見よ。魚は水に飽かず。魚にあらざれば、その心を知らず。	《庄子·秋水》庄子 惠子曰："子非鱼，安知鱼之乐？"庄子曰："子非吾，安知吾不知鱼之乐？"

除了表 1 中根据西尾实校注的内容外，还有学者指出："假如有必须做的事，我身体力行。尽管身子受累，但比起使唤他人、照顾他人来要轻松些。"这一部分出自《庄子·山木》的"故有人者累，见有于人者忧"。可以看出，鸭长明作为一位曾经的歌人，对日本和歌融会贯通的同时对古典汉籍也很精通，尤其对白居易的闲适诗更是情有独钟。白居易的闲适诗从诗歌内容到诗歌名称都与庄子有着不可分割的渊源关系。[①] 除此之外，鸭长明的清心寡欲、自由超脱的人生境界也与老庄思想有着极大的相似之处。因此，老庄思想对鸭长明的影响并不仅仅停留在引用的层面。以下就从遵循自然规律、对圣贤愚的理解以及向往虚己游世的闲居生活三个方面来考察鸭长明思想中的老庄情结。

（一）遵循自然规律

鸭长明在《方丈记》所记载的闲居生活中以自然为友是其隐居生活的一大特点。尤其是在方丈之庵与日野山闲趣中，作者更是运用大篇幅描绘了自己对自然风光的沉迷："春看藤波起伏……夏听郭公声……秋日蝉声盈耳……冬天雪景动人。""风和日丽之日，攀上峰顶，远望故乡天空，木幡山、伏见里、鸟羽、羽束师等尽在眼

---

① 此观点可参见毛妍君. 白居易闲适诗研究［M］. 中国社会科学出版社，2010：116–124.

底。"崇尚自然、欣赏四季变迁之景、登高望远兴致极佳的隐者形象跃然纸上。在谈及交友时,鸭长明提出"与人交友……莫若与丝竹、花月为友"。丝竹、花月等形象大都为中国隐逸文化中逍遥遁世、归隐山林的隐者所喜爱。竹历来带有高洁、正直的标签,自古以来隐者就多以爱竹而闻名,西晋的竹林七贤、东晋的陶渊明、唐代的白居易等都是其中的代表,他们或草舍茅庵,安贫乐道;或净身修禅,妙辩老庄。他们以竹为友,潜心山林,洁身自好。这与鸭长明淡泊宁静的心境十分契合。鸭长明饱尝尘世喧嚣之苦后,摒弃功名利禄之念,搭建草庵并潜心修行。他借丝竹与花月的形象抒发自己恪守淡泊的心性,其对自然之物的喜爱程度可见一斑。

《方丈记》中对于安元大火、治承旋风、养和饥馑、迁都福原、以及元历大地震的叙述都是在现实的基础上记述的,《玉叶》《明月记》《山槐记》等作品的相关情节都可以印证这一点。在鸭长明记载的这五种灾祸中,唯有迁都福原非天灾乃人祸。

迁都福原是指治承四年(1180年)平清盛挟持后白河法皇、高仓上皇以及安德天皇强行迁都福原之事。迁都福原改变了平安京近400年的首都之位,日本迁都后又因平氏在富士川之战失利,于同年11月将首都迁回平安京。与其他四场灾难相比,鸭长明表现出了不同的态度,在福原迁都一文中充斥着"颠沛流离""人心动荡""民生困苦""失意落魄"等语句,无限惋惜地描写了人民生活的疾苦。对于这种违背自然规律致使百姓民不聊生的作为,鸭长明一改咏叹式的感悟,以充满不满的语气说道:"同年冬天,天皇又回到了平安京。拆得不成样子的家居,又该如何呢?未必全能建造恢复到原来的样子。"那时的京都承受着违背自然规律的后果,成为战争的牺牲品。老庄思想究其本质即顺应自然、遵从自然之道,乘物以游心。"乘物"也就是驾驭自然的规律与法则,利万物而不争,而只有最大限度地顺应自然,才能去实现自己身心的解脱与自由。若做了违反自然规律的事情，则会受到来自自然的惩罚。从以上的考察中可以发现，鸭长明闲居遁世的自然观中蕴藏着"老庄与自然融为一体、遵循自然规律的"大道。

（二）对圣贤愚的理解

1. 崇尚俭朴的治国之道

文中第一次出现对圣贤的评判是在叙述福原迁都一事时对传闻中上古时期圣人的描述："传闻古代的名君在位，以慈爱治国，宫殿茅草盖顶，屋轩也不讲究齐整。看到烟筒乏烟，就减免已经规定了的租税。这乃为的是惠民济世。"这段话记述的是中国上古帝王尧与日本仁德天皇的故事，两位都是崇尚俭朴、仁政爱民的君王，与老子笔下的圣人具有相同的优良品质。老子认为，圣人应"贵以贱为本，高以下为基"，顺应自然，遵循客观，而且提倡理想的统治者应当"去甚，去奢，去泰"，采椽不斫，崇尚节俭。在老子看来，违背自然规律的强制力是愚者的行为，平氏强行迁都正是这种愚者的行为，这也正是鸭长明将这段话放在福原迁都结尾的意义所在。

2. 节欲不争的人生境界

作者在记述五场灾难的同时不乏有评价性的语言出现。鸭长明用"人的营生，皆在愚蠢之中"评价民众耗尽心力与财力去修筑房屋实在是没有价值、无谓愚蠢之事。除此之外，鸭长明形容有权势者的贪念会愈来愈深、有财富者的恐惧会愈来愈烈，而无所依靠的人则会遭人轻视、无财富者则会恨意淤结，这些都是世俗之人无法抛弃的欲念。权势也好、财富也罢，若无执着追求此念怎会疑惑烦恼身当栖居何处？其实在《方丈记》中我们不难发现，鸭长明确实无法企及圣人的境界，他居于逼仄之处若近邻有火事就害怕受到牵连，居于穷乡僻壤又不想往返辛劳受盗贼戕害之忧。他无法不在意别人的眼光，所以自建草庵遁世隐居，若说其逃避世俗是有的，若说其执着闲寂也是有的。

《方丈记》中围绕愚圣的探讨主要集中在最后的自省部分，即鸭长明的"佛的教旨是，遇事莫执心。如今爱草庵，也成咎过。执著于闲寂，也有碍悟道"。在抒发自己闲居生活的安乐后，鸭长明开始思考自己的行为是否违背了佛教上凡事勿执着的理念。他将这些对现世世界的留恋视为其往生佛道的障碍，却无法从内心中寻找到答案，于是扪心自问并道出："可是，你形似圣人，心染浊秽。"樱井好朗（1967）指出，这里的圣人并不是单纯指高僧的意思，而是指《一言芳谈》中登场的圣。记载日本中世念佛僧人言论的《一言芳谈》中有"想要往生之道就要做到连一个味噌瓶都不执着挂心（的境界）"。鸭长明正是以这种圣的思想来评判自己的隐遁生活的。可以看出这里所指的"圣"是佛教中勿念执着、诸事放下的禁欲思想。

与佛教上禁欲主义不同的是，道家讲求对欲望的顺其自然，老子对待人类欲望的态度是对人类合理需求的鼓励和对纵欲过度的批判。满足人类生活所必须的想法是可以被允许的，如果鸭长明的方丈草庵是生活所需的话，那么他所批判的耗尽财力煞费苦心构筑的房屋则超出了生活所需的范围。鸭长明执着草庵的闲寂生活与佛教上凡事勿执着的旨趣相背离，但"知己知世，无所求，无所奔，只希望静，以无愁为乐"的思想却正与老庄不求不争顺其自然的欲望观相对应。

鸭长明眼中的圣人与老庄对圣人在崇尚俭朴、节欲不争等方面的想法高度吻合，他一方面无法逃离"愚"的束缚，另一方面又渴望达到"圣"的境界去得到救赎。虽然《方丈记》中的"圣"含有佛教的禁欲思想，但在抛弃闲居与背弃佛道之间最终也没有做出选择，鸭长明的生活方式显然更贴近老庄顺其自然的欲望观。

(三) 向往虚己的闲居生活

在先行研究中，论及最多的当数《方丈记》与兼明亲王的《池亭记》、庆滋保胤的《池亭记》、白居易的《池上篇并序》和《草堂记》等几部作品之间的关系。① 鸭长明对闲居生活的"执着"除了有模仿参照这些先行作品的成分外，其深层原因是受到了老庄思想的影响。细野（1978）指出，鸭长明的闲居生活是"知足安分""自得自适"的境界，而"佛道的修行并不是在自适自得的境界寻求救赎，鸭长明想从知足安分、自适自得的境界中寻找救赎的姿态，体现了老庄思想对他的影响"。② 也有学者从老庄与佛教两种思想背景考察了鸭长明知足安分的思想。③ 鸭长明悠然自得的闲居生活以及对和歌管弦的喜爱，确使其偏离了佛教教义而向着一个更加自由逍遥、放任无拘的方向迈进。

老庄是失意者的哲学，因此一直受到遁世隐逸之士的推崇。就《方丈记》这部作品来讲，其中涉及白居易的闲适诗就带有明显的老庄思想。

乱峰深处云居路，共踏花行独惜春。
胜地本来无定主，大都山属爱山人。

《游云居寺赠穆三十六地主》

---

① 如，金子彦二郎. 方丈记と支那文学との関係 [J]. 帝国学士院记事，1942. 一文中就论述了《方丈记》与兼明亲王的《池亭记》、庆滋保胤的《池亭记》、白居易的《池上篇并序》的关系。后陆晚霞又补充了《方丈记》与白居易《草堂记》之间的关系考察情况。
② 細野哲雄. 鴨長明伝の周辺・方丈記 [M]. 笠間書院，1978：171–179.
③ 陆晚霞. 日本遁世文学的研究 [M]. 人民文学出版社，2012. 第一篇第二章第三节《遁世与知足安分》。

此诗以815年白居易被贬为江州司马为背景，因其好友肖佑时任彭州刺史，于是入蜀游览，在彭州游览时留下此诗。诗中白居易在自然中回归本性，只在意眼前的闲适美景，而其闲适意识则是来自老庄思想。已有多位学者指出白居易闲适诗中的"闲适"是来自老庄思想。①而白居易在被贬谪后依旧能潜心山水、知足常乐，这也与道家的"知足"思想是分不开的。陈寅恪（1978：327）在《白乐天之思想行为与佛道的关系》中指出："白居易的'知足'源自老子的'知足不辱'。"可以说鸭长明"随心所欲""劳累便歇"的闲居追求是来自中国隐逸文学中老庄闲适知足的思想的。

　　在谈论到仆人择友时，鸭长明指出，仆人会选择那些赏赐恩厚者，却不重真心照应、软语体恤及安适生活者。所以不如自己为自己仆，于是道既言以己为仆，则一应诸事，必得躬体力行。虽常感倦怠，但与役使他人相比，却轻松许多。这与《庄子·山木》中"故有人者累，见有于人者忧"在思想上有着极大的相似之处。庄子在此文中通过九个故事阐述了处事的道理，其中揭示的不役使外物亦不被外物役使、虚己处世放弃私欲虚名、遵循自然规律、不争的处世之道、圣人身处逆境也能安然顺应等思想在《方丈记》中均留下了明显的痕迹。老庄认为，人生最高的境界是应该超脱于世俗的生活之外。抛弃名利思想，闲暇自得的虚己境界是鸭长明所向往的，他知足知止、归全返真的心境，也正是老庄理想精神境界的心理特征。

　　庄子不重外物，不受世俗影响的"虚己"思想与不役使亦不役使于人，不害物亦不害于物的鸭长明的观点正相对应。"虚己"一词出自《庄子·山木》中的"人能虚己以游世，其孰能害之"。庄子

---

① 如，毛妍君.白居易闲适诗研究［M］.中国社会科学出版社，2010. 中指出："'闲'与'适'都是道家哲学的重要概念，白居易的闲适思想直接来源于道家。"

认为，人如果能以"虚己"的态度悠游于世，不被世俗与外物所困则是最好的处世为人之道。"虚己"取其脱除尊荣，倒空自己之意，与鸭长明向往的思想有很多共通之处。庄子的观点更接近"大隐"的境界，而鸭长明却一直停留在"小隐"的阶段。可以看出，鸭长明崇尚这种淡泊名利、清心寡欲的"虚己"思想却又一直无法达到"虚己"的境界。

可以说，长明随心所欲的闲居生活主要是受到了老庄思想以及受老庄思想强烈影响的隐逸文人的影响，他对悠然闲适生活的执着与老庄有着很深的关联，他作为歌人的独特审美意识也使他形成了具有个人特色的闲居思想。上述鸭长明的老庄情结不仅出现在《方丈记》中，在其佛教说话集《发心集》等作品中也能看到同样的倾向。本文以《方丈记》为例，便不一一列举了。

三、结语

通过考察《方丈记》这样一部受佛教思想影响强烈的作品，我们可以看出，鸭长明的思想中受老庄思想影响的痕迹十分明显。鸭长明以自然为友以及对反自然行为的排斥与不满中蕴藏着老庄与自然融为一体、遵循自然规律的思想。崇尚俭朴、节欲不争的生活方式比起佛教则更贴近老庄顺其自然的欲望观。他一方面无法逃离"愚"的束缚，另一方面又渴望达到"圣"的境界去得到救赎。鸭长明惬意悠闲的闲居追求来自中国隐者文学中老庄闲适知足的思想，同时他也在老庄思想的基础上又受到了自身作为歌人的审美意识的影响，并形成了具有自我特色的闲居方式。

参考文献

1. 鸭长明，吉田兼好著，李均洋译. 方丈记 徒然草［M］法律出版社，2011.
2. 陈鼓应. 庄子今注今译［M］中华书局，1983.
3. 鲍鹏山. 白居易与《庄子》［M］复旦大学出版社，2017.
4. 陈鼓应. 老子今注今译［M］商务印书馆，2006.
5. 陆晚霞. 日本遁世文学的研究［M］人民文学出版社，2012.
6. 毛妍君. 白居易闲适诗研究［M］中国社会科学出版社，2010.
7. 陈寅恪. 元白诗笺证稿［M］上海古籍出版社，1978.
8. 桜井好朗. 隠者の風貌［M］塙書房，1967.
9. 金子彦二郎. 方丈記与支那文学的关系［J］帝国学士院记事，1942.
10. 細野哲雄. 鴨長明伝の周辺・方丈記［M］笠間書院，1978.
11. 鴨長明，吉田兼好著，西尾実校注. 方丈記・徒然草［M］岩波書店，1957.

从《冻结的大地》看日本军国主义统治下的满洲

谭姗姗[*]

[摘 要]《冻结的大地》是日本女作家林芙美子1940年1月到满洲旅行后所作的旅行记。这篇旅行记按照时间顺序,记录了林芙美子在旅行过程中的所见所闻。当时的满洲究竟是怎样的景象?通过对《冻结的大地》与同时期小说《鱼介》《十年间》《雨》中出现的人物和经历进行对比研究发现,林芙美子将自己在旅行中遇到的人和事,融合到后期的小说中,向我们展示了1940年左右的满洲及在满洲生活的日本人的真实情况,同时也从侧面反映出那个年代满洲当地人的生活。这本书展示了一个真实的满州——满洲并不是日本军国主义宣扬的充满希望、可以重新开启新生活的地方,更不是日本军国主义宣传的"王道乐土、五族协和"。

[关键词]《冻结的大地》 日本军国主义 统治 满洲

引 言

林芙美子(1903—1951),日本著名女作家,被誉为"日本的

---

[*] 谭姗姗,大连交通大学讲师,硕士,研究方向为日语语言文学与日语教学。

萧红"。在《女人艺术》刊物上连载《放浪记》而初现文坛，受到文学界和读者的认可。在日本发动全面侵略战争后，林芙美子作为"笔部队"中唯一的一名女性，随军第一批进入汉口，发表书信体的从军记《战线》《北岸部队》，被当时的宣传媒体誉为陆军班的"头号功臣"。日本战败后，林芙美子的作品主要描写了战后挣扎在社会底层的女性的悲剧，代表作品如《晚菊》《浮云》等。

关于林芙美子的研究，中日研究者一直围绕其以《放浪记》为主的私小说叙述的女性的漂泊不定及不甘沉沦、真诚的生存态度。"她的创作特色在于表现出地地道道的女性……所具有的女性感觉及其缺点则超过了别人，她不是摆脱，而是充分利用，有时甚至是利用这一点，并以此为基础建立起自己的文学。"① 以《战线》为主的"笔部队"从军行，"在武汉前线出尽风头，是侵华战争的积极协力者"②。以《浮云》为主的"反战"和"反战败"思想，"抱怨的不是战争本身，而是战败"③。不可否认的是，第二次世界大战将林芙美子的人生分成了三部分，从最初的无政府主义者到通过战争文学而名声大震，直至战后对不同女性悲惨命运的书写。

一、林芙美子的第四次满洲之行及代表作品概述

"我生来就是一个流浪者，没有故乡。"林芙美子在与画家手冢绿敏结婚之前，一直过着居无定所、漂泊不定的生活。她一直憧憬自由、不受拘束的旅行生活，但是生活在社会底层的林芙美子并没有如此巨大的财力来实现自己的夙愿，在《放浪记》连载成功后，

---

① 中村光夫. 林芙美子论 [M]. 长春：吉林人民出版社，1989（1）：89-90.
② 王向远."笔部队"和侵华战争 [M]. 北京：昆仑出版社，2005：292.
③ 王向远."笔部队"和侵华战争 [M]. 北京：昆仑出版社，2005：292.

她终于实现了独自一人旅行的愿望。据统计，林芙美子先后于1930年8月、1931年11月、1936年5月、1940年9月、1941年9月，共计五次来到中国东北三省（满洲）旅行，并且每次旅行后，都创作了大量的文学作品。

1940年1—2月的旅行，她以自己的真实经历创作了《冻结的大地》这篇旅行记。该作品以第一人称"我"展开叙述，按照时间先后顺序，记录了在新京（长春）、牡丹江、佳木斯等地的所见、所闻，对在旅行中遇到的在满洲工作的日本人、移民团、少年义勇军、女佣等进行了细致的描写并发表了自己的见解。对在旅行过程中的车站、火车、洋车、马车、车夫、满洲当地人、街道、服饰等，林芙美子以一个日本女性的视角进行了全面的描述。林芙美子也因为《冻结的大地》而受到当局的批评："王道乐土的满洲，怎么可能是冻结的？"而后在同一年，林芙美子回国以后，先后发表了作品《鱼介》《十年间》，次年（1941）发表了小说《雨》。通过前后对比阅读，后三篇小说的人物塑造及境遇描写，都可以在《冻结的大地》中找到其原型。这三篇小说，正是林芙美子以1940年1月第四次满洲之行的见闻为蓝本，结合当时的日本时局和社会环境所创作出来的。

（一）《冻结的大地》的春江与《鱼介》的辰江

在《冻结的大地》第12章，林芙美子第二次到达牡丹江时，住在了车站附近的富士屋旅店，照顾她的是从千叶来的女佣人春江。春江的父母原来经营一家澡堂，受到局势的影响，澡堂难以继续维持，举家回到了千叶县的老家，在那里买了一个小房子度日。春江还有一个7岁的儿子，为了维持生计，他决定去朝鲜工作。她从新潟乘船出发，在船上听说牡丹江是一个新建且非常好的城市，于是临时决定来到了牡丹江。每个月为了维持孩子和父母的生计，春江需要邮寄回日本六七十日元才可以。但是，其实对于春江来说，牡丹江并不是一个能给她带来幸福的城市。春江会裁缝，所以刚到牡丹江时她租借了一间当地人的房子的二楼，开了一间裁缝店，自己还给裁缝店起了名字。林芙美子看到了一张春江穿着正装在裁缝店门前的照片。可是，春江并没有在牡丹江赚到钱，反而好不容易凑齐路费回到了千叶，但是却又一次返回牡丹江，通过熟人的介绍，来到了富士屋旅店工作。每个月赚 80 日元。虽然生活异常艰辛，但是春江仍然对生活充满了憧憬和期待，她的脸上从来没有出现过任何灰暗的表情，而是坚持不懈地、努力地生活着，期待着春天牡丹江郊外盛开花朵后如同梦境一般的美丽。

《鱼介》的辰江曾经经营着一家小饭馆，有两个孩子。受日本当时国内新体制的影响，小饭馆的客人越来越少，直至无法经营而关闭。因为失去了生活的来源，辰江带着藤子，于冬季到达了牡丹江，与叔父会合后，坐上了前往佳木斯的火车。到达佳木斯以后才发现，原来叔父并不是自己开了一家杂货店而是在贩卖杂货，并且租借着当地人的房子，全家人挤住在一起。最后，在绥芬河，辰江和藤子开始了新的工作。在作品中，林芙美子并没有明确地指出这两个人以后的生活，"实际上，对于 1940 年的林芙美子来说，以后的生活她也无法预测吧"。①

（二）《冻结的大地》的神与《十年间》的铁雄

《冻结的大地》中的神，是林芙美子在佳木斯住宿地方伊势屋旅店的老板。老板丈夫在朝鲜林业局工作，因她不满足于现状，于是先拿出一部分钱到牡丹江建了一个房子，没想到被别人欺骗，手里

---

① 川本三郎. 林芙美子の昭和 [M]. 東京：新書館，2003：221.

的积蓄都没有了。没有办法准备回朝鲜的时候，听说佳木斯是个好地方，于是来到了佳木斯。因为没有钱，所以最开始建了一个像山洞一样的小房子，后来逐渐扩大，并且不辞辛劳地去码头和车站拉客，历尽千辛万苦，旅店才发展到这样的规模。

《十年间》讲述了大学毕业仍然无法在日本国内找到工作，最后无可奈何地到满洲开始新生活的青年铁雄的故事。铁雄在满洲的生活和工作，是在他到了满洲三年以后才逐渐适应的，中间的辛劳不言而喻。

（三）《冻结的大地》的移民团、满洲开拓青少年义勇军与《雨》的安藤

《冻结的大地》中移民团的生活并不如意，天气寒冷，食物匮乏，甚至喝茶都成了奢侈。满洲开拓青少年义勇军都是 16 至 19 岁的少年，没有医生，没有照顾他们的人，天气寒冷，井水冰冻后，连喝水都成了问题。林芙美子在旅行记中表达了对这些青少年忍耐力的敬佩。《雨》中的安藤，不顾父母的反对，加入了满洲开拓青少年义勇军，来到了满洲后，等待他的会是什么呢？

林芙美子将自己在旅行记中遇到的人和事，融合到了后期的小说中，小说和旅行记融为一体，这些作品为我们展示了 1940 年左右的满洲及在满洲生活的日本人的真实情况。究竟在日本军国主义统治下的满洲是什么模样呢？

二、第四次满洲之行作品中的满洲

（一）满洲——希望的天地、生活的重启？

无论是旅行记《冻结的大地》中出现的人物，还是小说《鱼

介》《十年间》《雨》的主人公，所有的人都是满载着对新生活的希望和憧憬来到满洲这片土地的。主人公们在日本国内听说满洲"物产丰富、满人热情、那里处处都是机遇"，听说"叔叔在那里家境殷实，开着商铺赚了很多的钱"，还听说"在那里可以完全凭借自己的努力和奋斗，靠自己的力量生活"。旅行记里的真实人物和小说里的人物都是怀着这样的心情，来到满洲的。这些人物在日本国内没有生活来源，把满洲当成了救命稻草。

全面侵华战争爆发后，日本实施全面支援国家战争的经济体制。日本大肆掠夺中国资源，但是随着战争时间的延长，日本国内日益激增的经济需求已经无法通过在中国掠夺的利益来满足。与此同时，日本军国主义在国内大肆宣传满洲"五族协和、王道乐土"。"五族协和"即满族、蒙古族、汉族、大和民族、朝鲜族，五个民族互相协力，建立一个和平的国家。"王道乐土"即建立一个属于亚洲人民的理想国家（乐土）。研究发现，"九一八"事变后，日本军国主义实行欺骗性移民政策，把向中国东北移民作为侵略中国的重要措施。日本在1937年实施"二十年百万户移民计划"，掀起了向中国东北移民侵略的高潮，企图对中国东北永久占领，进而实现吞并中国及远东地区的战略图谋。"[1] 日本军国主义在国内刻意宣传满洲的美好，为日本国民设计了一个美好的愿景，政府的宣传和社会的经济形势，让无数日本平民看到了重新开始生活的希望，他们希望自己能在满洲开始新的生活。辰江、安藤、铁雄都是怀着对未来的憧憬踏上满洲之路的。

事实确实如此吗？在小说中，林芙美子并没有给读者最后的答案，所有的故事都在主人公们踏上满洲开始了在满洲的生活而戛然而止，留给读者的只有无尽的想象。正像上文说过的，可能1940年

---

[1] 川本三郎. 林芙美子の昭和［M］. 東京：新書館，2003：221.

的林芙美子还不能预见这些主人公未来的生活，但是从《冻结的大地》中春江、神、移民团和满洲开拓青少年义勇军在满洲的实际生活情况，以及林芙美子介绍的牡丹江武林先生的家"里面只有三个房间，这在牡丹江应该算得上是中产阶级才能有的房子吧。因为天气寒冷，水管冻住了，他的夫人居然是在外面打水为我们准备的茶，在这个寒冷的土地上生存，他们需要付出更大的努力才行吧"① 等等一系列的描写，我们不难推测等待小说主人公们的仍然是物质的不足，仍然是生活的艰辛和不易。

（二）满洲——生活便利？真的是"王道乐土"？

林芙美子在《冻结的大地》中曾经这样写道：

"佳木斯与其他地方一样，旅店全部满员，从日本来的人，总是被在何处居住而困扰着。"②

"我更喜欢日本，因为即使是冬天，仍然能吃到新鲜的水果。"③

"再到满洲来的移民团，告诉他们带着长火枪和衣柜来吧，甚至是勺子，都带来吧。独自一个人去满洲就可以了不用带任何物品，这不是一个巨大的错误吗？"④

"国内的新娘培训，现在都进行什么呢？满洲的风土文化自不必说，还应该加入满洲食物的课程，日本的不同区域，其食材和料理方式都不同一样，更何况这么遥远的满洲了，满洲的料理也有满洲的特色，满洲的食物偏'油'。"⑤

"我觉得如果要扩大移民团和满洲开拓青少年义勇军的规模，首

---

① 林芙美子．戦線 [M]．東京：中央公論新社，2003：193.
② 林芙美子．戦線 [M]．東京：中央公論新社，2003：236.
③ 林芙美子．戦線 [M]．東京：中央公論新社，2003：237.
④ 林芙美子．戦線 [M]．東京：中央公論新社，2003：226.
⑤ 林芙美子．戦線 [M]．東京：中央公論新社，2003：27.

先要立稳基石，充分考虑到这些人的衣食住等问题。"①

从这些描述中，不难看出，当时的满洲对于日本人来说物质匮乏，衣食住均存在问题。

小说中辰江的叔父租住在当地人三层房子的二层，全家人挤在一起。《冻结的大地》中一直陪同林芙美子的铃木，也是租的房子。但即使是这种情况，日本军国主义仍然劝说平民到满洲生活，应该在宣传中包括"任何物品都不用带，一个人去就可以"的宣传话语吧？否则林芙美子不会在旅行记中写"这是一个巨大的错误"。而且，根据相关档案显示，日本移民到满州后发现满州的生活与日本政府宣传的完全不同。

关东宪兵队司令部、中央检阅部1940年《通信检阅月报（二月）》的扫描件，在大黑河三井丰发给山梨县杉野玄三郎的信件摘抄中，记录了日本移民来到"满洲"后，发现这里的生活与政府的宣传不同，希望彻底落空。档案显示，日本移民在日本军国主义的欺骗利诱之下，承受着移民侵略带来的极大痛苦，成为日本移民侵略政策的受害者和牺牲品。1939年的《通信检阅月报（五月）》中记载了来到中国东北的日本人军次发给广岛市的井本里子的一封信，其中写道："移民团到达目的地几天后知道了一切，感觉梦幻破灭了。"②

春江说过，牡丹江并不是能给她带来幸福感的城市。移民团的奶奶也说，这里气候寒冷，家里甚至没有茶叶的储存。满洲开拓青少年义勇军的孩子们连饮用水都成问题。与铃木太太一同去买菜的

---

① 林芙美子. 戦線 [M]. 東京：中央公論新社，2003：229.
② 西安日报. 档案显示：日本移民到满洲后发现与政府宣传不同. [EB/OL] [2014-07-06] https://www.chinanews.com/cul/2014/07-06/6355566.shtml.

林芙美子，也觉得满洲物价昂贵。最基本的生活都难以保障，何来"理想的国家"？在旅行记《冻结的大地》中，林芙美子以一个日本人的视角，审视着这些实际问题，并在记录中如实地反映出来，同时将这些融入其之后的小说中。

（三）满洲——真的是"五族协和"？

在旅行记《冻结的大地》中，林芙美子对满人从不同角度进行了描写。

对于满人拉车夫，林芙美子写道："看着那个质朴的满人的背影，我觉得这是一个特别美丽的人间。"[①]

对于火车站候车室的满人，林芙美子写道："由于疲于等待，三等候车室里，有将毯子铺在水泥台面上坐着的女人，也有靠着脏乎乎的包袱睡着的老人，不管哪一个人都背着脏行李，就像一群洗白薯的人。在他们中间行走，我闻到了一股油臭的味道。"[②]

"在我面前过去十个满人，他们背着脏污的行李，是要去乘坐三等列车的。"[③]

对于满人的街道，林芙美子写道："满人的街道非常热闹，街上放着广播，到处充满着叫卖声，商店里的东西不多，但是人很多，二手店里摆着镐头、耙子、镰刀等农具，还有毛皮已经掉光的棉服，这些没有用的东西，下层满人甚至连一个都没有。"[④]

林芙美子往返于牡丹江、佳木斯时一直乘坐的是二等列车，小说中的辰江，其叔父为她买的也是二等列车。从辰江的眼中，我们

---

① 林芙美子. 戦線 [M]. 東京：中央公論新社，2003：163.
② 林芙美子. 戦線 [M]. 東京：中央公論新社，2003：187.
③ 林芙美子. 戦線 [M]. 東京：中央公論新社，2003：235.
④ 林芙美子. 戦線 [M]. 東京：中央公論新社，2003：244.

看到了当时乘坐三等列车的满人劳动者。林芙美子似乎一直都是矛盾的，她觉得满人很美却很脏；她觉得满人的街道很热闹，却又觉得满人很贫穷和可怜，连最基本的劳动工具和保暖衣物都不曾经拥有。然而，林芙美子又非常冷酷，她从没在《冻结的大地》中探讨过满洲人的生活现状，也没有在小说中述说过满洲当地人的实际情况。她曾经写道："宝清在没有建设之前，并没有医生，生病的人只能在家等死"，① 而如今却建设了陆军医院。她在这里重点强调了日本军国主义对满洲的"改造"。可是，她并没有提及，"改造"以后，满洲当地人能去日本人的陆军医院看病吗？即使当时的日本移民团或者日本关东军或者青少年义勇军对满洲进行了"建设"，"建设"的"成果"能与满洲当地人共享吗？他们如此地瞧不起满洲当地人，如此地看待满洲当地人，又怎么能在满洲实现所谓的"五族协和"？满洲当时是日本的殖民地，在殖民统治下，当地的中国人又怎会过上和平的日子，又怎么会与来自日本军国主义的殖民者共同建设本该属于自己的家园？

日本军国主义如何对待日本移民团和青少年义勇军呢？水上勉曾经说过："报名参加义勇军的人，将被送到满洲，而他们将没有归期。"② 相关档案中记载，日本青年在加入移民队伍后，生活困苦，如果偷跑还会被射杀。1939 年《通信检阅月报（五月）》中记载了牡丹江市的村田八郎发给京都府的大江康夫的信件摘抄："由于工作非常辛苦，偷偷逃跑的人会被用枪射杀，实在觉得非常不合情理。这件事往大了说就是国家的问题。"③

当时的日本移民团已经意识到了这是国家的问题。日本军国主

---

① 林芙美子. 戦線 [M]. 東京：中央公論新社，2003：210.
② 林芙美子. 戦線 [M]. 東京：中央公論新社，2003：236.
③ 西安日报. 档案显示：日本移民到满洲后发现与政府宣传不同. [EB/OL] [2014 - 07 - 06] https://www.chinanews.com/cul/2014/07 - 06/6355566.shtml.

义对待自己的国民尚且如此，如何对待中国人民可想而知了，"五族协和"更是无稽之谈。

三、结语

林芙美子的作品，从《放浪记》到《浮云》，都可以从小说中找到她本人生活的痕迹。战前，她主要描写在困境中逐渐成长起来的女性形象。战后，她转为描写受战争影响而不得不颠沛流离的悲惨女性。她是第二次世界大战期间最活跃的女性从军作家，整个战争期间，先后到过中国汉口和东南亚其他国家，而本文中提及的第四次满洲之行实则是其作为特约记者的满洲视察，主要活动地点为北满洲。当时正值冬季的 1 月，她给旅行记起名《冻结的大地》。通过这篇旅行记，她让我们感受到了满洲彻骨的寒冷，而且这种寒冷不仅仅是温度的寒冷，更是世态人情的"寒冷"，同时以一个日本人的视角带领我们审视了当时满洲的社会现实。在这一点上她违背了当时日本军国主义让她到满洲视察的初衷，所以作品发表后，受到了当时日本政府的严厉批评。但是，我们确实可以通过这篇旅行记，窥视到当时满洲的阴暗、生活的不易、人民的困苦以及日本国内军国主义对日本平民的愚弄。

本文立足点为林芙美子对当时满洲的环境、人物的描写，对当时的社会现状进行了剖析，但尚未对林芙美子从《战线》到《冻结的大地》的心理变化进行研究和分析，这将有待以后继续开展深入研究。

参考文献

1. 中村光夫. 林芙美子论 [M]. 长春：吉林人民出版社，1989（1）.
2. 王向远. "笔部队"和侵华战争 [M]. 北京：昆仑出版社，2005.
3. 西安日报. 档案显示：日本移民到满洲后发现与政府宣传不同. [EB/OL] [2014-07-06] https://www.chinanews.com/cul/2014/07-06/6355566.shtml.
4. 川本三郎. 林芙美子の昭和 [M]. 東京：新書館，2003.
5. 林芙美子. 戦線 [M]. 東京：中央公論新社，2003.

时空交错的古典与现代
——芥川龙之介眼中的中国

陈云哲[*]

[摘　要] 20世纪初，在日本作家群体中形成了一种纷纷涌向中国的文化现象。芥川龙之介以大阪《每日新闻》海外观察员的身份来到上海，并将这次中国之旅中对中国的主观感知和内心中生成的中国形象创作结集成《中国游记》。芥川龙之介是中国叙事中具有代表性、典范性的作家，可以通过对其关涉中国形象文本的梳理和透析，来阐释"中国"是如何在日本的文学叙事中呈现出来的，该时代日本人关于中国的文化体验是如何被组织到日本的文学叙事中的，中国形象在日本文学中发生了怎样的形象变迁、走过了怎样的精神历程。对于芥川来说，20世纪20年代的中国是一个使其能够穿越于古典与现代之间的时空交错的场域。芥川龙之介眼中的中国形象是与憧憬的古代的浪漫截然不同的幻灭的现实的恶俗。

[关键词]　中国形象　浪漫　恶俗　场域

---

[*] 陈云哲，吉林大学公共外语教育学院教授，博士，研究方向为中日文学关系。

引 言

20 世纪初，在日本出现了作家纷纷涌向中国的一种文化现象。1921 年，芥川龙之介也以大阪《每日新闻》海外观察员的身份来到中国，并在返回日本之后将这次中国之旅中对中国的主观感知和内心中生成的中国形象创作结集成《中国游记》出版。本文通过考察芥川的中国之旅及由此产生的相关文本，阐明 20 世纪 20 年代的中国对于芥川来说是一个使其能够穿越于古典与现代之间的时空交错的场域，同时梳理出芥川龙之介眼中的中国形象——与憧憬的古代的浪漫截然不同的幻灭的现实的恶俗。

一、空间开放的文化意义

大正时代的日本，很多人可以去海外旅行，究其原因，一是当时铁路网在某种程度上的完善，二是旅行社方面也开始安排海外旅游。就是在这样的时代背景下，1921 年 3 月至 7 月，芥川龙之介受大阪《每日新闻》社派遣，作为记者来到中国，游历了上海、南京、九江、汉口、长沙、洛阳、北京、大同、天津等地。

"旅游不仅仅是地理空间内或在历史时间中的位移；它还是在一种文化中，在注视者文化中的一种位移。"① 如果我们单纯地从地域空间的开放而言，交通网络的完善只是拓展了国家之间交往的便利性，但如果我们从文化的角度来看待这种空间的裂变，就会发现这

---

① 孟华主编. 比较文学形象学 [M]. 北京：北京大学出版社，2001：147.

不仅仅是地域的拓展，在本质上则是一种文化的挪移和变迁。具体而言，从中日文明交汇的意义讲，这种交通网络的完善和拓展，对于中国传统文化的迁移、传播和确认，承担了更大的作用，同时，从中日之间历史发展而言，尤其是文化交融的维度来看，这种空间扩展带来的意义更为重要。中国传统文化向日本的传播和迁移，在日本古代时期已经开始萌生，但仍然局限在很小的范围之内。明代以前，中日之间的交通网络并不发达，并不具备与之相适应的广泛传播渠道，中国文化的单向灌输占据主导地位。但近代以来交通系统的完善和发达，开始打破了这种封闭的和单向度的文化传播状态。可以说，交通系统的完善和繁荣，划分了中日之间文化交融的前后不同的时期，因为在交通系统尚未完善、发达之前，日本人更多凭借中国古典文学了解、体验中国，而在交通系统完善、发达之后，日本人更多通过直接接触中国社会了解、体验中国，二者所带来的文化感知是大不相同的。

二、"中国"与"中国形象"

相对于日本而言，"中国"无论是古代、近代，还是现代，抑或是当代，一直就是一个特质"意义"的存在：一方面，"中国"作为一个国家政治实体的存在，其疆界辽阔、历史悠久、人口众多、民族多样；另一方面，"中国"又不仅仅是一个清晰的国家政治实体，在某种程度上又是一种世界先进文化的隐喻和象征。中华民族五千年悠久的传统文明，对于日本而言具有持续的冲击力。毋庸置疑，日本文化体系的形成和建构，在一定程度上脱胎于中国传统文化，以中国传统文化作为自己的文化母体和文化之根。

本文阐述的核心和重点并不在于中国传统文化对日本文化的影

响和作用，而是在将其放置于经历了中国传统文化影响和冲击的日本文化体系的内部，梳理出一个可以直接感知、触摸、辨析的"中国形象"上。这种"中国形象"具有双重面相和双重视域：一方面，中国形象是在日本文化体系内部创造的，既有中国传统文化因素的构造，又有日本本土文明的改造，是"他者"视域内的中国形象；另一方面，中国形象本身又是我们进入到日本文化体系的入口，以其作为一种镜像和参考坐标，可以反射和显露日本文化的特性，从而形成日本的"在场"。无论我们能否感知到它的存在，它实际上已经成为中国形象的一部分，进而牵扯出更为广泛的文化问题，在审美或诗学视域中体现一种文化视野，使其带有"文化诗学"的某些特点。

毫无疑问，这种中国形象的整体性无法建立在某个个体的破碎的历史记忆和片面的直观感知的基础上。日本文化体系内部的中国形象来源于日本文化对中国的艺术想象和文学叙事。这些叙事既涵纳小说、诗歌、散文、戏剧，同时也包含以真实的历史背景、现实的时代背景、真实的人物、事件为基础的纪实性文学、新闻报道、游记等。上述这些文学叙事不但数量巨大，而且叙事的视角具有多样性，同时讲述的技巧和叙述的策略也不尽相同，进而显现出极大的差异性。因而，在这些文学叙事中所建构的中国形象也就不尽相同，既有以中国古典文化作为镜像而产生的充满浪漫色彩的中国想象，也有建立在中国现实语境基础上的带有现实批判色调的中国想象；既有先验的介入，又有直观的现实体验；既有迷恋，又有退怯。但无论这种差异性存在多大的裂隙，文学叙事中的中国形象都具有一种文学的同一性和精神的同构性：它在本质上是文学想象的产物，并不是真实的中国主体，具有强烈的意识形态特性，最终它只是个文学的中国形象。具体而言，通过对"中国形象"的梳理和探究来考察日本的文学文本，同时又反向而行之，从日本的文学文本中来考察中国形象，并使二者结合起来，建构一种相互阐释的格局。

本文在众多的日本现代作家中选取在文学叙事中建构中国形象的典范性作家芥川龙之介作为研究对象，通过对其关涉中国形象的文本的梳理和透析，来阐释中国是如何在日本的文学叙事中呈现出来的，中国人自身的文化形象在日本的文学叙事中发生了怎样的变异，以及中国形象在日本文学中发生了怎样的形象变迁。

三、古典文本的互文性

芥川对于中国形象的感知、认同和建构，主要来自中国古典的小说文本，将中国古典小说文本作为自己文学叙事的母本和话语资源，在其基础上进行重新改写，将古典小说融入近现代的文化因素，形成一次跨文化的文本互文性，"任何作品的文本都像许多行文的镶嵌品那样构成的，任何文本都是其他文本的吸收和转化"。[①] 也就是说，中国古典小说的每一个文本都是芥川创作自己文本的"镜子"，芥川的每一个小说文本又都是中国古典小说文本的吸收和转化，二者之间相互参照、彼此关涉，建构了一个无限开放的文化空间，以此构成了一个完整的过去、现在、未来的文化链条和无限开放的文化体系，以及文学叙事中中国形象的演变过程。"一个确定的文本与它所引用、改写、吸收、扩展、或在总体上加以改造的其他文本之间的关系"，"任何文本都是一种互文，在一个文本之中，不同程度地以各种多少能辨认的形式存在着其他的文本，譬如，先时文化的

---

① 朱丽娅·克里斯蒂娃. 符号学：意义分析研究 [M]. 朱立元. 现代西方美学史 [M]. 上海：上海文艺出版社，1993：947.

文本和周围文化的文本，任何文本都是对过去的引文的重新组织"。①从芥川的小说文本中我们会发现，芥川是把自我的文学写作放置在一个固定的坐标中加以参照，从横向空间上将自己的现代文本与中国古典文本进行比附式书写，让文本在中国传统文化中确定其特质；从纵向时间上，注重对前文本，也就是中国古典小说的研究，从而获知对中国文学和中国传统文化的系统性的认知。我们以"互文性"来阐释芥川文本关涉到的问题，不仅彰显了芥川文本内部的丰富的、多元话语相互指涉的事实，同时也展现了芥川关于中国形象建构的深广性、繁复性的文化内质和历史内蕴。

通过梳理芥川的文学谱系，我们会发现芥川的短篇小说根据其取材不同可分为现代题材和古代题材两类，综观以上两类作品，历史短篇在日本文学中因其题材与构思都新奇精深且独具一格，堪称最为成功之作。而中国古代历史文化为芥川历史小说的创作所提供的大量营养则成为其历史小说创作成功的一个重要因素。芥川的历史小说中约有9篇作品取材于中国，其中，《仙人》《酒虫》《掉头的故事》取材于蒲松龄的《聊斋志异》；《英雄之器》取材于《两汉通俗演义》；《黄粱梦》取材于唐传奇小说《枕中记》；《尾生之信》取材于《庄子·盗跖篇》；《杜子春》取材于唐传奇小说《杜子春》；《秋山图》取材于《瓯香馆集补遗画》；《奇遇》取材于明代短篇小说集《剪灯新话》。

芥川不懂汉语，也没有专门从事过汉学研究，但他在同时代的作家中是一位有中国文化修养的人。芥川在少年时期就受到中国古典文学的浸染，"拜旧式教育所赐，让我从小读了很多和现代没有多少关系的书"。②《西游记》《水浒传》《剪灯新话》《聊斋志异》《金

---

① 朱丽娅·克里斯蒂娃. 符号学：意义分析研究 [M]. 朱立元. 现代西方美学史 [M]. 上海：上海文艺出版社，1993：948-949.
② 芥川龙之介. 芥川龙之介全集：第一卷 [M]. 日本：春阳堂书店，1966：1190.

瓶梅》《新齐谐》《西厢记》《珠顿怪谈》等小说成为芥川日常阅读的书籍。尤其是他对《西游记》和《水浒传》评价颇高，"这样的杰作，在西洋是一部都没有的，哪怕是班扬的《天路历程》也不能与它匹敌"①。而且，芥川对《水浒传》中的每个人物能够熟记于心，"不知多少次手持木剑，对着院子里挂着的晒干菜，和《水浒传》的人物——一丈青扈三娘、花和尚鲁智深格斗"。②随着年龄的增长，芥川逐渐接触到更为广泛的中国古典小说，尤其是对《聊斋志异》达到了迷恋的程度，对其魔幻现实主义的叙事策略倍加赞赏，并把蒲松龄与西方作家戈雅相提并论，称之谓"东西方一对白玉璧"。③在发表于《文艺春秋》的《追忆》中，芥川曾说："我自上了小学，就同这位老师的儿子学习英语、汉文和书法。"④由此可知，芥川还是个小学生的时候就已经邂逅了汉文。并且，在该文中作家还写道："我从懂事开始就很喜欢这些通俗绘图小说，其中特别喜欢《西游记》改编的《金毗罗利生记》，《金毗罗利生记》的主人公或许是留在我记忆中的第一个作品中的人物。"⑤所以，我们可以说芥川对于中国古典世界的兴趣早在少年时代就已经开始了。作家进入东京府立三中后在该校《学友会杂志》上发表了《义仲论》，其中晦涩的汉语词汇及格调高雅的汉文训读文体背后是作家出众的汉文驾驭能力。芥川在1920年发表的《汉文汉诗的有趣之处》一文中提到，"读汉诗汉文有用处吗？我认为是有用的"，在"过去的日本文学的鉴赏"与"现代日本文学的创作上"都是有用的。⑥他不仅提出了这样的观点，并且在现实中进行了实践。查阅日本近代文学馆

---

① 芥川龙之介. 芥川龙之介全集：第二卷 [M]. 日本：春阳堂书店，1966：441.
② 芥川龙之介. 罗生门 [M]. 楼适夷译. 北京：译林出版社，1998：178.
③ 芥川龙之介. 芥川龙之介全集：第一卷 [M]. 日本：春阳堂书店，1966：1135.
④ 芥川龙之介. 芥川龙之介全集：第一卷 [M]. 日本：春阳堂书店，1966：1099.
⑤ 芥川龙之介. 芥川龙之介全集：第一卷 [M]. 日本：春阳堂书店，1966：1095.
⑥ 芥川龙之介. 芥川龙之介全集：第二卷 [M]. 日本：春阳堂书店，1966：134.

的《芥川龙之介文库目录》，我们可知其中有诸如朱熹集注《孟子》《资治通鉴》《杜工部草堂诗笺》《佩文韵府》《诗韵含英》《太平广记》《剪灯新话》《聊斋志异》等各种汉籍达1177册。关口安义曾指出："中国对于芥川龙之介来说，是长久以来自己钟爱的汉诗、南画的故乡，是他熟读的《西游记》《水浒传》《三国志》的舞台，是他儿时起就向往的国度。中国在芥川心目中是一个有着悠久的历史与传统、以辽阔的国土与优美的自然而引以为豪的国度。龙之介一直对这个国家怀着憧憬之情。"① 1921年3月7日，芥川在致友人恒藤的书简中，曾写道："最近越发沉迷于东方情趣中，有了欣赏印谱、拓本的癖好，实在为难，小说是艺术中最低俗的。"② 其实，芥川自幼酷爱中国文学，其热情一直持续到他生命的终止。

四、文化神话的变形

中国之旅是芥川龙之介一生中唯一一次海外旅行，虽然是他的夙愿，但真正接触到中国当时的现实社会之后，却把他对中国的异域幻象完全击碎。早在1911年8月2日芥川写给藤冈藏六的信中就曾写道："无论如何也要沐浴一次洒落在扬子江畔垂柳上的阳光。"③ 1921年3月，在他写给薄田淳介的信中说"前天在静养轩开的送别会上，里见弴发表见解说，'中国人过去很伟大，那么伟大的中国人今天却变得不伟大了，这是无论如何也不可想象的。君去后不要只关注中国伟大的过去，也要找到今天中国的伟大来。'我也正是这样

---

① 关口安义. 特派員 芥川龍之介——在中国看到了什么——[M]. 日本：每日新聞社，1997：31.
② 芥川龙之介. 芥川龙之介全集：第十七卷[M]. 日本：岩波书店，1997：152.
③ 芥川龙之介. 芥川龙之介全集：第二卷[M]. 日本：春阳堂书店，1966：612.

想的。"① 带着这样的想法，芥川于 1921 年 3 月到 7 月的四个月期间，作为大阪每日新闻社的海外特派员，先后游历了上海、南京、长沙、洛阳、北京等地。芥川回国后将旅行的见闻整理成《上海游记》《江南游记》《长江游记》《北京日记抄》《杂信一束》，先是在大阪《每日新闻》《改造》等报刊上发表，1925 年整理成《中国游记》由改造社正式出版。该书不仅涉及中国当时的自然风光、文化风俗，还记录了他拜访章炳麟、郑孝胥、李人杰等知名人士的谈话内容，无论对于研究当时的中国社会还是研究芥川的中国观都具有重要的价值。

通过对《中国游记》的解读，笔者认为，芥川在《中国游记》中为我们描写了中国的两个侧面：一是印有古老文化痕迹的浪漫的中国；二是现实中脏乱颓废的恶俗的中国。二者在交错的时空中呈现出了古典的浪漫与现代的恶俗，而后者往往会将前者无情地从作家脑海中驱逐出去。纵观作品全文，芥川在游历中国期间不时为印有古老文化痕迹的山水而感叹，任由自己的想象在古典诗文与历史故事中驰骋；任由自己的思绪在仙山琼阁与青山碧水间飘荡。芥川看到上海街头的老乞丐，立刻联想到八仙中的铁拐李；看到苏州城内舞刀弄枪的两个男子，立刻联想到水浒传中的英雄好汉；进了城隍庙，立刻联想起自己从前读过的《聊斋志异》等中国小说。看到西湖的第一眼，芥川发出的感慨是："啊，西湖！在这一瞬间，我才真正感觉到此乃西湖。从空中云缝一幅并不很宽的月光流泻而下照在雾霭氤氲的水面上。一道长堤把湖水斜着断开，那一定是苏堤或白堤。"② 他乘坐画舫一路行游过孤山、白堤、断桥，而每处景致都唤起作家记忆中的相关汉诗。当芥川来到中国之旅的最终目的地北

---

① 芥川龙之介. 芥川龙之介全集：第二卷 [M]. 日本：春阳堂书店, 1966：777.
② 芥川龙之介. 芥川龙之介全集：第二卷 [M]. 日本：春阳堂书店, 1966：41.

京后，他遍访了北京的名胜古迹，还特意穿了马褂照了一张纪念照。古老的北京颇合芥川的心意。6月14日芥川寄给友人冈荣一郎的明信片上写了这样一段话："已到北京。北京不愧为王城之地，在此住上二、三年亦可"，然后还附上了自己作的俳句"明月升空，合欢开在棉槐中"。① 20世纪20年代的中国，不仅仅呈现了古典的浪漫与现代的恶俗，而且也是一个使其能够穿越于古典与现代之间的时空交错的场域。

在美与丑的交错中，在传统与现代的冲突中，在浪漫与恶俗的矛盾中，芥川一边赞美着光辉灿烂的中国传统文化，一边毫不隐讳地道出对当时中国的厌恶与失望，甚至言词犀利地说："现代中国有什么呢？政治、学术、经济、艺术无一不在堕落。……我不爱中国，想爱也无法去爱。目睹了国民如此之腐败之后仍能热爱中国的人，他或是个极端颓废的官能主义者，或是个浅薄的中国情趣的惝恍者。不，即使是中国人自己，只要尚未心灵昏聩，比起我们一介游客，应该是觉得更为厌恶的吧。"② 芥川热爱的是有灿烂文化和悠久历史的古代中国，以及印有这种文化痕迹的自然风光与名胜古迹；厌恶的是被列强瓜分、占领下的现实中国，以及拥有饱受践踏却又唱着太平曲的国民的中国。芥川在《上海游记》中从各个角度比较了西洋与东洋，然后以独特的对话形式表达了他对西方文化的反感和对东方文化的热爱。当芥川在西化的租借地看到中式住宅和庭院后说："那一带宅地令人愉快，青柳含烟，桃花盛开，星星点点散存着中国的民宅。"③ 在《上海游记》结尾处，芥川明确表示，与十字架下的大理石相比，自己更喜欢躺在土馒头里。而在接下来的《江南游记》中有这样一个场景：用过晚餐的芥川在旅馆门口看到一位身着青瓷

---

① 芥川龙之介. 芥川龙之介全集：第二卷 [M]. 日本：春阳堂书店，1966：787.
② 芥川龙之介. 芥川龙之介全集：第二卷 [M]. 日本：春阳堂书店，1966：77.
③ 芥川龙之介. 芥川龙之介全集：第二卷 [M]. 日本：春阳堂书店，1966：23.

色缎子袄、耳际水晶耳环熠熠生辉的中国少女，不禁觉得情致风雅，可是由于秃头美国人旁若无人地随地小便，芥川浪漫的情致被无情地粉碎了，于是他勃然大怒说"我的内心油然而生比水户浪士更胜十倍的攘夷精神"。[①] 虽然芥川经历了最初的失望与愤懑，可是当他平静下来，发现自己对中国文化的执著挚爱却丝毫不减，对中国的思念又油然而起，《江南游记》《长江游记》的前言部分就是最好的佐证。

五、结语

在芥川的中国之旅中，对中国的体验呈现出两种状态：一方面，中国仍旧是一个遥远、神秘，充满异域情趣和浪漫情调，具有千年文明积淀的国度，现实中国形象与在古典文学典籍中建构的中国形象高度契合；另一方面，中国形象逐渐演变为被人所鄙视、所欺负的野蛮、落后的国度。从日本到中国的空间位移为芥川提供了一个往复穿越于古代与现代的场域，这个场域不仅仅是一个物理的空间，而且会因为人与空间的关联内容的不同而具有丰富的意义，此时的场域超越了物理空间的意义。场域因关联者的时间、空间、言语以及体验而产生，同时，场域也影响、改变着关联者的精神与体验，这是地域空间的拓展所带来的文化体验的转变。20世纪20年代的中国因芥川的中国体验而成为其往复穿越于古代与现代的场域，同时这个场域也展现和构筑了古典的浪漫与现实的恶俗的中国形象。

---

① 芥川龙之介. 芥川龙之介全集：第二卷［M］. 日本：春阳堂书店，1966：42.

参考文献

1. 孟华主编. 比较文学形象学［M］. 北京：北京大学出版社, 2001.

2. 朱丽娅·克里斯蒂娃. 符号学：意义分析研究［M］. 朱立元. 现代西方美学史［M］. 上海：上海文艺出版社.

3. 芥川龙之介. 罗生门［M］. 楼适夷译. 北京：译林出版社, 1998：178.

4. 芥川龙之介. 芥川龙之介全集［M］. 日本：春阳堂书店, 1966.

5. 关口安义. 特派员 芥川龙之介——在中国看到了什么——［M］. 日本：每日新闻社, 1997：31.

6. 芥川龙之介. 芥川龙之介全集：第十七卷［M］. 日本：岩波书店, 1997.

解读《广岛札记》中广岛人内心的和平意识[*]

陈宝剑　谢　荣[**]

[摘　要] 广岛之行，让大江健三郎亲身体验了核战争以及核武器的巨大危害，也让大江健三郎的灵魂有了深深的触动。大江健三郎在广岛和原子弹爆炸的受害者们相遇时，对于原子弹爆炸的惨状感到震惊。《广岛札记》一书就是大江健三郎在广岛多次采访后所写的诚意之作。通过对作品中出现的真正的"广岛人"的分析和解读，让读者深深地感受到他们内心的和平意识——他们坚强努力、脚踏实地、从不妥协、决不气馁、充满自信，虽身陷绝境，仍怀揣希冀，勇敢前行。这对大江健三郎文学作品中的和平意识的形成也起到了决定性的作用。

[关键词] 大江健三郎　广岛札记　广岛人　和平意识

引　言

作为日本战后派文坛的代表作家，大江健三郎于1994年获得了

---

[*] 本文是国家社科基金青年项目"大江健三郎文学中的共同体思想研究"（项目编号：19CWW005）阶段性成果。

[**] 陈宝剑，北京外国语大学北京日本学研究中心博士生，淮北师范大学外国语学院讲师，研究方向为日本近现代文学；谢荣，淮北师范大学外国语学院讲师，硕士，研究方向为日本文化。

诺贝尔文学奖，成为继川端康成之后第二个获得诺贝尔文学奖的日本作家，其获奖的一个重要理由就是他的文学作品中很好地表现了人们最关心的核问题、残疾儿问题等诸多问题。大江健三郎从1963年夏天开始，多次去广岛采访、调查原子弹爆炸引发的种种惨状，并亲眼看到遭受原子弹爆炸的受害者们数年来仍然遭受着病痛的折磨，面临死亡的威胁，过着提心吊胆、不为人知的悲惨生活。大江健三郎将看到的、采访到的种种现状，真实地记录下来，形成了《广岛札记》这部关于原子弹爆炸的代表性作品。在这部作品里，大江真诚地表达了对于和平的美好希冀，讴歌了为在原子弹爆炸废墟上重建美好家园而努力奋斗的广岛人，阐述了广岛人内心的和平意识。

一、关于《广岛札记》

《广岛札记》一书的写作最早是从1963年大江健三郎参加在广岛举行的第九届禁止原子弹和氢弹世界大会的时候开始的。最初在《世界》杂志连载，整书于1965年出版单行本。在广岛采访期间，大江健三郎遇到了真正具有"广岛人"特质的原子弹爆炸受害者们，通过与他们的接触和交往，大江健三郎的灵魂也获得了救赎。对于这些真正的"广岛人"，大江曾这样评价说："这些在广岛最恐怖的灾难中劫后余生的人们、这些抱有最诚实的生活态度的真正的广岛的人们，像孪生子一样，在心灵最深处，紧密地联系在一起。"的确，多次的广岛之行，让大江健三郎真正认识了这些在世界上第一次遭受原子弹爆炸的"广岛人"，他们直接给了大江健三郎勇气，也给大江健三郎的心灵带来了强烈的震撼。

《广岛札记》一书围绕着广岛日赤医院的院长重藤文夫以及其他

的原子弹爆炸受害者们的证言、手记展开的。重藤文夫院长和这些原子弹爆炸的受害者们,一直在勇敢地同病魔作斗争,他们坚强、乐观、自信、英勇,没有表现出一丝丝的害怕。可以说,《广岛札记》这部作品是一部广岛人与不断出现的原子弹爆炸后遗症——白血病等进行抗争的战斗史,是一首对与原子弹爆炸不断斗争的广岛人的生命赞歌。从绝望到复活,从死亡到新生,这些广岛人走过的是一条难以想象的困难之路,然而他们却时刻散发着"广岛之光",他们是最值得鼓励和肯定的正统的日本人。

毋庸赘言,原子弹爆炸作为"粗暴罪恶的瘟神"和"最现代的鼠疫",对整个广岛而言是毁灭性的,对广岛人而言是无法言语的痛苦。在华丽的禁止原子弹和氢弹世界大会的舞台背后,那些像重藤文夫院长一样忍耐和沉默的人们,默默地长时间付出努力。与其说这是大江健三郎通过作品带给读者的感动,倒不如说是让读者体会到了广岛人对生命的敬畏和生命的坚强。广岛以及真正的"广岛人"在大江健三郎的内心留下了深刻的印象,就像大江在《广岛札记》最后写道的那样:

> 我想同以日赤医院重藤文夫院长为首的人们站在一起,这些人真正表达广岛的思想,他们决不绝望,也决不抱有奢望。这些人在任何情况下都决不屈服,他们坚持着每天的工作,我把这些人看作是原子弹爆炸后最正统的日本人。我愿意和这些人站在一起。

诚然,大江健三郎作为作家的出色才能和对社会问题的态度让人敬佩。可以说,《广岛札记》汇集了大江健三郎访问广岛的所闻、所见、所感、所思,包含着大江健三郎对美国投掷原子弹行为的谴责,对生命的呐喊,对和平的呼唤,对人类命运共同体的思索,该书将大江健三郎的人格魅力发挥到极致。在阅读这部作品的过程中，读者会情不自禁地被作品中奇特的感受力、丰富的表现力以及真实的感染力所感动。

二、真正的"广岛人"的代表

1963年夏天，大江健三郎初访广岛，在那之后，他也曾多次前往广岛访问。在那里，他遇到了真正的"广岛人"。大江在广岛和原子弹爆炸的受害者们相遇时，对于原子弹爆炸的惨状感到震惊。他们带给了大江最为震撼的感动，也给大江留下了深刻的印象，同时，也让大江有勇气直面人生。在此，笔者想简单介绍下《广岛札记》中出现的真正的"广岛人"的代表，并且想通过这些人的言行举止，去发掘他们内心的和平意识。

（一）重藤文夫院长

重藤文夫是广岛日赤医院的院长，同时也是广岛原子病医院的院长。重藤院长身材魁梧高大、嗓门粗大、说话爽快。在原子弹爆炸的前一周，重藤院长来到广岛的医院工作。当原子弹发生爆炸的时候，重藤院长正在等车，由于等车的人群很多，重藤院长排在了最后，因此伤势不太重。为了治疗那些濒临死亡的人们，他忍受着自己的伤痛，表现出惊人的工作能力，指挥着同样负伤的医生和护士们拼命工作。当然，他自己也在积极地参与救治。而且，重藤院长还凭借自己多年行医的直觉，认定这并非普通的炸弹，其带来的伤害远比现在看到的要严重得多，所以一心想要搞清它的原委。他用自己微薄的预算和自己的双手，在工作的间隙，抽时间去爆炸中心地点做调查，搜集、分析与原子弹爆炸相关的材料，终于，功夫不负有心人，重藤院长成为最早认清炸弹实质的日本人。虽然他本人也是原子弹爆炸的受害者，但是他根本不在乎自己的病情，致力于研究原子弹爆炸带来的一系列的疾病症状。通过无数次的观察体验、数据分析、资料整理，他最终弄清楚了爆炸所带来的症状，并不断地与这些病症斗争。

自此之后，重藤院长开始密切关注原子弹爆炸支援与救护工作，而且他坚信，现在给原子病医院的这些投资，最终还是会返还给全世界的人们，他是一个具有崇高人格和善良品德的人。所以，在谈到关于原子弹爆炸的看法的时候，他说："世界强国即便以拥有核武器而沾沾自喜，而在人类的历史长河中，它必将成为一个污点。我希望日本能有一些政治家，绝对不容许日本蒙上上述污点，永远是一个不拥有核武器，并反对拥有核武器的国家。"

重藤院长始终怀着必胜的乐观心态，一直同原子弹爆炸所带来的症状作斗争。可以说，他是一个真正的"广岛人"。

（二）森泷代表理事

森泷代表理事是一位老哲学家，为了广岛的和平和统一，一直在拼命地工作着。他既不是一个有谋略的人，也不是一个贪图利益的人。他一心致力于和平运动，自始至终都在为禁止原子弹和氢弹协会和受害者团体协会努力工作。

他一心想着广岛，不愿离开广岛，认为只要离开广岛就没有了和平运动，认为和平运动的开展与保护原子弹爆炸受害者们应该紧紧地联系在一起。森泷代表理事最终身心俱累，积劳成疾，在弥留之际，他心中依然想着和平运动，想着这些广岛的受害者们。他曾说过："反对核战争固然重要，但允许拥有核武器本身就是个关键问题。核军备竞赛如此令人担忧，难道不该把和平运动的突破口放在反对拥有核武器上吗？"对森泷代表理事来说，对广岛原子弹爆炸受害者的关注和开展新的和平运动是他一生中非常重要的任务。

森泷代表理事兢兢业业地舍身工作，一直在为广岛和广岛的原子弹爆炸受害者们竭尽全力，为广岛的和平而努力，他和重藤文夫院长一样，是一个真正的"广岛人"，是一个务实之人。

（三）宫本定男

大江健三郎初次见到宫本定男的时候，他正作为原子病医院全体患者的代表，站在盛夏灼热的水泥台上，高昂着他那像极了阿波木偶的脑袋，正在用蚊子般微弱的声音拼命地致辞。他抬着头，脸色看上去异常苍白。宫本本身也是一位原子弹爆炸受害者，有严重的原子弹爆炸后遗症。他身材矮小，看上去甚至比小孩子都要瘦弱得多。从宫本致辞的表情可以看出，他非常紧张，虽然声音微弱，但话语中却充满了力量。他说道："我相信第九届世界大会一定会圆满成功！"宫本定男为了说出这句话，不惜以牺牲自己的生命为代价，冒着炎炎烈日来到队伍中，非常满足地向大家表达了自己对大会举办成功的祝福，以及大会定会成功举办的信心。他为了消除对死亡的恐惧，为了更好地为和平呐喊发声，为了让更多的人珍爱生命，为了反对对广岛人身心造成严重伤害的核武器，他迈出了坚定的步伐，勇敢地走向人群，相信这次演讲对于他来说注定是意义非凡的。

在冬天来临之际，宫本因全身衰弱突然离世。在他的遗物中，有一篇很短的文章，他在文章中写道："我在广岛控诉，在遭受了人类历史上第一颗原子弹轰炸的广岛，至今仍有无数日夜苦于白血病、贫血、肝脏疾病的人们，正在同悲惨的死亡进行着斗争。"可以看出，宫本对于原子弹在人类社会爆炸一事是多么的痛恨，又是多么的无奈！而正在经历病痛折磨的广岛人所做出的斗争又是何等的悲惨。在这篇短文的篇末，宫本讲了如下的一段结束语："最后，我恳请诸位齐心协力，好迎来一个没有战争的光明的世界。"

这应该是宫本临死前希望看到的崭新世界，一个没有战争，充满光明、和平与美好的新世界。宫本定男到死都在为废除核武器的运动而努力，为维护世界和平而竭尽所能。他向人们表达了自己最本真、最诚实的生活方式和生活态度，他是最坚韧的人道主义者，是一个真正意义上的"广岛人"。

（四）广岛的医务工作者

要说到代表性的"广岛人"，就不能不提到广岛的医务工作者。众所周知，广岛原子弹爆炸的时候，正值20世纪最为严重的洪水灾害爆发的时候。为了使遭受原子弹爆炸和洪水灾害双重打击的广岛人能够获得重生，尽管遇到巨大的困难阻挠，广岛的医务工作者在洪水消退之后，很快就开展工作，他们努力工作的身影让人为之动容。遭受原子弹爆炸的广岛如同震后废墟，广岛的医务工作者就是在这样的废墟上，为了救护原子弹爆炸受害者们，竭尽全力地工作着。他们根本不知道原子弹爆炸后带来的病患本质为何，他们同遭受原子弹爆炸的患者一样，内心怀有深深的不安。即便如此，他们顾不得自己的炸伤，仍然立即参加救护活动。"虽说是救护，但是对此一点经验都没有，而且平时保管的器材全部被烧毁，有的仅仅是警察署存的油和红药水而已。在万般无奈的情况下，烧伤用油，创伤用红药水，为聚来的众多伤员涂上。"这些广岛的医务工作者，他们拥有凭着内心的坚守和职业操守，硬是克服了重重困难，只用油和红药水去救护整个广岛的受害者们。正是因为他们义无反顾的努力，才让经历原子弹爆炸和洪水灾害的广岛和广岛人，在最为绝望的时刻来临之际，看到了一线希望的曙光，得以拥有继续生存下去的希望和勇气。

这些为广岛的原子弹爆炸受害者们提供救助的努力工作的广岛医务工作者，这些舍己救人、坚强不屈、百折不挠的广岛的医务工作者，这些具有献身精神的默默无闻的广岛的医务工作者，为了广岛的和平和社会的和谐，为了遭受原子弹爆炸的广岛人能够幸福地生活下去，一直在勇敢地不断地努力着，这种努力已经持续了20年，并将一直持续下去。他们有高尚的人格，从不屈服，勇敢坚韧，始终怀揣对美好生命的向往，努力前行。

总而言之，重藤文夫院长、森泷代表理事、宫本定男先生以及广岛的医务工作者代表了真正的"广岛人"。可以说，他们是不折不扣的具有威严的正统的广岛人的代表。在他们身上体现了"广岛人"的精神内涵——勇敢努力、脚踏实地、从不妥协、决不气馁、充满自信。他们遵从着自己的内心，坚持着每天的工作，时时刻刻都在为美好的明天和幸福的生活而不断努力。虽然现实给了他们重重的打击，但他们仍然怀抱希冀，勇敢前行，这就是真正的广岛人！

三、广岛人心中的和平意识

1945年7月26日，中国、美国、英国三国联合发表了《波茨坦公告》，要求日本政府应立即宣布所有武装部队无条件投降，但却遭到了日本政府的无理拒绝。因此，为了尽快使日本投降，1945年8月6日，在总统杜鲁门的授意下，美国将刚刚发明的最具杀伤力的原子弹投向了广岛。原子弹爆炸所产生的热浪和引起的大火，吞噬了20多万广岛人的生命，也让10多万广岛人身负重伤、无家可归。

原子弹的投掷和爆炸，加速了日本的投降和第二次世界大战的结束，同时也让数十万的广岛人成为了这场核战争的牺牲品。据日本全部有文字记载的历史资料，"原子弹爆炸被列为伤亡最大的灾害"。

原子弹巨大的杀伤力让广岛瞬间成为寸草不生的孤城，可以说当时近50万人口的广岛实际上已经不复存在了。原子弹爆炸后极具威力的放射能，使广岛人患上了诸如白血病、肝脏疾病等病症，甚至有很多的广岛人因为这些无法医治的病症而丧失生命。然而，广岛人为了人类的和平和幸福，一直在默默地付出努力。他们积极地与原子弹爆炸后遗症做斗争，在进行自救的同时，也拯救了给他们带来原子弹伤害的人们的灵魂，他们以德报怨，使这些战争加害者的灵魂得到救赎。

勇敢的广岛人承受着迄今为止没有人经历过的巨大灾难，将所有的痛苦和悲伤深埋心底，重新振作起来，勇敢地生活着。对于战争，他们反复地诉说来自心底的声音："讨厌战争！讨厌战争！"他们说：

> 我们不怨恨原子弹，正是因为发生了原子弹爆炸，广岛才站起来了。不要再出现第二个广岛！不要再出现第二个广岛！被原子弹炸死的人们也可以说是我们的牺牲吧。这些人的牺牲是宝贵的，在这些宝贵的牺牲者的佑护下，我们应该沿着追求和平的道路勇敢前进！

这是广岛原子弹爆炸受害者们发自内心的悲痛的呼喊，是无法用文字去形容的对和平追求的真正呐喊！他们希望不管在什么情况下，世界上任何角落的人都不要再经历这种残酷的痛苦的体验。

可以说，面对原子弹爆炸带来的巨大危害，广岛人从不屈服，或者说不允许他们屈服。原子弹爆炸压倒一切的强大威力越来越明显，但是广岛人没有屈服，他们也拒绝屈服。企盼在这个世界上恢复人类和谐与世界和平的人们，必须注视广岛人的对核战争的斗争和对和平祈愿所开展的运动。广岛之行不仅使大江健三郎对核武器的危害感到震惊，同时也使大江被广岛人乐观向上、不屈不挠的精神所感动。他曾说："真正的广岛人，就像广岛日赤医院的重藤文夫院长那样，虽然自己也是原子弹爆炸受害者，但是却从不失人类的威严，一直在同原子弹爆炸做斗争。"他被这些不失人类威严并且努力斗争的真正的广岛人所感动，为他们所骄傲，他希望同他们并肩作战，为消除核武器而斗争。

　　的确，这些广岛人在经历了地狱般的惨状之后，一直在兢兢业业地舍身工作，至死都在开展反对核战争和核武器的和平运动，他们坚信，"在这宿命之地——广岛，禁止原子弹、氢弹的运动会像不死鸟一样重新获得新生，而且，她将以崭新的面貌，再次发展成为波澜壮阔的国民运动！"他们一直在为反对原子弹和氢弹而努力，为着世界和平与社会和谐而战斗，他们敢于面对悲惨的死，他们是真正的勇士，是经受广岛这把"锉刀"重重考验的真正的"广岛人"。

　　大江健三郎正是通过这些广岛人才发现了真正的广岛。而与他们的相遇，真正让大江健三郎切实走向了一条和平之路，也让大江的和平意识有了一个良好的开端。

　　众所周知，大江健三郎是在其残疾儿长子大江光降生两个月之后，受《世界》杂志编辑部安江良介先生委托前往广岛采访的。关于这一点，大江在《广岛札记》曾写道："当时，对我来说，我的长子正处于濒死状态，整天躺在玻璃箱里，简直毫无康复的希望。"同时，大江把广岛之行看作"深深触动我们（此处的我们指大江和安江良介——笔者注）各自内心灵魂的东西"，由此可见，大江通过广岛之行真正确立了"与残疾儿（人）共生"的主题。大江健三郎与他笔下的主人公们都通过和残疾儿（人）的共生，获得了个人精神的再生。而通过对残疾儿（人）主题的延伸，大江把他文学创作中的文化关怀和人文情怀，从个人的再生拓展到与全人类的共生这样一个文化命题中去。再生虽然是人们所追求的精神境界，但是它只是个人的精神追求，而共生才是人类社会生活中亟待解决的重要问题。可以说，共生与人类的生存状况息息相关，如果没有共生，人类文化和社会文明根本不可能发展到今天。

1988年9月5日至9日，大江健三郎参加了在东京举办的第16届康复国际世界大会，并在会议上发表了题为《从文学思考康复问题》的演讲。他在这次演讲中发表了如下的讲话：

> 25年前，我的长子出生，他患有严重的脑部功能障碍。这是一次事故。然而，现在，对于现在作为作家的我来说，最本质的主题就是在我的生涯中该如何和我的残疾儿子，和全家人共同生活的问题，关于这一点我必须承认。而且，我对这个世界和这个社会所抱有的想法，都通过和残疾儿子的共同生活表现了出来，这不能不说是确切的事实。

诚如大江说讲述的那样，残疾儿（人）主题已经在大江文学中占有不可或缺的位置。在某种程度上可以说，大江在文学创作上的成功，得益于广岛之行，得益于这一残疾儿（人）主题的存在。大江在进行残疾儿（人）主题的作品创作时，非常关注与残疾儿（人）的共生问题以及由共生所引发的个人的再生问题，在对这些问题进行探究的同时，也非常关注全人类的共生和人类社会未来命运的问题，这是毋庸置疑的。通过残疾儿（人）主题的创作，大江文学中和平意识的文化内涵获得了进一步的升华——由与残疾儿的共生转向个人自我的再生，由个人自我的再生延伸至与全人类的共生。

人类未来命运如何，人性又如何？作家对于人类未来的命运又该担当什么角色,承担什么责任?关于这些问题,大江健三郎曾和中国著名小说家、诺贝尔文学奖得主莫言有过一场21世纪的对话,在这场对话中,大江这样说道:

> 我成为作家已经将快40年,如果大家问我,作家生活在他自己的国家该去承担怎样的责任呢?对此,我从来都没法给出一个真正的回答。因为我自己所研究的领域,是作为一个作家该如何创造出一种方法进行创作,我认为作为作家必须要找到彼此之间的共同点或相似点,这是作家不得不做的自觉性工作。今年我已经67岁了。莫言先生比我年轻20多岁,未来的道路还有很长。对我而言,作家是什么样的存在呢?倘若真有什么责任的话又会是怎样呢?从现在起,我终于开始去认真思考。现在,我能把它做个简单的归纳。那是德国著名作家托马斯·曼曾经说过的话。他说,所谓作家,就是想像、构筑未来的人性——我们假设现在是21世纪开始的话,那么就是想像、构筑21世纪中叶、亦或是21世纪末的人性会是怎样的。我出生并工作在托马斯·曼所思考的未来世界里,21世纪日本人会有何种人性?又会遇到何种困难呢?这是我正在考虑的问题。

此外,在《我在暧昧的日本》这一作品中,大江也谈到了对人类未来的关心,他说:

> 我们中的大多数在不久的将来就会死掉,作为这些人中的一员,难道我们不应该思考一下未来的21世纪吗?难道我们不应该去思考我们该如何在21世纪的世界文明中生存下去吗?我们迎着21世纪,应该爱惜属于我们自己的文明,应该好好地保护它,让它很好地发展,当然我们应该期望它有所改良,至少,

我们不应该去破坏它,我们希望就这样原原本本地把它留给我们的后代,我们抱有这样的希望而活着。难道我们不该这样希望吗?

大江所讲述的以上这两段文字真实地表达了其对与全人类共生问题的关注和对人类未来命运的关心。可以说,广岛之行让大江亲眼看到了在遭受原子弹爆炸后依然乐观努力的广岛人,通过与这些广岛人的相处,大江将自己从残疾儿降生的苦闷中解脱出来,与此同时,他也一直在思考与全人类共生的问题,并且致力于创建一个全人类共生的乌托邦式的社会,在这个社会里人们互相尊重、互帮互助、相互关爱。诚然,大江能够将作品关注的焦点从与残疾儿的共生拓展到与全人类的共生,这本身就表明大江文学所具有的强烈的时代性和使命感以及大江本人博大的人文情怀和人道主义精神。

笔者认为下面的这首诗很好地表达了大江的和平意识,同时也是广岛人心中和平意识的真实体现:

还我父亲,
还我母亲,
还我老人,
还我孩子,
还我生命,
还我亲人,
还我和平!
还我人类的,
只要有人类生存的世界,
就不应该失去的和平!

这首诗所表达的正是大江健三郎通过广岛之行发出的对与人类共生的呐喊，正是大江健三郎在广岛所遇见的勇敢前行的广岛人内心所发的对和平欲求的呼声，是他们内心深处和平意识的真正体现！这种呐喊和呼声既是为了遭受原子弹爆炸的广岛人（残疾人），也是为了健全的我们，因为不管是他们，还是我们，都属于同一个世界，居住在同一个地球，同样都渴望世界和平，期盼社会和谐。

四、结语

大江健三郎一生一直在从事文学作品的创作，直到今天仍然笔耕不辍。他时刻不忘自己作为作家、作为人道主义者的社会责任，总是用关切的目光注视着周围发生的一切。在某种意义上，《广岛札记》可以看作是大江健三郎文学创作的原点所在，正是因为有了广岛之行，有了和以重藤文夫院长等为代表的真正的广岛人的接触，才触发了其内心的人道主义精神与和平意识，才有了向人类和平的祈愿和呐喊。通过《广岛札记》，大江健三郎把有血有肉、忍耐坚持、勇敢斗争的广岛人的形象刻画得栩栩如生，让广大读者真正明白了这些可爱可敬、可歌可泣的广岛人内心的和平意识，让人敬佩！毋庸置疑，大江健三郎通过自己的一生向全世界人们演绎了一个丰富多彩、充满关爱的作家形象，同时也通过自己的文学作品向读者传达了一个人道主义者对和平的向往、对战争的憎恶、对全人类尤其是残疾儿（人）的关注。

参考文献

1. 大江健三郎. 广岛札记 [M]. 刘光宇译. 北京：光明日报出版社，1995.

2. 王建湘. 大江健三郎传［M］. 长春：时代文艺出版社，2016.

3. 黑古一夫. 大江健三郎文学人生解读［M］. 于进江译. 香港：中国国际文化出版社，2014.

4. 大江健三郎. 北京讲演二〇〇〇［J］. 世界文学，2000（06）.

5. 大江健三郎. 大江健三郎自选随笔集［M］. 北京：光明日报出版社，2000.

6. 陈宝剑. 从共生到再生——试论大江健三郎《个人的体验》中的文化蕴涵［J］. 牡丹江大学学报，2019（07）.

7. 林啸轩. 大江健三郎文学论——立足边缘、走向共生［D］. 山东大学，2013.

8. 王丽华. 大江健三郎文学中的"核"主题［D］. 北京外国语大学，2016.

9. 冯立华. 大江健三郎的文学世界［D］. 吉林大学，2018.

10. 大江健三郎. ヒロシマ・ノート［M］. 東京：岩波新書，1965.

11. 黒古一夫. 作家はこのようにして生まれ、大きくなった——大江健三郎伝説［M］. 東京：河出書房新社，2003.

12. 大江健三郎. あいまいな日本の私［M］. 東京：岩波新書，1995.

启蒙之启蒙
——横井小楠政治思想中的《孟子》

张 慧[*]

[摘 要] 横井小楠作为幕末时期的思想家，以治国平天下作为治学的最终目的，在程朱理学的影响下发展了实学一派，在幕末时期主张学习西洋，以美国的政治制度为善，视为尧舜禹三代之治的体现。横井小楠提出的政治主张中，主张藩政进行改革，期待明君行仁政，通商以富民安民，这些都体现了孟子思想的仁政观。对于西方政治制度，他最为推崇美国，认为与孟子推崇的尧舜禹三代之治在与仁政安民上是一致的，主张通过西洋技术与三代治世之本相结合，来帮助日本摆脱当时的被动局面。横井小楠参照儒学中理想化的三代之治，在安民、仁政概念的基础上，来理解以美国为代表的近代西洋各国的民主主义或是自由主义的制度，并进行了评价。藉由这种将儒学的民本主义、天下为公的观念朝着近代民主主义的方向进行重新解释的方式，使得西洋民主制度以三代之治的西洋版的面目进入了幕末人的思想之中。因此，明治启蒙思想家所接受的西方思想也不可避免地带有儒学色彩。

[关键词] 仁政 安民 孟子思想 启蒙思想

---

[*] 张慧，国际关系学院外语学院日语系副教授，博士，研究方向为日本思想史、中日文化交涉史。

引 言

　　明治维新开始的头十年间，以明六社为代表的思想家们推动了日本的启蒙进程。他们利用自然法的"天赋人权"思想，将人们从过去感性的"自然"中解放出来，肯定人们追求现世幸福的想法，重视自然科学，积极地推动人类普遍性的发展和历史的进步。而对于启蒙思想家来说，在近300年的江户封建统治之后，想在日本推行"天赋人权"思想势必要克服传统封建思想的束缚。这时，儒学思想和国学思想作为封建思想的代表，就成为启蒙思想家们首先要打破的思想束缚。

　　相对于西方在18世纪流传较为广泛的孟德斯鸠等三权分立观点的思想而言，在日本的启蒙过程中传播得更为广泛的是穆勒、边沁、巴克尔、斯宾塞和基佐等人的思想。此外，当时的日本还面临着成立新的国家的问题，所以对亚当·斯密的相关理论给予了很大的关注。而且，后来达尔文的进化论在日本以社会进化论的形式也发挥了很大的影响。然而，在日本的传播与接受这些思想的过程中，儒学既是启蒙思想家们为树立自由、平等、权利等概念要克服的一个"障碍"，同时（特别是《孟子》中所体现的民本、民贵君轻的思想）也是西方的自由、权利等概念在日本的落地过程中不可避免的媒介或途径。

　　然而，明治的启蒙思想并不是在明治政府成立之时才开始萌发的，而是随着坚船利炮的外来威胁逐步升级的，西方的文明制度等思想也在幕末时期受到了一些先觉者们的关注。这些先觉者们多是江户时期的儒者。儒家思想是他们自幼在各级学塾进行体系化学习后习得的，这些思想既是他们的知识素养，也是他们辅佐藩政的思想源泉。佐久间象山提出了"东洋道德、西洋艺术"的理念，横井小楠主张要学尽西洋技术，将尧舜之道之大义展示给世界。他们对于后来的维新志士以及明治启蒙思想家们带来的影响不容忽视。

因此，在分析明治启蒙思想之前，应该首先对幕末儒者横井小楠等人的相关思想进行考察。可以说，无论从时间轴上，还是从思想发展的理路上，横井小楠和佐久间象山可以称得上是为启蒙思想清除障碍，创立基础的思想家，二人被称为真正的儒者，试图将真正的孔孟之道经由日本推及全天下。佐久间象山认为日本是孔孟之道的实现者，但在其"东洋道德，西洋艺术"的理念中，西方的文明并没有成为其关注的重点，而只是关注其在军事技术方面的优势。而横井小楠则在了解到欧洲的文物制度之后，认为欧洲比时下的中国或是日本更为接近尧舜之道，因此主张既要引入欧洲的技术，同时立足于尧舜之道，学尽西洋技术，实现强兵，并"示大义于世界"。

一、启蒙者的幕末之师

横井小楠和佐久间象山虽然是幕末时期怀才不遇的儒者，但当时前来就学的志士以及后来的启蒙思想家们所受到二人的影响绝不可小觑。明治时期的不少思想家曾就学于二人的私塾或与二人有密切的交往，例如吉田松阴、坂本龙马、加藤弘之、津田真道、西村茂树等就出自象山书院；而德富一敬（苏峰、芦花之父）、元田永孚则师从横井小楠，井上毅也曾是横井小楠在时习馆时的学生。1843年以来，横井小楠与"同志之士"频繁于肥后藩家老长冈监物宅邸汇集，会读《近思录》，在席间多论及藩政、幕政。元田永孚曾在此期间在时习馆学习，根据元田60岁时所作的传记《还历之记》对当时讲读会的记述可知,讲读会主要由以小楠为核心的实学党人士组成,包括元田永孚、荻昌国以及其他藩士一起讲读荻生徂徕、熊泽蕃山等的书籍。众人特别是对于《孟子》的重仁义以及王道思想颇有感怀,荻昌国还曾在1845年(弘化二年)专门写下了《孟子说》一文呈给横井小楠。书中围绕着孟子的王霸说表达了尊王斥霸、重视仁义之道的观点。对此横井小楠专门评论称赞其言简意明,"议论明白,无一处可增减一语",颇为"敬服"。[1] 由此可见,在横井小楠的主导下,就《孟子》进行的讲读给时习馆的塾生以及参与讲读会的藩士们带来了不小的影响。在小楠的影响下,《孟子》受到了当时肥后藩士们的推崇。

二、《国是三论》中的三代治教与《孟子》引用

日本的近代化是以抵抗西洋各国的侵略为目的而引入西洋文明这种方式展开的。在鸦片战争和"佩里来航"之后,日本的有识者们认识到只靠扩充军事力量并不能有效地对抗外敌,还需要进行社会政治制度的变革,凝聚人心,于是开始关注西方的社会政治制度。他们一方面批判儒学思想的封建性,另一方面又重新对儒学的概念进行解释,将儒学中的民本等观念拿出来,以这些观念来理解近代西方的社会政治制度。这里首先要提到的是横井小楠及《国是三论》之富国论。这是他在52岁时接受越前藩主之邀参与藩政治理,以儒学传统的三代之治理念为目标,口述提出的施政建议。

具体来说,横井小楠所提倡的三代之治就是以孟子强调的仁政(王道)为基础,来实现安民之政,而不是将功利作为国家的第一要

---

[1] 山崎正董.『横井小楠:遗稿篇』.明治书院,1938:777.

务。此文是横井小楠于1860年为越前藩的藩政改革口述完成的施政方针,分富国、强兵、士道三篇,在此文中他提出了自己较为系统的国家治理论。他认为国家"政事"要依靠实施仁政,目的在于安民,以实现"三代之治世"的目标。他指出,德川时代各藩"祈祷自国丰稔别国凶歉","纵有明君仅以不虐民为仁政",而不是实施真仁术、行真仁政,对各藩的藩政提出尖锐批评,指出"纵称良臣亦以辟土地充府库为务"的"孟子所谓古之贼民"之事。横井小楠认为,在幕末的局势下,面对着外国建立外交和通商的要求,藩政应该通过"交易"来"通财用"以便施"仁政",免于"贼民"。可见,横井小楠所提出的施行"仁政"的目标,以及对"安民""贼民"的理解与叙述的方式,都十分具有孟子特色,是以孟子式的标准来对施政进行指导。这样,如果通过仁政实现了官府之富,就要"以其富,散于群黎,救穷恤孤,省刑罚,薄税敛,教之以孝悌之义",这样民众便会感怀"好生之德",像敬仰父母一样来对待官府。[①] 此处的"仁政"免于"贼民",还有以官之富来"救穷恤孤,省刑罚,薄税敛,教之以孝悌之义"等来自《孟子》的思想。在《孟子·梁惠王上》中,孟子劝梁惠王施行仁政时说道:"地方百里而可以王。王如施仁政于民,省刑罚,薄税敛,深耕易耨,壮者以暇日,修其孝悌忠信。"[②] 可见,在横井小楠看来,无论是藩政的出发点和目标,还是具体的实施手段与结果,都是源于《孟子》的治世之说。横井小楠通过这些孟子式的表述批判了当时各藩实际施行的"贼民"之政,表达了他对于施行富民安民的仁政理想的追求。

这样的治世思想,显然不是在一日之内形成的。在横井小楠于肥后、越前的讲学、参与藩政的过程中,他的治世思想经过了从学问到

[①] 山崎正董.『横井小楠:遗稿篇』.明治书院,1938:33-38.
[②] 杨伯峻译注.孟子译注.中华书局,1988:32.

政论的一个逐渐清晰、条理化的过程。除上述横井小楠在时习馆的讲学活动之外，从嘉永安政年间他谈论与外国如何交往的文论中也可窥见其《孟子》仁政观之端倪。面对不断驶入日本的荷兰、英国、美国、俄罗斯的舰船，横井小楠在1853年写给藤田东湖的信中，一边感叹幕府的不作为，一边期待前水户藩主德川齐昭能够带领诸藩"一扫因循之旧习，振清新之风气"，粉碎夷狄以向"天地间示我神州之正气"①，向藤田东湖表达了肥后藩愿意协助水户藩攘夷的志向。在《夷虏应接大意》（1853年）一文中，横井小楠从儒学的立场表达了他认为幕府应采取的外交方针。此文指出，幕府应该根据对方国家"有道"或"无道"来选择交往与否，这样才不违背"天地公共之实理"，才可维护日本这个"君子国在世界中的信义"②。而区分"有道"或"无道"的根本原则是看是否"贯天地仁义之大道"，具体来说即是否守信义，是否有"侵犯暴恶"之行。他希望幕府及各藩能够登用人才，振奋人心士气，这样以"战斗必死之宗""奉天地之大义"与外夷相交，而"不信不义之国"会受到"天地神明"的"威罚"。由上可见，横井认为以仁心和信义为原则，以儒学的"道"作为标准来判断行事，如果符合天意、天命，就能够得到天地神明的帮助，否则会受到天命的惩罚。显然此时小楠如此的夷狄观、仁义有道观念相对于当时的局势来说是过于理想化了，与孟子的理想主义如出一辙，可以说并没有充分认识到局势的紧迫与危急。

1855年，横井小楠在沼山津与弟子内藤泰吉就《海国图志》进行讲学，深入了解了世界各国的历史与时况，受到了不小的冲击。他意识到此前自己对外认识的幼稚，他在给立花壹岐的书信中表示：

---

① 松浦玲责任编集．『佐久間象山；横井小楠』（中公バックス．日本の名著30）．中央公論社，1970：367 - 368．
② 松浦玲责任编集．『佐久間象山；横井小楠』（中公バックス．日本の名著30）．中央公論社，1970：369 - 372．

"近比夷人之实情,经种种吟味所及,与此前所考相去如云泥之差,实令人恐也"。① 即通过研读《海国图志》,小楠对于日本所面临的夷狄意图有了深刻的警醒,认识到西洋人的野心不只是日本的边境,所以只靠充实军备并不能应对事态,而需要为政者改革弊政、选用人才,进行彻底的改革。在同年所作的汉诗中,小楠写下的西洋认识与以前相比有了很大的改变,如诗云:"……西夷各国治术明。励精能通上下情。公撰人才俊杰举。有事询众国论平。薄征税敛民不贫。厚贮钱粮养劲兵。绿眼红毛几禽兽。尚有人心得盛名。我闻敌国之强我之力。今而警戒可兴国。"② 虽然此时的小楠还是以夷来称呼西洋各国,但已认识到西方国家在制度上的优越性表现在能够上下相通、公选人才和民众参政,这样可以通过薄税而富民继以强兵。可以看出,此时的小楠已将西方的政治制度和经济制度作为一种理想,同时希望能以此来警醒幕府及各藩。虽然此时小楠索居于沼山津,但还是对于"君子之道"的"所贵安民在经济"颇有抱负,感觉"惰心奋且励"。

三、横井小楠思想之大成与《孟子》思想的引用

正是在沼山闲居的这段时间,小楠对于君道与三代之治有了更进一步的思考。他将这一时期的思考全部凝练于《沼山闲居杂诗》③中。接下来就通过对这一组汉诗的解读来分析小楠彼时的思考。首先,在第一段中,他对于"血统论"发出了质疑,指出人君是"代天治百姓"的,尧选舜是"天理顺",通过这样的禅让体现了真正

---

① 山崎正董.『横井小楠:遗稿篇』.明治书院,1938:224.
② 山崎正董.『横井小楠:遗稿篇』.明治书院,1938:879.
③ 山崎正董.『横井小楠传』.日新书院,1942:265-275. 本段以下引用皆出于此.

的天命。第二段中的唐虞二帝"授民以四时","七政齐其仪",也是将"治化及蛮夷"的圣人。在第三段中将虞帝"举八政"、百工生财利的治世之法与西洋相比拟,指出西洋"治术百工攻,以之富其国,薄敛不伤农"的施政之法恰与儒家治世之术相通。接下来的第四、五段赞颂了唐虞之时如朋友一般相互信任、互相劝惩的君臣关系和周文王与姜太公之间的鱼水君臣关系。第六段指出日本不知用唐虞之道,且神佛无益于维系人心,因而面临成为"西洋奴"的危机,同时表达了他愿为"鲁连"之决心。最后的第七段则探讨了为君者应以虞帝和汤王为典范,批评了只知"独尊坐太平"的为君之道。通过以上七段五言汉诗,小楠清晰地描绘出理想的为君之道应该是以尧舜唐虞的治道经纶为仿效之本,以之来则天、事天、代天治民。在这一组汉诗中小楠明确提出了具体的三代之治是指尧舜唐虞的治教,同时明确表达了西洋在制度上与儒学的保民之政具有相似之处。可以说,在受到《海国图志》带来的冲击后,小楠将其中所描绘的西洋国家的图景与儒学所主张的、特别是孟子所尊奉的尧舜三代之治结合起来,试图寻找克服或解决佩里黑船带来的危机,为日本寻找出路。

1858年,横井小楠受越前藩主松平春岳之聘担任越前藩校明道馆教授,通过在藩校的讲学继续在学问上的深入追索,参与越前藩的殖产兴业的藩政实践,终于在52岁之时口述完成了前文所提到的《国是三论》作为越前藩的施政方针,在其中明确清晰地提出了基于三代理念的"国是"。

1864年,井上毅作为时习塾的住校研读学生去沼山拜会横井,二人的问答笔录《沼山对话》① 中,横井进一步明确表达了对西方文明的态度。他指出西方除了基督教的基础,还有另一种"经纶穷

---

① 山崎正董.『横井小楠:遗稿篇』.明治书院,1938:389-415.

理之学",这种学问"利于民生日用者甚为广大,先得圣人之作用",即圣人的仁政事业。横井认为此处的"利"是以利人为目的,非利己之不义之举,所以西洋的做法是体现了"仁之用"。然而,洋人之经纶皆以利害为出发点,"非发于至诚恻怛者也。察其本处,毕竟出于利害,暴虐无理"。① 因此在西方各国之中,相较于英俄,横井小楠唯一推崇的是美国,认为美国总统华盛顿的治国就是三代之治的体现。他说:"近世以来,唯美国华盛顿一人耳。华盛顿之事迹,见之诸书,其立三条国是,让国与贤、平息宇内战争,言行无违,忠实践行,实无一可非议者。"② 在小楠眼中,华盛顿所为正是理想的"尧舜三代之治"的体现。

然后在1865年的《沼山闲话》中,小楠在思想上的最高到达点通过元田永孚笔录下的二人对谈得以集中地展现出来。小楠指出,学问的核心只在一个"思"字,而尧舜三代政治的本质就在一个"仁"字。只要符合了这一标准,世界各国的国体也好,制度也罢,只要是好的都可以加以吸收和汲取。因此,即使是"以尧舜生于当世,西洋之炮舰器械百工之精、技术之功,疾尽其功用,经纶当世,广亮天工,非西洋之可及"。回到时下之景,小楠建议:"至于当世,亦采用西洋之事功。方今若三十万石以上之人得其人,讲三代治道,得西洋技术,皇国一新,普及西洋,通世界之人情,终可止战争也。"③ 这里,小楠期待日本能有尧舜之德才之人,能够以三代治道为本,施西洋技术,来将日本政治一新,并推及西洋,这样就可以结束面临战争的局面,且将来可有所期。

---

① 山崎正董.『横井小楠:遗稿篇』.明治书院,1938:404.
② 山崎正董.『横井小楠:遗稿篇』.明治书院,1938:408.
③ 山崎正董.『横井小楠:遗稿篇』.明治书院,1938:921-930.

四、结语

通过以上分析可知，横井小楠参照儒学中理想化的三代之治，在安民、仁政概念的基础上，理解以美国为代表的近代西洋各国的民主主义或是自由主义的制度，并进行评价。籍由这种将儒学的民本主义、天下为公的观念朝着近代民主主义的方向进行重新解释的方式，西洋民主制度以三代之治的西洋版的面目进入了幕末人的思想之中。而由于横井小楠一生曾讲学于肥后、越前等地，并参与越前藩的藩政改革，受其影响的藩士、塾生人数亦不在少数，小楠以西洋之技利民富民的实学思想、尧舜孔子之治的三代治教的理想可以通过这些弟子们在启蒙思想、自由民权思想的运动中以及明治之后肥后地区的实业兴产活动中得以继承与实现。因此可以认为，明治初期日本的启蒙思想是以幕末时期儒者们的儒学式思考为基础的。通过将儒学中的传统概念、体现核心思想的重要表达[1]加以灵活地重新解读与释意，特别是在帮助启蒙思想家们如何将西方的制度和理念稳妥、有效地引入日本并进行本地化，做出了奠基和示范的作用。

---

[1] 由于篇幅所限，本文中仅以横井小楠在《国是三论》及此前后的思想发展变化中的《孟子》理解与儒学理解为中心展开论述，其实《孟子》在横井小楠的思想中所占的比重之大远非此部分所涵盖。就此详细内容，可参考源于圆："明治维新与实学思想"（坂田吉雄『明治维新氏の問題点』，未来社，1962）；平石直昭："横井小楠研究ノート ——思想形成に関する事実分析を中心に——"（『社会科学研究』24卷，1973年）；北野雄士"研究ノート 松平慶永の小楠批判——君臣論を巡って"（『横井小楠研究年報』、2007年、89－92）、""「人に忍びざるの政」を目指して ——横井小楠の政策論と『孟子』引用"（《大阪産業大学人間関係論集》9，23－40）等。

参考文献

1. 杨伯峻. 孟子译注［M］. 北京：中华书局，1988.
2. 山崎正董. 横井小楠：遺稿篇［M］. 東京：明治書院，1938.
3. 松浦玲. 佐久間象山：横井小楠.（中公バックス. 日本の名著30）［M］東京：中央公論社，1970.
4. 山崎正董. 横井小楠伝［M］. 東京：日新書院，1942.
5. 坂田吉雄. 明治維新氏の問題点［M］. 東京：未来社，1962.
6. 平石直昭. 横井小楠研究ノート ——思想形成に関する事実分析を中心に——［J］. 社会科学研究，1973（24）.
7. 北野雄士. 研究ノート松平慶永の小楠批判——君臣論を巡って"［J］. 横井小楠研究年報，2007.

文化的传承与融合
——对鹤见俊辅战后大众文化研究的考察

王 刚[*]

[摘 要] 鹤见俊辅是日本战后著名思想家和社会活动家，在多个领域都取得了突出的学术成就。他以日本普通民众的生活方式、思想状况和娱乐活动等为研究对象，借助历史研究、对比分析等方法，对战后日本大众文化的实际情况进行了比较全面的介绍和研究。日本的大众文化在战后的特殊背景下是如何保持其传统，同时又是如何将外来文化融入其中等问题构成了鹤见俊辅大众文化研究的主线。在研究过程中，鹤见俊辅表现出客观平等的立场，没有对文化传承和融合的过程给予是非对错的评价。

[关键词] 鹤见俊辅 大众文化研究 文化传承 文化融合

引 言

鹤见俊辅（1922—2015）作为日本战后最有影响力的思想家和社会活动家之一，在多个领域都做出了突出的学术成就，其对问题

---

[*] 王刚，国际关系学院外语学院日语系副教授，博士，研究方向为日本社会文化、中日关系史。

的研究角度比较独特，通过广泛运用实证主义的方法，提出了很多令人瞩目的观点，对日本战后思想与文化的研究产生了很大的影响。不过，截止目前，国内学术界对鹤见俊辅的介绍还不多，对其学术研究的深入分析更是鲜见。因此，本文尝试以其代表作之一《战后日本大众文化史（1945—1980）》（下文简称《大众文化史》）为切入点，对其围绕战后日本大众文化这一问题的研究情况进行初步探索，为今后的深入研究做一铺垫。

一、鹤见俊辅其人及其学术成就

一般情况下，个人的家庭和成长经历对其未来的发展会产生直接的影响，然而鹤见俊辅的情况似乎是走向了另一个极端。他出身战前旧制度的官宦家庭，却成为反对旧制度的急先锋。他作为知识分子，却从未停止对知识分子责任的反思。他能够取得辉煌的学术成就，除了个人的努力外，与其家庭的影响也密不可分。

（一）鹤见俊辅的传奇经历

作为战后最有影响力的思想家和社会活动家之一，鹤见俊辅的经历可谓是充满传奇。1922年，他出生于一个显赫的政治家家庭，外祖父后藤新平是日本明治、大正时代有名的政治家，曾担任日本殖民统治台湾时期的民政长官、内阁的递信大臣、内务大臣、外务大臣和东京市长。其父鹤见佑辅曾在战前和战后的日本政府中担任高官。15岁时，鹤见俊辅前往美国留学，不久进入哈佛大学哲学系就读，师从于美国著名哲学家奎因（Willard Van Orman Quine）。留美期间，他因无政府主义的倾向而遭到美国联邦调查局逮捕，不得不在拘留所内完成了毕业论文。

回国后不久,太平洋战争结束。鹤见俊辅开始了其学术和社会活动。1946年与姊姊鹤见和子、著名政治学家丸山真男等人组成"思想之科学研究会",并负责刊物《思想之科学》的编撰与发行。该刊物对战前日本社会的传统思维方式进行了深刻的分析和批判,从思想角度反思战争根源,在当时产生了极大的影响。同时,鹤见俊辅积极参与社会活动,20世纪60年代参与反安保运动和反越战运动,90年代参加声援慰安妇运动,2004年9月与大江健三郎等人发起成立"九条会",捍卫宪法第九条。鹤见俊辅曾先后在京都大学、东京工业大学、同志社大学担任教职。

(二)鹤见俊辅的学术成就

鹤见俊辅的学术研究涉及多个领域。首先,他从实用主义角度出发将美国哲学介绍到日本,为战后日本的哲学发展,尤其是哲学语言的改良提供了新的方法和途径。作为战争亲历者和战后第一代思想学者,他致力于研究战争时代日本精英阶层的思想发展轨迹,形成了非常具有代表性的"转向研究"。[①] 此外,鹤见俊辅把大量注意力放在战后社会日本普通民众的文化生活方面,以当时民众的社会活动、思想状况、休闲娱乐等为研究对象,总结和分析战后日本大众文化发展的特点,为其后的大众文化研究开辟了方向。

鹤见俊辅是一位高产的学者,一生撰写了大量著作,出版有70余册的单行本,另有编著、合著、译著等近百本。

---

① "转向"一词来自日语,指的是转变立场。鹤见俊辅的"转向研究"是以战争时期日本的知识分子为对象,对他们因为种种原因改变原有立场,转而支持战争的情况进行研究和分析。

二、大众文化研究的主线

鹤见俊辅对日本大众文化的研究涉及整个"十五年战争"①的前后。由于战后日本在各个方面都发生了翻天覆地的变化,所以鹤见俊辅围绕战后大众文化的研究,无论是对象、方法、主旨还是结论都独立成篇。因此,本文重点考察其对战后日本大众文化的研究。

(一)战后日本大众文化研究的对象和路径

战后日本大众文化的内涵是什么呢?对此,日本学界并没有统一的定义。鹤见俊辅的研究中所涵盖的战后大众文化主要指的是日本社会中绝大部分人所接受、参与和欣赏的通俗文化。其中,既有文学、漫才②、相扑等具有悠久历史的传统文化,也有战后借助新的传播手段而出现的漫画、流行歌曲、电视剧等新型娱乐活动。当然,鹤见俊辅的关注对象并不仅仅局限于民众的娱乐方面,战后日本民众日常生活方式的变化、对待一些特定时期某些社会现象的看法也被纳入其研究的视角。例如,日本普通民众是如何看待战后远东国际法庭对日本战争罪犯的审判这一事件的?鹤见俊辅借助几个事例,说明当时日本民众对于远东国际法庭审判的困惑。鹤见俊辅的研究让人清楚地认识了日本文化中所包含的特有的是非观念,更揭示了由于没有对战争进行彻底反省而带来的消极影响。

---

① "十五年战争"的概念最早由鹤见俊辅提出,其后日本学者相继使用,逐渐在日本学界确立下来。

② 漫才,起源于日本古代的传统语言表演艺术,通常由二人组合演出,内容诙谐,类似中国的相声。

鹤见俊辅作为战后非常活跃的社会活动家，对战后日本民众追求自由真理、争取民主权利的社会运动非常关注，把其作为战后文化研究的一个对象。战后相当长的一段时间，日本的社会运动都非常活跃，涌现出很多社会团体或组织，并发行刊物，组织集会，宣传自由民主，反对政府的保守主义政策等。这些都成为战后日本社会生活中的重要组成部分，鹤见俊辅把自己对战后大众文化的研究范围也扩展到这些方面。这种做法毫无疑问丰富了文化研究的内涵，增加了观察战后日本社会的维度，对于全面理解和把握战后日本大众文化是极为有益的。

（二）特殊背景下的文化演变

纵观日本文化发展的历史，不断吸收外来文化，在碰撞、吸纳、消化异质文化的过程中蜕变，焕发新的生命力，这一主线清晰地贯穿于其中。战后日本大众文化的情况仍然没有摆脱这一规律，而鹤见俊辅的战后日本大众文化研究也紧紧把握住这一条核心脉络。

战后日本被美国单独占领，这导致美国所代表的西方文化在对战后日本文化发展的影响方面处于得天独厚的优势地位，这种优势并未因为美国军队结束对日本的占领而有所下降，其强大的影响力一直延续到今天。鹤见俊辅本人曾经留学于美国，回到日本后自然而然地把在美国学到的哲学研究方法应用于对日本具体问题的分析上，成为传播美国实用主义的代表人物。在解剖日本民众战后时期的文化行为时，他也敏锐、清晰地抓住了外来文化的作用。例如，其对漫画的迅速发展、校园歌曲的改良、流行歌曲的出现、年轻一代生活方式的变化等的研究，都着重介绍了外来因素的作用。

外部的影响有时并不是直接体现在文化层面，而是通过间接的方式。鹤见俊辅在考察战后日本民众价值观念时提到，与战前推崇所谓英雄人物不同，战后"依靠个人努力走向成功和富裕的人日益受到大众的尊敬"，即使其中一些人不是日本人。民众这种价值观的改变是源于战后美国对日本的政治改造打破了原有体制对日本民众的思想桎梏，追求自由民主、崇尚个人奋斗的精神开始进入并占领日本人的头脑。

从江户时代甚至更久以前传承下来的传统文化在遭遇外来文化时，毫无疑问会表现出抗拒、抵触，甚至碰撞和冲突，有些选择了借鉴和融合，有些则仍然坚持了本色。鹤见俊辅在研究战后日本大众文化的过程中没有一味地突出前者，而且对后者同样给予了重视。例如，在对漫才、剧场舞台剧的介绍中将重点放在了其传统性方面，体现出研究侧重点比较全面、均衡的特征。这也提升了其研究成果的价值，增强了学术的借鉴意义。

在与外来文化融合的过程中如何保留本民族文化？保留在哪些层面与何种程度？这些是研究文化交流与融合时必须要面对的问题。鹤见俊辅在研究时不厌其烦地举出了很多实例来说明这些问题，尽可能清楚地展示文化相互交融的具体情况。以其对战后日本流行歌曲的研究为例，他首先从战前日本校园音乐教学的改革情况入手，以《蝴蝶》和《干到底》两首歌曲为例，经过对音阶不同的分析，强调引进外国乐曲的变化。然后，在重点介绍20世纪60年代兴起的流行音乐时，又以粉红女郎组合演唱的《胡椒警部》为例，提出："该歌曲虽然蕴含了极其丰富的西洋音乐技巧，但是其主干部分的重要旋律却采用了（日本）儿歌的五声音阶。"[①] 鹤见俊辅认为这是其受到日本民众喜欢的重要原因。然后，鹤见俊辅又举出14首当时的歌曲，从旋律、歌词等方面说明传统日本音乐与外国音乐的融合

---

① 〔日〕鹤见俊辅著，张心言译. 战后日本大众文化史（1945-1980）. 四川教育出版社，2016：154.

情况。

尽管明治维新后日本的对外文化交流从未停止，日本社会对于外来文化也采取了比较开放和包容的态度，但是鹤见俊辅也敏锐地观察到战后一段时期普通日本民众对于外部世界仍然缺乏充分的了解。鹤见俊辅并未对此予以批评，因为这一时期的欧美等国对日本的国情也是不甚了解，鹤见俊辅甚至在著作中独辟一章用以介绍欧美对日本的误解。

（三）研究方法的多样性

战后日本大众文化研究的对象涉及多个领域和多个层面，要抓住每个对象的突出特点并进行深入的分析，需要准确并灵活地运用科学的研究方法。鹤见俊辅在研究过程中首先采用历史研究的方法，通过对重要资料的解读，并结合大量实际例子，相互印证，提出科学的结论。在分析日本战犯的心理状态问题时，鹤见俊辅又借助量化分析法，通过对 701 封战犯遗书的内容进行分类量化，说明当时日本战犯的真实心理状况。在阐述外国人对待日本社会和文化缺乏足够了解这一问题时，鹤见俊辅运用了例证的方法，举出了加拿大的历史教科书、英美国家出版的介绍日本的书籍以及英国进行的社会调查等例子。此外，对比研究法也是鹤见俊辅经常使用的方法之一。在比较的过程中，鹤见一方面对比了日本文化和欧美文化的不同之处，用以说明两种文化产生碰撞、冲突的状况；另一方面对比了战后与战前日本大众的不同之处，着重反映在新时期日本文化的发展演变。很明显，如果没有这些对比，仅仅是孤立地阐述研究对象，则很难突出日本文化所受到的异质文化的影响以及在这种影响下逐渐变化的过程。

三、鹤见俊辅的大众文化研究的启示

（一）对庶民文化的重视与尊重

直到二战结束前，日本文化的研究更多的视角投向了以知识分子为代表的社会精英阶层，他们的文化活动和文化取向往往被看作是社会的代表并受到关注和研究。鹤见俊辅虽然出身于显赫家庭，自己也是知识分子中的一员，但是却把注意力更多地倾注在普通民众身上，将民众的行为模式、价值判断、日常娱乐等作为研究对象，进行全面深入的剖析。鹤见俊辅的这一研究方向与其一直以来所秉持的价值观有直接的关系。在反思战争期间日本人的思想问题上，鹤见一直强调知识分子作为精英阶层是有特权的，应该承担责任。而对普通民众，鹤见俊辅则表现出充分的尊重。在战后，他也把普通民众的文化生活作为研究战后文化史的主要途径，认定大众文化是构成战后日本文化的主流。鹤见俊辅以普通民众的文化生活为研究对象不仅在当时具有开创性意义，也为其后的日本文化研究开辟了方向。

鹤见俊辅对普通民众的尊重还体现在其研究过程中。无论是坚持传统生活方式还是接受西方的时尚潮流，无论是喜欢传统的说唱表演还是陶醉于战后新兴的歌曲影视，鹤见俊辅都能够一视同仁地介绍和分析，尽可能站在比较客观的立场上。他始终站在与大众平等的角度，力图全面地展现大众文化生活的真实面貌。

在对待日本文化与西方文化的关系问题上，鹤见俊辅并没有因为自己曾经留学于美国就对西方文明大肆吹捧，也没有因为致力于介绍西方哲学就对日本文化嗤之以鼻。如同在"转向研究"中没有对知识分子的立场转变大加鞭挞一样，在大众文化研究的过程中，他也没有对所谓"保守"或"进步"给予定义，更没有对其中一方加以批判，这一点与同时代的很多研究者截然不同。

（二）对旧制度的批判立场

鹤见俊辅作为战后著名思想家和社会活动家，其对以天皇制为核心的旧制度的批判是其奉行的鲜明的政治立场，也是其研究战争时期日本人思想状况的基本前提。这一立场即便是在以战后日本大众的文化生活为对象的研究中仍然时不时地表现出来。例如，在分析漫画受到欢迎的原因时，鹤见俊辅认为漫画的很多内容反映了被压迫阶层的一种反抗。同样，在介绍松本清张的推理小说时，鹤见认为其小说也包含了对旧的统治制度的揭露。鹤见俊辅一贯坚持的反对战争、要求追究天皇战争责任的态度也毫不掩饰地出现在其文字中。在研究日本民众如何对待战后战犯审判这一问题时，他认为民众之所以对东京审判抱有怀疑，是因为美国占领军"无条件保留天皇制的举动助长了日本人相信统治国家的个人无需为战争负责的信念"，所以，他提出天皇应该为战争承担责任，唯有如此，"才能为日本的政治责任观提供正面的支撑"。①

参考文献

1. 陈立新．撬动战后日本的"庶民"思想家—鹤见俊辅．光明日报出版社，2014．
2. 鹤见俊辅、上野千鹤子、小熊英二．战争留下了什么——战后一代的鹤见俊辅访谈．邱静译，北京大学出版社，2015．

---

① 鹤见俊辅．战后日本大众文化史（1945-1980）．42-43．

3. 鹤见俊辅. 战后日本大众文化史（1945 — 1980）. 张心言译, 四川教育出版社, 2016.

4. 卞崇道. 战后日本实用主义哲学. 日本研究. 1989（1）.

5. 卞崇道主编. 战后日本哲学思想概论. 中央编译出版社, 1996.

6. 李晶华. 鹤见俊辅的挽歌：自由主义这个词就是为他准备的. 澎湃新闻, 2015年8月9日.

7. 姜建强. 鹤见俊辅：想当"坏人"的战后日本思想家. 财新文化, 2015年8月10日.

8. 陈立新. 日本反战思想家鹤见俊辅逝世：他曾撬动战后日本. 澎湃新闻, 2015年7月30日.

9. 鹤见俊辅. 战争时期日本精神史（1931 – 1945）. 邱振瑞译, 四川教育出版社, 2013.

现代日本动画"无国籍"特征及成因探析

胡 欣[*]

[摘 要] 现代日本动画的"无国籍"特征,意指那些受海外观众青睐的日本动画脱离日本风格,缺乏日本元素,主要体现在故事背景和角色形象上。通过分类统计、比较研究发现,具有"无国籍"特征的日本动画大致分为两类,即原版作品中的"无国籍"动画片以及改编后的海外版作品。前者成因与时代背景、艺术家的创作理念和创作手法密切相关;后者成因则与国外商家和国际受众的自主选择以及政治方面的考虑相关。研究本课题对文化"走出去"战略实践的参考与警示是:"无国籍"特征有利于跨越文化障碍,但并非必要条件;有必要加强文化商品的知识产权保护和出口监管;品质提升永远是王道,能够反映人类共通的现实课题、道德追求、价值理念等内容的作品才是真正的"无国籍",才是动画等文化产品应当追求的创作目标。

[关键词] 现代日本动画 "无国籍"特征 跨越文化障碍 成因分析

---

[*] 胡欣,国际关系学院外语学院日语系副教授,硕士,研究方向为日本文化外交、文化"走出去"战略。

引 言

在风靡世界的流行文化中，现代日本动画（包括动画电影和电视动画）无疑是一个耀眼的存在。它在世界各地均拥有大量的青少年粉丝群体，具有广泛的文化影响力。另一方面，令人感到意外的是，这种"酷日本"的典型代表具有"无国籍"特征。而且，这一特征还被认为是日本动画成为全球媒体的一个重要因素。[①] 那么，"无国籍"特征的具体内涵是什么？日本动画为何会形成"无国籍"特征？它是否是日本动画文化"走出去"的必要条件？研究这些问题，有助于明晰"无国籍"特征对于日本动画跨越文化障碍所起的作用，以便为中国文化"走出去"战略实践提供参考与警示。

一、"无国籍"的概念内涵

本文所说的"无国籍"是一个日语词汇，日语写作"無国籍"，日语罗马字为"mukokuseki"。在日本动画领域，国外学者均直接使用该词，并不翻译成本国词汇。《新明解国语辞典》（第七版）对该词的概念解释是："不拥有任何一国国籍。无法特定某国国籍。"由此可知，"无国籍"就是指没有国籍或国籍不明的情况。当然，这种界定未免过于笼统。经调查发现，"无国籍"一词起源于20世纪60

[①] 秋菊姬.「クールジャパン」ネーション——日本のポピュラーカルチャー振興策 [C].//サブカルで読むナショナリズム [M]. 東京：青弓社，2010：54–71.

年代初的日本。当时，日本日活电影公司的动作片被称为"无国籍动作片"。"好莱坞的西部片、意大利的新现实主义、法国的新浪潮等均被信手拈来加以日本化处理，导致作品带有强烈的文化杂糅性。"① 学者岩渊功一指出："'无国籍'具有两层含义，并且二者相互关联：一是将起源于不同文化的要素相混合、融合；二是隐去或消除民族的文化特征。日本动画的'无国籍'含义属于后者。"② 由此可见，"无国籍"用于形容日本动画的特征时，意指那些受海外观众青睐的缺乏日本元素的日本动画，因而很难将它与日本联系起来。

笔者又查找了"无国籍"的相关修饰语。白幡洋三郎用"没有日本味道、脱离日本风格"③ 来形容"无国籍"特征，并认为"作品的多国籍性最终会导致虚构世界的设定以及作品无国籍特征的产生"。④ 学者岩渊功一提到，动画与游戏软件常常被认为具有"无国籍"特征，通常指缺乏特定国家的文化和人种特征。⑤ 樱井孝昌以《阿尔卑斯山少女海蒂》《UFO 魔神古兰戴萨》《小甜甜》等动画片为例，指出其中的角色形象极具"无国籍"特征，并且多以日本以外的国家为素材进行创作。⑥ 由此可以推知，日本动画的"无国籍"特征主要体现在故事背景和角色形象上。其中，故事背景既可以是除日本之外的某个国家，也可以把故事中出现多个国家的情况也算作"无国籍"，还可以是与现实世界完全无关的虚构世界。角色形象则多与日本人形象相去甚远，甚至不是日本人。

---

① 四方田犬彦. 日本电影 110 年 [M]. 王众一译. 北京：新星出版社，2018：205.
② 岩渕功一. トランスナショナル・ジャパン [M]. 東京：岩波書店，2000：94.
③ 白幡洋三郎. カラオケ・アニメが世界をめぐる [M]. 京都：PHP 研究所，1996：239.
④ 白幡洋三郎. カラオケ・アニメが世界をめぐる [M]. 京都：PHP 研究所，1996：59.
⑤ 岩渕功一. トランスナショナル・ジャパン [M]. 東京：岩波書店，2000：33.
⑥ 桜井孝昌. アニメ文化外交 [M]. 東京：筑摩書房，2009：60.

二、现代日本动画"无国籍"特征的考察

笔者锁定从20世纪50年代至21世纪初在亚洲、欧美国家广为流传的45部日本动画，考察这些动画作品"无国籍"特征的具体内涵。具体方法是：根据故事背景与日本的关系、角色形象是否有日本人这两个基本要素，将动画作品大致分成三类，即"无国籍"型（故事背景与日本无关、角色不是日本人）、"有国籍"型（故事背景与日本相关、角色是日本人）、中间型（故事背景与日本无关但角色是日本人，或者故事背景与日本相关但角色不是日本人），然后采用统计分析、比较分析等方法来考察日本动画作品的"无国籍"特征。

通过分类整理获国际受众青睐的现代日本动画的主要原版作品，可以得知"无国籍"型动画有14部，"有国籍"型动画有23部，中间型动画有8部。可见这些原版作品并非全是"无国籍"型动画，"无国籍"型动画并非如预想般占据多数，而"有国籍"型动画的数量也不在少数。而且，笔者还发现"无国籍"型动画还具有以下几个特征：首先这类动画在亚洲、欧美国家均很盛行。相对于"有国籍"型动画，欧美国家引进的"无国籍"型动画占据多数。其次，"无国籍"型动画的题材主要集中在世界知名文学作品、民间传说、神话故事等的动画、科幻机器人动画、奇幻冒险动画、魔法美少女动画等。从故事背景来看，"无国籍"既可以是日本以外的某个国家，也可以是多个国家，还可以是诸如魔法王国、外星球等与现实世界完全无关的虚构世界。再者，"无国籍"型动画中，具有夸张的大眼睛、彩色头发、绝佳身材的帅哥美女形象普遍存在。这一点在美少女类动画中格外突出。这一点也可以理解，既然故事背景不

设在日本，那么也就没有必要按照日本人的形象来设计。当然，这并不能代表所有"无国籍"动画的角色形象，往往角色形象也与艺术家的风格有关。例如，宫崎骏"一般遵循写实的原则，使动画人物和现实成一定的比例"，[①] 即便在"无国籍"动画中也是如此。

此外，笔者通过查找文献资料发现，还存在另一种"无国籍"情况，即原版中的日本元素在海外版中荡然无存。这种情况体现在一部分原版为中间型动画和"有国籍"型动画之中，并且主要出现在欧美国家的市场。以日本电视动画开山之作《铁壁阿童木》为例，阿童木更名为"Astro Boy"，其他角色的日本名字改成英文名，片中的"科学省"更名为"科学研究所"，作品中铺有榻榻米的房子、日本拖鞋等具有日本特色的物品都替换成其他内容。[②] 另一个典型例子是电视动画《宇宙战舰大和号》的美国版。在这部原本极具日本特色的动画中，原版角色的日本名字一律改成英文名，片名中的"大和号"换成了其他名字。诸如寿司卷、日本酒等日本文化元素均不再出现，取而代之的是巧克力蛋糕和水等。"用一句话来说，就是完全地抹掉了日本和日本人的痕迹。"[③] 如此操作使日本动画轻而易举地隐去了真实身份，成为"无国籍"型动画。更有甚者，部分美国版动画片完全看不出原版的故事逻辑，俨然成为美国国产动画片。例如，20 世纪 80 年代，美国曾经将三部日本科幻动画片整合成一部动画片。可见，美国将日本动画当成了创作素材肆意改编，从而导致"无国籍"情况的产生。这也是导致欧美国家受众不知儿时观看的动画产自日本的主要原因。

综上所述，获国际受众青睐的现代日本动画的"无国籍"特征

---

① 杨晓林. 动画大师宫崎骏 [M]. 上海：复旦大学出版社，2012：152.
② 手冢治虫. 我是漫画家 [M]. 谢仲其译. 台湾：麦田出版，2018：240.
③ 草薙聡志. アメリカで日本のアニメは、どう見られてきたか? [M]. 東京：德间书店，2003：128.

主要体现在两类动画作品之中,即一类是原版作品就是"无国籍"型动画,另一类是原版中属于"有国籍"型和中间型的部分动画传到海外后经改编而成的"无国籍"型。此类海外版作品为数不少,在欧美国家较为多见。进入20世纪90年代,这种情况才逐渐改观。"1990年前后开始,输出的日本动画在放映时保持了原样,并且观众清楚地认识到作品产地是日本。"①

三、现代日本动画"无国籍"特征的成因探析

(一)日本原版动画"无国籍"特征的成因分析

如前所述,传播到海外的日本现代动画中,原版为"无国籍"作品的题材主要集中在取材于世界知名文学作品的类型、科幻机器人类型、奇幻冒险类型、魔法美少女类型等。那么,日本人为何创作出没有日本元素的作品呢?笔者认为,这与时代背景、创作理念和创作手法密切相关。

首先,从时代背景来看,二战结束后,日本受到来自欧美国家、尤其是美国的各方面压制,并遭遇到强烈的文化冲击。在此背景下,日本人在感到自卑的同时,也对西方先进技术产生崇拜心理。在动画方面,好莱坞迪士尼成为漫画家和商业电影公司争相仿效的对象。"现代日本漫画之神"手冢治虫就是迪士尼的铁杆粉丝,东映动画公司在成立时就立志以好莱坞迪士尼为奋斗目标。在角色形象设计方面,手冢治虫最初的模仿痕迹一目了然。当时美国发行商的第一印

---

① 津坚信之.日本动画的力量手冢治虫与宫崎骏的历史纵贯线[M].秦刚,赵峻译.北京:社会科学文献出版社,2011:103.

象便是阿童木像匹诺曹，还误以为作品出自好莱坞某家公司。[1] 但手冢治虫在模仿的基础上独辟蹊径，很快形成自己的特色。受迪士尼绘画与宝塚歌舞剧团节目的启发，他开创出大眼睛并偏西方化的"可爱"形象，此后一直被追随者跟风模仿。《美少女战士》的导演几原邦彦在接受采访时曾经被问到日本动画中的角色大眼睛的原因，"他苦笑着解释道：'这要追溯到手冢治虫了'"。[2] 另一方面，当时西方国家优越的物质生活，令正在从战败废墟中努力奋起的日本人羡慕、向往，并产生无限遐想。这种憧憬和想象力在20世纪60年代初的魔法美少女题材的动画中体现得淋漓尽致。故事背景设定在日本以外的某个西方国家，故事主角美少女们完全是他们想象出来的西方人形象。此外，日本科幻动画的发展与时代潮流有关。手冢治虫在自传中写道："战后，科幻小说成为肩挑新时代的文学领域之一，无论在国内或是海外都着实重新获得重视。"[3] "从1955年起，日本陆续出版外国的SF小说全集。"[4] 以手冢治虫为代表的日本艺术家敏锐地意识到这是时代的潮流，并顺应这一趋势，于20世纪60年代创作出大量科幻动画。

其次，从创作理念上看，战败的惨痛教训促使日本人思考。思考的结果就是，"把战败想成是输在技术以及物资数量上，而这种思想也流进了漫画、动画等偏向大众娱乐的世界。战后供日本儿童阅读的漫画都属于此类。内容不外乎就是在讲述日本的技术如果能更优秀，应该就能打赢美国。譬如制作比大和号更加庞大的战舰等。"[5]

---

[1] フレッド・ラッド，ハー・デネロフ. アニメが「ANIME」になるまで [M]. 久美薫，译. 東京：NTT出版，2010：13.

[2] 増田弘道. もっとわかるアニメビジネス [M]. 東京：NTT出版，2011：70.

[3] 手冢治虫. 我是漫画家 [M]. 谢仲其译. 台湾：麦田出版，2018：204.

[4] 中尾明. 手冢治虫用漫画和卡通连接世界 [M]. 钱贺之译. 北京：学林出版社，2008：90.

[5] 押井守. 我每天只工作3小时押井守的角色学 [M]. 谢承翰，高詹灿译. 成都：四川人民出版社，2018：226.

在这种"科技无敌"思想的熏陶下，日本人幻想着能够在虚构的超现实的奇幻世界里依靠科技壮大自己打败敌人。由此我们也就能够理解日本拥有大量科幻、机器人题材动画作品的原因了。20世纪80年代，日本涌现出众多富有个性的艺术家。执导科幻动画电影《攻壳机动队》的著名导演押井守就是一个典型。他认为动画世界就是一个异世界，因此在创作时他故意避开日本人形象，故意将故事背景设置在未来世界或是日本以外的其他国家。[①] 著名导演宫崎骏在谈到自己的动画观时指出："创造一个架空的虚构的世界，在其中嵌入我喜欢的人物，然后完成一个故事。"[②] 可见，创造有别于现实社会的虚构空间是日本动画家的一大创作理念。在此理念基础上进行的创作，自然就撇开了复杂的社会文化背景，使作品易于理解并更易激发受众的想象力。可以说，这一点正是海外受欢迎的日本动画"无国籍"特征的原点。

最后，在创作手法上，日本动画中有一类动画取材于世界著名文学作品、童话故事和神话传说等。这也是美国迪士尼动画电影取材的惯用手段。因为这些内容已在一定范围内获得社会认可，这样就能在一定程度上保证票房和收视率，从而降低投资风险。日本东映动画公司的早期作品《白蛇传》以及世界名著系列动画就是将中国和世界其他国家的文学名作、民间故事等改编而成的。这种做法在宫崎骏的许多动画作品中有很明显的体现。可见日本认同这一方法并付诸实践，最终取得良好效果。既然是以闻名世界的文学作品、民间故事、神话等为素材进行创作，那么故事背景自然就不会设在日本，角色形象自然也不会设定为日本人。而脱离了特定国籍、特定人种的限制，无疑

---

① スーザン・J. ネイピア. 現代日本のアニメ [M]. 神山京子, 訳. 東京：中央公論新社, 2002：52.
② 宫崎骏. 思索与回归——日本的动画片和我的出发点 [J]. 支菲娜编译. 北京电影学院学报, 2004（3）：54.

大大提高了创作自由度。宫崎骏就曾提到，将故事背景设定在海外，作画时就可以充分发挥想象力，随意设计，而不必参照实际场景。

（二）海外版日本动画"无国籍"特征的成因分析

可以说，传播到世界各地的日本动画具有"无国籍"特征，是国外发行商和海外受众根据自身需求选择的结果。"传播心理学研究表明，受传者心理系统选择传播信息具有自主性，具有不由传播者左右、代替的权威性，传播者挑战这个权威性是徒劳的，只能臣服。"[1] 笔者发现，欧美国家引进日本动画，大多因为当时本国制作的动画片数量无法满足国内需求。因此，国外发行商自然会对本国市场需求、观众口味、商业利益等进行判断选择。除了价廉、物美、与众不同等基本标准以外，多年的经验实践也成为重要参考。"实践证明，营销成功的净是那些反映不出日本生活文化、以另一个世界为舞台、即便把角色名字改成英文名字也并无大碍的作品。"[2] 这句话透露出外国发行商引进日本动画片的标准：一是把与日本生活文化相关的内容排除在外，二是选择故事背景与日本无关的片子，三是选择那些即便把角色名字改成英文也不会影响播映效果的片子。显然，按此标准选择文化产品，就意味着"去日本"化、"无国籍"化。这是现代日本动画轻松跨越文化屏障的一个原因。

现代日本动画传播到海外后，由国外发行商、制作公司等专业人士操刀将中间型和"有国籍"型动画改编成"无国籍"型动画。任何一个国家在引进影视作品时都会做适当改编，例如更改片名、角色名，用国语配音，删除片中难以理解的内容、敏感内容、或是

---

[1] 林之达. 传播心理学教程 [M]. 北京：北京大学出版社，2012：82.
[2] 草薙聡志. アメリカで日本のアニメは、どう見られてきたか？[M]. 東京：徳間書店，2003：88.

不符合本国价值理念的内容等。这种常规性操作本无可厚非。然而，值得关注的是"彻底抹去动画片中的日本元素"这一现象。美国在这方面的行为较为明显，甚至将科幻题材的"有国籍"型动画作了大幅篡改。例如，20世纪70年代末，原版日本动画《科学忍者队 ガッチャマン》的美国版本不仅修改了标题，故事背景还转移到了遥远的星球，画面和台词也与原版截然不同，还出现了新音乐、新场景、新角色等。20世纪80年代，美国曾经将日本的三部机器人题材的动画片做了"神剪切"，拼凑成一部完全不同于原版的电视动画片。[①] 亚洲国家韩国也有类似做法。在1998年解禁日本节目之前的几十年时间里，韩国通过事前审议将日本动画中日本风格浓重的场面彻底清除，剪切掉和服、木屐、日本广告牌等图像，换上韩国风格的图像。截至2000年2月，在韩国KBS电视台播放的《名侦探柯南》《美少女战士》等都遵循这样的操作。[②] 经过改编，部分中间型动画和"有国籍"型动画就堂而皇之变成该国国产文化产品。这样一来，海外受众将日本动画误认为是本国动画的现象便不足为奇。这是现代日本动画轻松跨越文化屏障的又一原因。

笔者分析，他们这样做有两大目的：一是出于商业利益的考虑。盈利是商家开展商业运作的最重要的目标。经验证明，现代日本动画中，那些具有"无国籍"特征或稍加改动就容易成为"无国籍"的商品正是外国商家有利可图的商品。因此，他们自然会倾向于选择那些"无国籍"的日本动画产品。二是部分国家出于政治方面的考虑。例如，20世纪60年代引进多部日本动画片的美国NBC公司的管理层干部多德（音译）曾担心地方电视台可能会有人对日本这个二战敌对国的印象根深蒂固，可能会因为排斥对方而影响销售。

---

① 津坚信之. 日本のアニメは何がすごいのか [M]. 東京：祥伝社，2014：79.
② 朴顺爱，土屋礼子. 日本大衆文化と日韓関係—韓国若者の日本イメージ [M]. 東京：三元社，2002：47.

他还认为他们"如果知道是日本的产品,恐怕会认为日本动画是二流作品,从而在商谈时杀价购买"。① 再如,对日本动画进行过大幅改动的韩国显然是出于对二战殖民者日本的仇恨心理,韩国动画制作公司会在国内放映之前对动画进行非常规改编,彻底抹掉日本和日本人的痕迹。

四、"无国籍"特征对中国文化"走出去"的启示

现代日本动画的"无国籍"特征,对中国的文化"走出去"战略实践具有如下启迪与警示:

首先,现代日本动画国际传播的经验表明,"无国籍"特征有利于跨越文化障碍。这在很大程度上得益于国际受众的选择、改编与传播。他们拥有绝对的选择权,因而促成了具有"无国籍"特征的文化产品的引进、发行与宣传。因此需要重视国际受众在文化国际传播中的重要作用;另一方面,"无国籍"特征并非文化"走出去"的必要条件。大量具有日本元素和特色的日本动画盛行于东亚和东南亚,宫崎骏多部具有日本特色的作品也获得世界高度赞誉。因此,制作动画时是否需要"无国籍",完全取决于作品自身的具体情况,而没有必要为了"无国籍"去做。

其次,文化商品的知识产权保护和出口监管的必要性与重要性。如前所述,日本动画海外版中部分"无国籍"作品是引进方改编甚至篡改而成。手冢治虫、松本零士、宫崎骏等知名艺术家的作品均未能幸免。原作的完整性遭到破坏,由此产生严重的文化折扣,导

---

① 草薙聡志.アメリカで日本のアニメは、どう見られてきたか?[M].東京:徳間書店,2003:26.

致版权方难以估量的经济损失，甚至还会引发知识产权纠纷。因此，知识产权的海外利益保护问题刻不容缓，亟需制定应对策略。同时，外国对中国优秀的传统文化资源的利用也值得关注。国外利用中国传统文化资源创作的作品存在一定程度的曲解。倘若这些作品的受欢迎程度盖过中国传统文化的经典作品，很有可能造成受众的认知偏差，甚至对本国优秀传统文化经典的安全造成不良影响。还要加大本国优秀的传统文化资源开发的力度，与现代技术紧密结合，创作出符合时代特色、受众喜闻乐见的作品。另一方面，日本动画中充斥着与暴力、色情等少儿不宜的内容，不仅导致20世纪七八十年代日本动画受到欧美国家的抵制及对欧美的出口业务受阻，而且蒙受很大的经济损失，还直接给日本的国家形象造成负面影响，可见出口监管的必要性和重要性。

再次，品质提升永远是王道。如前所述，日本动画的"无国籍"特征大多是在日本艺术家思考时代背景、创作理念以及创作手法的基础上自然形成，并非为迎合国外需求而做。因此，与其在"无国籍"上做文章，不如把精力更多地放在对优秀作品的研究和创作上来。宫崎骏在谈及自己的创作态度时指出："观摩好的作品，然后超越它。"[1] 在创作动画作品时，精致的画面、强烈的视觉冲击、独特的创意，丰富多彩的想象力、有趣的故事情节、给人启迪的成长感悟等，都是需要重点考虑的因素。事实上，明显带有日本元素、反映日本文化生活的动画片在亚洲传播较为普遍，如宫崎骏的《龙猫》《千与千寻》等充满日本色彩的动画电影更是作为杰出代表誉满全球。因此，在科学技术高度进步、网络发达的当今时代，我们不必拘泥于"无国籍"特征，而要在分析高品质动画作品、剖析其中被

---

[1] 宫崎骏. 思索与回归——日本的动画片和我的出发点 [J]. 支菲娜编译. 北京电影学院学报，2004 (3)：54-55.

公认的具有共通性的内容等的基础上进行创作。

最后，我们还需要思考的一个重要问题是，具有"无国籍"特征的现代日本动画真的就是"无国籍"吗？Max Zian 认为，"在情节的安排、角色的内心刻画上，还是反映了日本的民族性以及当时的社会性。"[①] 日本著名导演押井守也曾提道："以我的电影作品世界来说，其中以计算机与电玩为中心的做法相当有日本人的味道，即便是外国人看到，也一定会感觉这些作品是由日本人拍出来的。"[②] 可见，即便贴上"无国籍"标签，也无法彻底消除诸如思维方式、心理描写、表现手法等能够反映深层次文化内涵的东西。如此看来，"无国籍"特征只是表面现象，是接近国际受众的"敲门砖"，而作品所反映的人类共通的现实课题、道德追求、价值理念等才是引发世界各地青少年共鸣的重要原因。笔者认为，这样的内容才是真正的"无国籍"，才是动画等文化产品应当追求的创作目标。

参考文献

1. 手冢治虫. 我是漫画家［M］. 谢仲其译. 台北：麦田出版，2018（7）.

2. 押井守. 我每天只工作 3 小时押井守的角色学［M］. 谢承翰，高詹灿译. 成都：四川人民出版社，2018（1）.

3. 四方田犬彦. 日本电影 110 年［M］. 王众一译. 北京：新星出版社，2018（1）.

4. 林之达. 传播心理学教程［M］. 北京：北京大学出版社，2012（5）.

5. 杨晓林. 动画大师宫崎骏［M］. 上海：复旦大学出版社，2012（1）.

6. 津坚信之. 日本动画的力量手冢治虫与宫崎骏的历史纵贯线［M］. 秦刚，赵峻译. 北京：社会科学文献出版社，2011（4）.

[①] Max Ziang. 酷日本［M］. 北京：生活·读书·新知三联书店，2011：42.

[②] 押井守. 我每天只工作 3 小时押井守的角色学［M］. 谢承翰，高詹灿译. 成都：四川人民出版社，2018：161.

7. Max Ziang. 酷日本［M］. 北京：生活·读书·新知三联书店，2011（7）.

8. 中尾明. 手冢治虫用漫画和卡通连接世界［M］. 钱贺之，译. 北京：学林出版社，2008（5）.

9. 韩骏伟. 国际电影与电视节目贸易［M］. 北京：中国传媒大学出版社，2008（2）.

10. 宫崎骏. 思索与回归——日本的动画片和我的出发点［J］. 支菲娜（编译）. 北京电影学院学报，2004（3）：51－55.

11. 津堅信之. 日本のアニメは何がすごいのか［M］. 東京：祥伝社，2014（3）.

12. 増田弘道. もっとわかるアニメビジネス［M］. 東京：NTT出版，2011（8）.

13. 谷川建司等（編）. サブカルで読むナショナリズム［M］. 東京：青弓社，2010（11）.

14. フレッド・ラッド，ハー・デネロフ. アニメが「ANIME」になるまで［M］. 久美薫訳. 東京：NTT出版，2010（3）.

15. 桜井孝昌. アニメ文化外交［M］. 東京：筑摩書房，2009（5）.

16. ローランド・ケルツ. ジャパナメリカ：日本発ポップカルチャー革命［M］. 永田医（訳）. 東京：講談社，2007（5）.

17. 草薙聡志. アメリカで日本のアニメは、どう見られてきたか？［M］. 東京：徳間書店，2003（7）.

18. スーザン・J. ネイピア. 現代日本のアニメ［M］. 神山京子，訳. 東京：中央公論新社，2002（11）.

19. 朴順愛，土屋礼子. 日本大衆文化と日韓関係—韓国若者の日本イメージ［M］. 東京：三元社，2002（5）.

20. 岩渕功一. トランスナショナル・ジャパン［M］. 東京：岩波書店，2000（9）.

21. 白幡洋三郎. カラオケ・アニメが世界をめぐる［M］. 京都：PHP研究所，1996（10）.

慕课（MOOC）与大学的发展方向研究
——基于对日本慕课现状的分析

津田量[*]

[摘　要] 大型开放网络课程慕课有可能改变大学的性质。本研究从学习者和内容提供者的角度结构性地分析了慕课在日本并未被社会顺利接受的原因，发现今天所谓的慕课已经实现了它自身的生存目标，YouTube 等视频网站更接近其本质。因为视频网站的规模更大，包含的内容更多样，而且在时间上也更自由、开放，慕课要想生存下去，就需要进一步发挥其权威性，这也是慕课相对于视频网站的唯一优势，并且要与大学教育接轨，使观看者可以获得大学学分和学位。

[关键词] 慕课　JMOOC　视频网站　Youtube　学位认证机构

一、绪言

12 世纪，大学在西欧诞生和发展，形成了独立于国家的组织和超越国界的教育机构。然而，14 世纪的印刷革命让印刷品普及起

---

[*] 津田量，国际关系学院日籍专家，博士，研究方向为社会学。

来，大学之外出现了知识传播媒介，导致15、16世纪大学地位开始下降。大学被皇家学院等其他机构所取代，根据功能分为职业学校和技术学校等。

音频媒体与视频媒体分别于19世纪、20世纪得以普及，大学将这些新媒体作为视听材料来改善教育。此外，大学教育制度是一个线性的教育体系，目的在于为社会输送人才。然而，进入21世纪，网络和数字技术得到普及，推动了跨越组织的信息传播和知识活动。网络教育正在改变社会和大学，大学面临着第二个变革期。在互联网上，任何人都可以参与教育和学习，不需要进入实体校园，这意味着开放的学习环境延伸到了大学之"外"。这迫使大学必须进行改革，制定以多职业和再学习为前提的开放制度。因此，本文通过从内容提供者、学习者、经济体制等方面，对当今日本的大学所推广的慕课（MOOC）进行结构性分析，以期探讨慕课未来的发展方向，以及大学该如何度过这个变革期。

（一）慕课的定义

慕课（Massive Open Online Course，简称"MOOC"），即大型开放式网络课程在众多慕课平台中，可以发现有四个共同要素：（1）参与者多、课程多；（2）免费、无参与条件、资源开放；（3）任何地方都能登录；（4）以课程和科目的形式提供内容。"慕课是一种学习环境，任何人都可以通过互联网免费上全球知名大学的课，只要有互联网环境。所获得的结业证书可用于求职、转行活动，且有望用于大学教育、成人教育、终身教育。"[1] 慕课的优点是让学习不受空间

---

[1] https://education-career.jp/magazine/data-report/2016/moocs/（上网时间：2021年1月16日）。

限制，这使其可以成为全国各地教育项目的平台。由于慕课的涵盖面很广，本文基于日本慕课的情况，将慕课定义为"允许任何人通过互联网免费学习相当于大学程度课程的学习平台"。

（二）日本关于慕课的研究

据日本国立信息学研究所学术信息数据库 CiNii 统计，日本从2012年开始研究慕课，到2020年底已经发表约200篇研究论文。考虑到慕课的意义和潜在影响，这个数字并不大。如果将2016年至2020年这5年的研究按照内容进行归纳，则可以得到如下总结：（1）分析慕课现状的研究最多，包括讨论慕课的低完成率和难以保持学习积极性的问题。慕课的低完成率一直是很多研究和讨论的热点，因为它严重影响慕课本身价值，使提供课程的大学无法预估收益，危及慕课生存。但是，目前尚无论文探讨慕课为什么不被大众认可这一根本问题。（2）关于如何利用慕课进行授课的研究也很多。（3）关于如何开发慕课教材的研究也是慕课研究的中心主题。自慕课开始之后的几年中，一些课题经常被提及并讨论，如：（4）慕课学习效果和学习者的数据分析。（5）关于如何评价慕课学习者成绩的研究等。

此外，还有以下方面的研究也有一定的数量：（6）面向员工和公民的慕课教育。（7）慕课的方法、经验和报告。（8）对其他国家慕课现状和实践的讨论。（9）讨论慕课将如何改变大学教育和大学管理。此外，金子对常用于评价慕课的标准进行了基本研究，但是这类研究少有人涉及。

因此，目前学者们主要讨论慕课的现状、如何在课堂上使用慕课、慕课教材的开发等问题。只有山口在对慕课授课成本和收益的研究中略微涉及了慕课没有得到普及的现实及其本质原因。如果我们不把目光聚焦在慕课没有得到普及这一本质问题上，只关注全体国民中参与慕课的一小部分人，并进行形势研究和数据分析，那么就会很难找出阻碍慕课快速发展的原因。

本文首先分析学习者和提供者的结构及商业模式点，来明确在日本慕课为什么不能得到普及。其次，通过回溯慕课的本质，明确什么是本质意义上的慕课。最后再谈谈日本慕课和大学的发展方向。

（三）大学课程、在线课程与慕课的比较

表1是从管理者、参与者、学分获得、课程参加方面对大学线下线上授课与慕课进行的比较。

慕课不是某个大学的网站，相关课程被整合在一个被称作平台的网站上。由于参与者不需要在任何教育机构就读，所以即使完成了慕课课程，获得了结业证书，也无法得到学分（特殊情况下，有些学校会对某些慕课课程进行学分认定）。慕课的完成率低至10%，只有一部分参与者以获得结业证书为目的，部分大学则将慕课作为常规课程的补充教材来使用。

表1 大学课程与慕课的比较

	大学课程	慕课
管理者	大学	平台（大学或其他组织）
参与者	在校学生	任何人
学分获得	能	不能（部分情况能）
课程参加	必须	自由（部分用于翻转课堂[①]）

[①] 与以往学生在教室上课，并将应用任务作为家庭作业的传统授课方式不同，翻转课堂是指学生在空闲时间通过网络资料学习基础知识，并在课堂上完成应用任务的一种学习方式。

(四) 运营慕课和开设课程

慕课的管理方式大体上可以分为企业管理和教育机构联合管理。日本最常见的慕课授课方式是由教育提供方（大学及教育机构）与慕课管理者（平台）合作提供内容。在日本，人们越来越期望利用信息和通信技术来提高高等教育质量、帮助在职人员重新学习。日语慕课（JMOOC）是日本开放在线教育推进委员会于 2013 年 11 月成立的非营利性组织，其目的是以日语提供 2012 年起在美国开展的免费教育服务——慕课，并扩大其使用范围。JMOOC 是一个汇集了多个课程讲授平台的门户网站，"gacco"（DOCOMO）、"Openlearning Japan"（网上学习）、"OUJMOOC"（放送大学）、"Fisdom"（富士通）提供的所有课程都可以在 JMOOC 中学习。

(五) JMOOC 的现状

日本目前尚未实现为无法接受终身教育的人提供学习机会的理想。文部科学省《关于利用慕课等来改善教育的调查研究》介绍了慕课在日本的普及情况以及政府认可的平台"JMOOC"的现状。截至 2015 年 3 月，日本共有 19 所大学在慕课开设课程。其目的有两个：扩大课程选择范围和打造自己的学校品牌。目前，"这些大学正致力于扩大结业证的认可度，并面向亚洲开设课程，建立翻转式学习等，共开设了 340 门课程，注册 JMOOC 的人数超过 100 万"。[①] 然而，截至 2019 年 5 月，"JMOOC 认证课程数量为 340 门，注册用户

---

① 文部科学省高等教育局大学振興課大学改革推進室「MOOC 等を活用した教育改善に関する調査研究」，https://www.mext.go.jp/a_menu/koutou/itaku/1357548.htm（上网时间：2021 年 1 月 16 日）。

数量约 66 万",① 所以虽然在四年多的时间内，参与慕课的大学数量倍增至 38 所，但是新开设的慕课课程数量并没有增加，注册用户数量却明显减少。截至 2020 年 2 月 1 日，笔者统计了可以申请的 JMOOC 课程有 52 门，② JMOOC 旗下有 Gacco 的 37 门课程、③ OpenLearning 有 8 门课程、④ Fisdom 有 49 门课程、⑤ OUJMOOC 有 41 门课程。⑥

鉴于大学开设的 MOOC 新课程数量逐年减少，JMOOC 从 2017 年开始对新课程的制作者提供补贴。⑦ 根据 NTT Com Research 的调查，95.5% 的受访者从未使用过慕课，82.1% 的受访者从未听说过。⑧ 此外，Fisdom 还决定自 2021 年 9 月 30 日起停止服务。⑨ 由此可见，慕课在日本并不是很成功。

那么，为什么开设的课程会减少呢？由上述研究介绍可知，Cinii 中收录的很多关于慕课的研究并没有从这个角度来进行研究，因此下面将讨论为什么慕课在日本受欢迎程度平平。

二、阻碍慕课发展的结构性因素

在对美国等世界上众多国家的慕课进行调查后可知，海外有很

---

① JMOOC 公式ホームページ、https：//www.jmooc.jp/institutions/（上网时间：2021 年 1 月 18 日）。
② JMOOC 官网，https：//www.jmooc.jp/（上网时间：2021 年 2 月 1 日）。
③ Gacco 官网，https：//gacco.org/list.html（上网时间：2021 年 2 月 1 日）。
④ OpenLearning 官网，https：//open.netlearning.co.jp/（上网时间：2021 年 2 月 1 日）。
⑤ Fisdom 官网，https：//www.fisdom.org/（上网时间：2021 年 2 月 1 日）。
⑥ 放送大学官网，https：//v.ouj.ac.jp/view/ouj/#/navi/vod?ca=491（上网时间：2021 年 2 月 1 日）。
⑦ JMOOC 讲座，https：//spirit.rikkyo.ac.jp/mc/about/report/SiteAssets/pdf/2017/016.pdf。
⑧ NTTコム・リサーチ「大学のオープン化に関する調査結果（2017）」。
⑨ Fisdomサービス終了（2021 年 9 月）のお知らせ（2020 年 7 月 7 日）https：//www.fisdom.org/bb55fvfst-491/#_491（上网时间：2021 年 2 月 18 日）。

多慕课已经发展成营利性机构、公司，获取了大量利益。它们有一个共同点，即提供与收入直接挂钩的技术教育，比如软件开发所需的编程知识和技能，或是与技能资格考试有关的、类似职业学校的教育，而且有些课程是在线免费提供的。与其说是慕课，不如说这些课程更像职业学校、预备学校、补习学校、研讨会等为了宣传和吸引客户而设立的在线试听课程。它们或多或少都有免费试听课，所以不能直接认定它们不是慕课，但这种实际上是以营利为目的的在线职业学校或补习学校的慕课并不在本文讨论范围之内。

相反，不擅包装宣传的慕课往往讲授的是基础知识，人们通常不会花钱来学习这些无法直接产生经济利润的知识。本文将 MOOC 的参与者按不同立场进行区分，并考察各立场的优劣，来研究 JMOOC 未能得到长足发展的原因。

（一）慕课的优点

慕课有很多的优点。表 2 从提供方、学习者、公众这三个参与者立场总结了慕课的优点。

慕课的优势总体来说是理念优势。提供方能实现广告效应与社会贡献，学习者能够随时随地学习，且费用更低。从社会角度看，医学、信息安全等领域的知识专业性强且发展迅速；法律、税收、金融等领域的知识会随着相关法律的调整而在实践方面出现重大变化，因此其知识可能会随着时间的推移和技术的进步而过时。这些领域的从业人员必须掌握最新的知识，但是繁忙的上班族能够投入学习的时间是有限的，所以慕课有望发挥作用。此外，慕课不仅能提供实用知识与技能，它还具有培养终身学习习惯的意义。日本厚生劳动省也建议将终身学习作为丰富个人思想、提高生活价值的途径。上大学或职业学校需要花费大量的学费和时间，但如果使用慕课,则几乎等于免费接受高等教育。慕课能提供各种类型的课程,是终身学习的理想选择。此外,它还可以将高中教育和大学教育联系起来。

表2 对不同参与者来说慕课的优点

	优点
提供方	(1) 社会贡献——为因地点、时间、费用等原因不能参与学习的人提供教育机会 (2) 广告、招聘——提高学校的知名度、招收成绩优异的学生 (3) 降低成本——通过慕课精简师资队伍,提高管理水平 (4) 减轻教师负担——学生可以自行回放课程 (5) 提高教学质量——使用翻转课堂等
学习者	(1) 费用低——原则上课程是免费的 (2) 节省时间——视频时长短,在空闲时间也能学习 (3) 地点自由——只要有网络环境,可以在任何地方参加课程的学习 (4) 自由参加课程——任何人都可以参加课程的学习,有参加或不参加课程学习的自由 (5) 掌握专业知识——水平稳定,专业课程多
公众	(1) 深入了解专业性强、发展迅速的领域 (2) 消除教育方面的地域和经济差距问题 (3) 有助于实现终身学习

(二) 慕课的缺点

尽管慕课在原则上是好的,但在现实中也存在弊端。表3从提供方、学习者、公众这三个参与者的立场来列举慕课存在的缺点。

在对慕课的研究中,所有研究都涉及低完成率问题,但真正针对学习者需求的研究却很少。对每一个平台的分析都集中在缺乏互动或不能立即提出问题上,没有研究关注慕课的基本理念和价值,即任何人都可以在任何时间和地点学习他们想学的东西。

此外，提供课程的人很难获得收益。特别是对于教师来说，成本高、回报低。换句话说，这不值得。如果教师因此而放弃课程制作，那么慕课本身将不复存在。

表3 慕课的缺点

	缺点
提供方	（1）不盈利——作为一种商业模式很难赚钱 （2）完成率低——完成课程的动力不足 （3）负面宣传——在某些情况下宣传可能会出现负面影响 （4）教师——面临裁员的风险 （5）大学——作为教育机构的存在价值降低 （6）学习人数不多，活跃用户数量少
学习者	（1）没有想学的东西——课程很少，没有想学的课程 （2）不能按照自己的节奏学习——还没等一鼓作气学完，热情就消退了 （3）授课内容呆板无趣——坚持不下去 （4）平台繁多——很难找到或选择自己感兴趣的课程 （5）对就业没有帮助——企业和组织不承认
公众	（1）几乎没有——慕课的存在并不会造成特别负面影响 （2）失业——有可能无法继续雇用教师 （3）认可度低——慕课的社会认知度低

表4将授课方细分为大学和教师，分别对其授课的优缺点进行了分析总结。教师们几乎要承担所有创建课程的辛勤工作，因此大学在提供课程的过程中几乎没有感受到不利因素，但负责创建课程的教师们却负担沉重。过去，只要教师躲在象牙塔中，社会便以为他们在从事一些重要研究，但如果内容糟糕的课程在网上流传开来，则可能会产生非常负面的影响。为了防止这种情况发生，学校会挑

选最好的教师进行充分准备后再开设课程。免费提供比大学普通教师授课质量更高的课程，可能会导致原本需要大量教师的专业、学科不再需要太多的教师，其中语言、基础科目尤为明显。

表 4　大学和教师授课的优缺点

	优点
大学	(1) 社会贡献——为那些因地理、经济、时间限制而无法学习的人提供受教育机会 (2) 广告与招聘——提高学校的知名度，招收成绩优异的学生 (3) 降低成本——对因慕课上线而富余的师资进行精简，提高管理水平 (4) 提高教学质量——使用翻转课堂等
教师	(1) 社会贡献——为那些因地理、经济或时间限制而无法学习的人提供受教育机会 (2) 对大学的贡献——实现大学对社会的贡献 (3) 提升外界评价——前提是教学质量高 (4) 提高教学质量——如进行翻转式学习等 (5) 省力——不用做重复性工作
	缺点
大学	(1) 不盈利——很难通过慕课收获实际经济利益 (2) 完成率低——只有10%左右的学生能完成课程 (3) 负面宣传——如果发布的课程质量低劣
教师	(1) 备课负担——成本和精力上的巨大负担 (2) 低回报——即使是高质量的课程也很难带来经济收益 (3) 高风险——做得不好会声誉受损 (4) 被解雇风险——大学倾向于让最优秀的教师授课，因此语言学等课程的教师将面临被解雇的风险

三、慕课与视频网站

（一）慕课的运营架构

慕课平台与大学或相关机构签订合作协议后，按照相关规定上线慕课课程。现在很多大学正在构建如在线教育项目及公共讲座等与本校现有教学活动相匹配的慕课体系。目前，一些非营利组织开设慕课的运营资金主要来自慈善机构和富裕阶层的捐款，但其实大多数慕课是由大学或风险投资商出资开设。除了筹集资金外，最近很多慕课平台推出了可以通过付费获得结业证书和学位的服务，并从中获得收入。此外，一些平台还通过提供付费课程、收取结业证书手续费和网络社群使用费等方式来获得收入。

JMOOC 是由日本开放在线教育推进委员会成立的非营利组织，其目的是提供免费的日语慕课并促进其普及和推广。每年交纳 500 万日元会费（约合人民币 31 万元）的特别会员（如企业、机构等，目前共 5 家公司）和每年交纳 50 万日元（约合人民币 3 万元）以上会费的正式会员（如企业、学校法人等，目前共 38 所大学、30 个组织），可以在 JMOOC 的官方平台上发布课程，付费后还可以提供更多课程。此外，JMOOC 主要通过每年交纳 10 万日元（约合人民币 6158 元）以上会费的赞助会员（如非营利组织、教育机构、学会等，目前共 14 个机构）和每年支付 1 万日元会费（约合人民币 616 元）的个人会员（人数未知）所缴纳年费来维持运营。特别会员可以推荐董事会成员，赞助会员及更高级别会员在股东大会上有表决权。[1]

---

[1] JMOOC 入会案内 https：//www.jmooc.jp/admission/会员一览 https：//www.jmooc.jp/partners/（上网时间：2021 年 2 月 15 日）。

（二）视频网站（在线学习平台）的运营架构

全球知名的视频网站包括美国的 YouTube 以及日本的 Niconico 和中国的 Bilibili 等。以最具代表性的 YouTube 为例，近年 YouTube 在日本的市场规模正在迅速扩大。2015 年为 33 亿日元（约合人民币 2 亿元），2016 年为 100 亿日元（约合人民币 6 亿元），2017 年为 219 亿日元（约合人民币 13 亿元），2018 年为 313 亿日元（约合人民币 19 亿元），2019 年为 400 亿日元（约合人民币 25 亿元），2020 年为 475 亿日元（约合人民币 29 亿元），预计到 2022 年将扩大到 579 亿日元（约合人民币 36 亿元）。[1] 从 YouTube 广告中获得可观收入的频道数量在逐年增加，YouTube 官方频道的数据显示，2020 年仅美国的广告收入就将达到 55 亿美元（约合人民币 353 亿元）。年收入 10 万美元（约合人民币 64 万元）的频道增加了 40%。此外，包含有课程内容的视频上传数量非常庞大，而且呈加速度增长。每分钟都有近 500 小时的视频被上传，可以说不计其数。[2] YouTube 视频的内容多样性是慕课无法比拟的，各具特点的主播和机构使频道拥有极其广泛的覆盖面，良性的竞争机制也吸引了更多的有趣内容，形成丰富的学习资源[3]。视频提供者不仅可以赚取广告费和打赏，还能进行收费直播或评论交流。现在 YouTube 上的专业技术教学视频也在不断增加，因而包含了慕课的理念、功能和作用，即：任何人都能随时随地学习知识。YouTube 平台给予了课程提供者很大的经

---

[1] 日本 YouTuber＜ユーチューバー＞市场规模（億円，2015-2022）公開日：2020 年 2 月 5 日，https://statdb.jp/facts/41197（上网时间：2021 年 1 月 20 日）。

[2] YouTube プレスルーム、https://www.youtube.com/intl/ja/about/press/（上网时间：2021 年 1 月 21 日）。

[3] INFO CUBIC BLOG トレンドを知る、2020 年 03 月 04 日、2020 年グローバル最新版！「YouTube をめぐる 23 の統計データ」，https://www.infocubic.co.jp/blog/archives/4967/。

济收益和宣传效果,① 不仅符合市场的原理,还能提升课程提供者的创作积极性,使其不断输出更高质量的内容。由此一来,课程提供者会敏锐地觉察市场需求,及时对内容进行调整和改良,不断制作出更高水平的课程。2020 年,YouTube 的活跃用户数已达到 20 亿,市场极为庞大。视频网站的慕课行业门槛低,无需拥有大学教师的身份,任何人都可以做慕课,适者生存。现在已经有一些在职大学教师或大学把自己的课程或讲座上传到 YouTube,② 甚至还有许多课程的授课人比大学老师讲得还生动有趣。最终能获得观众好评和高点击率的并不是创作者的头衔,而是内容的趣味性和实用性。因此,如果只是想获取知识,那么视频网站其实已经包含了丰富的内容。

由此看来,YouTube 这些广为大众所接受的视频网站拥有的在线课程内容比传统意义上的慕课更丰富、也更开放。人们选择观看某视频最重要的因素是其内容是否符合自己的喜好,而 YouTube 上的视频已经被证明可以促进人们的购买行为。③ 在当今时代,为了更好地销售产品,必须有效利用 YouTube 上的视频。由此可见,YouTube 等视频网站在广告宣传和社会贡献方面的影响力远比大学慕课平台大得多。

四、慕课与视频网站的比较

表 5、表 6 从大学、教师和学习者的角度列举了慕课与

---

① YouTubeプレスルーム、https：//www.youtube.com/intl/ja/about/press/.
② 例如中文阅读、政治学、东亚史等各种大学课程都是现任大学教授上传的。https://www.youtube.com/channel/UCizw_RIi1ZTbCr6CiqqvCmA。
③ 有高达 80% 的受访者表示,当人们准备购买一个产品时,他们会观看与该产品相关的视频。此外,观看产品介绍相关视频的时间从 2017 年到 2018 年增加了一倍。YouTube 新闻室：https：//www.youtube.com/intl/ja/about/press/。

YouTube、Niconico 和 Bilibili 等视频网站的优缺点。从大学的角度来看，慕课在可控范围之内、不会对自身产生威胁，因而能够用来凸显大学对社会的贡献。从教师的角度来看，慕课是授课任务的一部分，常伴有消极情绪。从学习者的角度来看，完成慕课课程的好处是可以获得结业证书，但这并不是社会上绝大多数人非常需要的。对教师和学习者来说，反而是视频网站的优点更为突出。教师只要不断产出优质的课程，就能获得经济利益；学习者也能横向比较数量众多的优质课程，有选择地学习。

表5　慕课与视频网站的优势

平台	主体	优势
慕课	大学	（1）社会贡献——被认为在对社会做贡献 （2）不构成威胁——无法取代大学的存在
	教师	成为工作的一部分——大学认为慕课是教师工作的一部分
	学习者	（1）可获得结业证书——可以获得结业证书和学分 （2）课程质量稳定——课程质量高
视频网站	大学	（1）成为广告宣传——庞大的用户数量 （2）为社会做贡献——扩大影响力
	教师	（1）巨大的市场——庞大的用户数量 （2）高回报——高质量课程可以获得经济回报
	学习者	（1）学习时间自由——可以自由选择学习的时间和时长 （2）海量内容——逐日剧增 （3）有趣——可以观看符合兴趣的视频 （4）使用方便——易查看且平台较少 （5）便于选择和比较——大数据推荐感兴趣的内容

相比之下，视频网站吸引了绝大多数用户。2017年NTT Com Research 的调查显示，最近一个月网民使用最多的互联网服务并不是 Google 或 Facebook，而是 YouTube。YouTube 用户数量占日本人口

的72.7%，Niconico占33.2%，慕课等其他网站仅有0.2%[①]。2016年Google公司的数据显示，日本人的YouTube使用率为77%[②]。而且它能给大学带来实质性的宣传效果和社会贡献。接下来请看表6列举的慕课与视频网站相比的劣势。

对于普通大众来说，慕课平台众多，问题林林总总。对于这些慕课平台都有什么类型的课程，免费还是收费，从哪里开始收费，在什么情况下收费，课程质量如何，课程如何进行等，一般人很难搞清楚。慕课的注册用户数只占日本人口的1%，活跃用户数占0.2%，而视频网站YouTube的用户数量占日本人口的72.7%，Niconico占33.2%，是慕课的数百倍，其广告效果和经济收益更是有着天壤之别。

现行的大学制度采用学制，学生必须学习学校设置的课程，且不能自由选择课程和任课教师。很多学生只是为了获得学分被迫去上课，态度消极。这类课程即使是在慕课平台上刷屏，也很难持续吸引那些不受学分和学位约束的学习者。这不仅对教师来说回报低，对大学来说也是在浪费教师这一教学资源，而且从现实角度来看，绝大多数人是根本不会来上慕课的。

表6　慕课与视频网站的劣势

平台	主体	劣势
慕课	大学	(1) 无法成为广告宣传——无社会知名度 (2) 浪费人力资源——教师负担过重 (3) 无法对社会做贡献——用户少

---

① NTTコムリサーチ「大学のオープン化に関する調査結果（2017）」https：//research.nttcoms.com/database/data/002077/（上网时间：2021年1月18日）。

② YouTubeの日本の利用率は77%とGoogleが発表（2016年調査結果）https：//webtan.impress.co.jp/n/2017/06/09/25999（上网时间：2021年1月21日）。

续表

平台	主体	劣势
慕课	教师	(1) 市场小——用户少 (2) 低回报——成本与收益不成正比
慕课	学习者	(1) 时间不自由——学习时间和时长受限 (2) 内容少——几乎没什么可看的 (3) 不感兴趣——内容未经过竞争选拔 (4) 观看麻烦——平台较多，且需要注册 (5) 不方便选择和比较——难以搜索和比较课程内容
视频网站	大学	(1) 无法控制——脱离大学的控制范围 (2) 构成威胁——会威胁到现有大学制度
视频网站	教师	优胜劣汰——竞争激烈
视频网站	学习者	付费观看——有付费服务和内容

五、慕课与大学的发展方向

当前的慕课是大学为了发挥社会作用，维持大学生存而要求教师制作的，但其制作成本很高。如果没有政府机关、慈善组织和志愿者的支持，慕课很难持续发展下去。

（一）规范现有的慕课

慕课唯一能与YouTube等视频网站抗衡的部分在于其权威性及学分、学位授予方面。为了吸引学生，与视频网站并存，大学应将慕课改进为可以正式授予学分和学位的教学方式。大学也可以利用慕课能授予学分和学位这一点来探索大学发展的新形态。如果慕课能实现转学、跳级、双学位等功能，就可以提高大学为学生提供的教育附加值。不过，这需要从根本上改变现有的大学制度，然而这并非易事。

（二）社会对现有慕课的接受度与认可度

目前的大多数慕课只是限时的在线课程，学生注册后只能在有限的时间内观看内容，这对学习者来说极为不便，很难称之为"开放"。此外，慕课结业证书的认可度与有效性有限。通常情况下学生读大学就是为了获得有价值的文凭，企业等机构则通过有无大学文凭来筛选应聘者。在如今这个重视学历的时代，慕课对学生的吸引力很低。慕课能否成为主流并广泛传播，取决于企业和政府部门在用人时对慕课结业证书的重视程度。

（三）视频网站的"慕课化"

绝大多数人观看视频并不是为了获得学位和结业证书，而是想要了解自己感兴趣的内容，是出于纯粹的求知欲、好奇心以及迫切的学习需要在观看视频。而且由于 YouTube 等视频网站拥有非常成熟的商业模式，因此目前依靠政府机关和慈善组织的支持来运营慕课在结构上并没有优势。本文中探讨的 JMOOC 等慕课平台虽然实现了任何人在任何地点都能学习的功能，但还是远不及任何人随时随地都能观看的 YouTube 等视频网站。在未来，视频网站能为更多的人提供更加多样化的课程，其发展方向切实体现了慕课基于市场原则的理念和功能。例如，可汗学院[①]很早就开始做慕课，目前已经在

[①] 可汗学院（KhanAcademy）是由教育家萨尔曼—汗于 2006 年成立的非营利性组织，设有各种科目。

YouTube 上发布了 1 万多条视频内容和练习题，还推出了 iOS 和 Android 客户端。从实现终身学习与衔接高中和大学课程的角度来看，YouTube 等视频网站在内容的多样性、丰富性、便捷性等方面已经超越了现有的慕课。提供慕课课程的主体由大学扩大到企业、个人，越来越多的由大学老师教授的课程被上传到 YouTube 等视频网站上。这意味着慕课与视频网站的区别正在逐渐消失。

（四）大学的功能变化

由于在视频网站和慕课上都能学习到大学水平的知识，因此现实出现了很大变化。为了应对这一变化，大学必须缩小规模，提升作为学位认证机构的功能。这使得多数教师被要求具备研究者的能力与资质，而非一个单纯的教育工作者。根据社会的多样化需求来改进学习内容和学习环境，如推动学分转换制度的发展和提升证书的社会认可度等便是大学的一个发展方向。大学可以从缩减规模、转变职能、与开放"共存"等方向谋求发展。[1]

当优秀的学习者们将学习场所从大学转向慕课和视频网站进行更高效的学习、企业将人才选拔的重心从学历转向学习经历和实践技能时，大学作为教育机构的角色就将被取代。目前，教育的主体正从大学扩展到企业及个人，大众、企业与社会对在线教育的评价也在发生变化。

---

[1] 与开放"并存"的大学如西部州长大学（Western Governors University）由一群美国州长建立。通过利用开放教育资源，学生也可以低价学习（哪怕只修一门课）。该大学获得的学分可以适用于其他大学，其学分认定基于"Competency-based"能力，包括学生的知识技能及社会经验等。

六、结论

　　慕课未能广泛普及的原因，恐怕是方式变成了目的，制作者忘记了何为知识、何为学习、何为开放等有关慕课的本质理念，只去思考慕课能否继续存在的问题。为了能让教育充分应对变幻莫测的社会、形成一个终身学习的社会，应该让在线教育和视频网站作为一种社会基础设施，支持建立开放的学习环境，形成一个人人可为师、人人可受教的社会。

　　在 21 世纪的学习模式与高等教育中，当学分和学位不再拥有不可动摇的绝对地位，慕课的能力学分认定得以普及，慕课证书能与学分相提并论时，大学将被迫转型，大学教师也将面临全球竞争的压力。教学内容与方法独具一格的教师将越发精锐，而年复一年只能教授同样知识的教师则会被淘汰。换言之，大学作为开展研究、培养研究者和储备知识的场所，其价值将保持不变，但目前主流的大学学习课程将被逐渐淘汰，大学将转型为提供多样化学习方式的教育机构。无论人们是否愿意，慕课都在迫使大学做出改变。

　　今后，我们应回归最初的原点，探讨何为学习、何为大学的作用、何为慕课等问题，构建更广阔的理念与世界观，并思考为实现这些目标，应如何重新对大学及慕课进行定位。否则，大学很可能会依旧保持现状，最终被时代所抛弃。而慕课也只能是当前大学与教育机构的玩具，无法为社会所广泛接受，最终因难以普及而走向消亡。

（翻译：国际关系学院王世彦、苏峭玉、李彦锦）

参考文献

1. 麻生典．インターネットによる公衆への大学講義の提供と著作権：フランス法からの示唆［J］．芸術工学研究（26/27），2018.

2. 安西弥生．MOOCにおける英語・日本語字幕の学習効果［J］．教育メディア研究23（1），2016.

3. 飯吉透．世界を席巻、日本は「蚊帳の外」オンライン講座「MOOC」の革新［J］．エコノミスト96（29），2018.

4. 池尻良平，大浦弘樹，伏木田稚子，安斎勇樹，山内祐平．MOOCにおける歴史学講座の学習評価［J］．日本教育工学会論文誌41（1），2017.

5. 石井雄隆，アダム ゴードン，平賀純，永間広宣，大浦弘樹，森田裕介．グローバルMOOCにおける相互評価の信頼性に関する検討：早稲田大学における事例から［J］．日本教育工学会研究報告集16（3），2016.

6. 石井雄隆，アダム ゴードン，平賀純，永間広宣，森田裕介，山名早人．グローバルMOOCにおける修了率と動画再生ログの分析［J］．日本教育工学会研究報告集17（5），2017.

7. 岩瀬光世．MOOCが地方創生と結びつくとき［J］．社会教育72（2），2017.

上松恵理子．最新のテクノロジーを活用した教育方法の現状［J］．サービソロジー4（2），2017.

8. 大浦弘樹，池尻良平，伏木田稚子，安斎勇樹，山内祐平．歴史をテーマにしたMOOCにおける反転学習モデルの評価［J］．日本教育工学会論文誌41（4），2018.

9. 大西健吾，江見圭司．IT起業家育成のMOOC型教材の開発［J］．サービソロジー4（2），2017.

10. 小田弘美，榎本則幸，川嶋啓右，今橋みづほ，藤田則貴，重村智計，中村宏，森佳奈枝．バーチャルユニバーシティにおけるキャンパスライフの現状と課題［J］．東京通信大学紀要（2），2020.

11. 金子大輔，小島一記，重田勝介，武田俊之，森秀樹，林康弘，八木秀文，永嶋知紘．MOOCを評価するために共通で活用できる評価指標に関する基礎的検討［J］．JSiSE研究会研究報告32（3），2017.

12. 金子大輔，小島一記，重田勝介，武田俊之，森秀樹，林康弘，八木秀文，永嶋知紘．MOOCを用いた教育実践を事後評価する際に用いる評価指標の提案［J］．JSiSE 研究会研究報告 32（5），2018．

13. 金東奎．韓国におけるオンライン教育と韓国人日本語学習者の現状［J］．早稲田日本語教育学（23），2017．

14. 木暮健太郎．行政情報化新時代（No. 38）教育のクラウド化とMOOCの可能性［J］．行政 & 情報システム53（5），2017．

15. 後藤崇志，田口真奈．学習者の社会経済的背景による大規模公開オンライン講座（MOOC）受講動機の違い：7つのコースのデータを用いたメタ分析的検討［J］．人間環境学研究 16（1），2018．

16. 滋賀大学データサイエンス教育研究センター．データサイエンス教育開発MOOC開発［J］．Data Science View, Shiga University Vol. 3，2019．

17. 重田勝介．オープンエデュケーション：開かれた教育が変える高等教育と生涯学習［J］．情報管理59（1），2016．

18. 成耆政．第4次産業革命と未来の教育システムの変革［J］．教育総合研究1，2017．

19. 髙信彰徳．FutureLearnプロジェクトにおけるオンラインコースの開発［J］．慶應義塾大学 DMC 紀要4（1），2017．

20. 田口真奈，後藤崇志，毛利隆夫，飯吉透．センター教員・共同研究論考 MOOCの行動ログと質問紙を組み合わせたデータ分析の設計［J］．京都大学高等教育研究（23），2017．

21. 田口真奈，後藤崇志，毛利隆夫．グローバルMOOCを用いた反転授業の事例研究：日本人学生を想定した授業デザインと学生の取り組みの個人差［J］．日本教育工学会論文誌42（3），2019．

22. 戸田貴子．MOOCsによる日本語発音講座：発音の意識化を促す工夫と試み［J］．早稲田日本語教育学（21），2016．

23. 中野淳．Open edXを用いたインタラクティブなeラーニングシステムの構築と運用［J］．工学教育研究；KIT progress（26），2018．

24. 中野有莉，髙木正則，山田敬三，佐々木淳．学習者の理解度と学習状況に応じた個別指導支援システムの提案［J］．第 78 回全国大会講演論文集 2016

(1)，2016.

25. 長濱澄，森田裕介. 映像コンテンツの高速提示による学習効果の分析［J］. 日本教育工学会論文誌 40（4），2017.

26. 西村亮，竹岡久慈. 若手技術者の学び直しのためのMOOC教材開発：電気回路教材の開発［J］. 工学教育研究講演会講演論文集 2017（0），2017.

27. 長谷海平，中村宏. コンテンツとしてのMOOCデザインの現状と課題の考察［J］. 日本デザイン学会研究発表大会概要集 65（0），2018.

28. ハモリ モニカ，飯野由美子［訳］. オンライン学習を独学で終わらせない「MOOC」による個の学びを組織に活かす［J］. ハーバード・ビジネス・レビュー 43（7），2018.

29. ファハリド ジェニファー C.C.，アブドルワハーブ アミーラ. MOOC学修体験：全身的学生サポートの精緻化モデルの応用［J］. 教育研究（59），2017.

30. 福島悠介，山崎俊彦，相澤清晴，森健志郎，鈴木顕照. オンライン動画学習サービスにおける閲覧数・離脱率の推定［J］. 電子情報通信学会技術研究報告：信学技報 116（464），2017.

31. 藤岡千也，酒井博之，岡本雅子，Sadehvandi Nikan，鈴木健雄，河野亘，田口真奈，飯吉透. ICTの教育的活用［J］. 京都大学高等教育研究開発推進センター活動報告（2019），2020.

32. 藤本徹，荒優，山内祐平. 大規模公開オンライン講座（MOOC）におけるラーニング・アナリティクス研究の動向［J］. 日本教育工学会論文誌 41（3），2018.

33. 藤本徹，荒優，山内祐平. 大規模公開オンライン講座（MOOC）へのゲーミフィケーション導入に関する研究の動向［J］. 日本教育工学会論文誌 43（3），2019.

34. 船守美穂. MOOCと反転学習がもたらす教育改革：デジタル時代・高等教育のユニバーサル化・超高齢化社会における大学像［J］. Eco-forum 31（2），2016.

35. 古川雅子，尾城孝一，山地一禎. 研究データ管理オンライン講座の開発と受講者特性の分析［J］. 情報教育シンポジウム論文集 2018（12），2018.

36. 俣野紘史. 体験的MOOC論：受講者視点から見たJMOOCの問題点［J］. 現代の高等教育（585），2016.

37. 宮添輝美. LMOOCsの利活用に関する予備研究［J］. 教育研究（60），2018.

38. 森秀樹，永嶋知紘，武田俊之，林康弘，金子大輔，小島一記，八木秀文，重

田勝介．学習支援を目的としたMOOC学習継続モデルの検討［J］．日本教育工学会研究報告集18（1），2018.

39．八木秀文．MOOCビデオ教材開発における課題と対策の検討［J］．東北大学インターネットスクール年報12，2016.

40．安田直樹．大学におけるMOOC等活用の現状と課題：組織論的アプローチ［J］．立教DBAジャーナル（8），2017.

41．山口豪．グローバルMOOC配信のコスト・ベネフィットに関する考察：次世代高等教育を創造するデジタルハリウッド大学の果たすべき役割［J］．デジタルハリウッド大学紀要6，2019.

42．山里敬也．貧乏人の反転授業［J］．名古屋高等教育研究（16），2016.

43．山下滉，大枝真一．Factorization Machinesを用いた教育データの解析［J］．第80回全国大会講演論文集2018（1），2018.

44．吉嶺加奈子．Thai MOOCにおける他国の教育機関による講座開講の実践［J］．コンピュータ&エデュケーション49，2020.

45．我妻潤子．映像教材制作時の著作権処理について～素材選び・編集・権利処理の3つの段階より～［J］．日本デジタル教科書学会年次大会発表原稿集5（0），2016.

46．渡邉文枝，向後千春．大規模オンライン講座におけるeラーニング指向性の項目間の因果関係の検討［J］．日本教育工学会論文誌41（1），2017.

47．渡邉文枝，向後千春．JMOOCの講座における相互評価の信頼性と妥当性の検討［J］．日本教育工学会研究報告集16（5），2016A.

48．渡邉文枝，向後千春．JMOOCの講座におけるeラーニング指向性の項目間の因果関係の検討［J］．教育システム情報学会研究報告30（5），2016B.

49．渡邉文枝，向後千春．JMOOCの講座におけるeラーニングと相互評価に関連する学習者特性が学習継続意欲と講座評価に及ぼす影響［J］．日本教育工学会論文誌41（1），2017.

久松真一的"觉的哲学"

孙 敏[*]

[摘 要] 久松真一是京都学派的代表人物之一,其"觉的哲学"是超越了哲学的哲学,也是超越了宗教的宗教。从世界观方面来说,多就是一,一就是无,佛教的主体正是这种无,即东洋的无,"觉的哲学"就是站在无即多的立场上来解释世界的。从人生观方面来说,绝对二律背反带来绝对性的罪与死,通过自觉实现从绝对二律背反中的自我救赎,从而实现全人类超越历史的无相,即实现觉的世界。

[关键词] 京都学派 久松真一 觉的哲学 东洋的"无" 二律背反

久松真一(1889—1980)毕业于京都帝国大学哲学系,是京都学派[①]的代表人物之一。京都学派是20世纪日本以佛学与宗教哲学议题为主要内涵的学派,其创始人是日本著名的哲学宗师西田几多郎。[②] 久松真一是第二代京都学派代表人物之一。久松真一还是"久

---

[*] 孙敏,国际关系学院外语学院日语系副教授,博士,研究方向为日本文化。
[①] 京都学派的核心观念是"绝对无"的哲学构想,这一构想主要源于佛教。
[②] 西田几多郎(1870~1945),日本哲学家,京都学派的创始人,他思辨性地把禅的宗教性、生的哲学、德国观念论的理论统合在一起,开拓了"无"的哲学。

松禅"的创始人。① 1927 年，西田几多郎曾授予他"抱石庵"的禅号。1941 年，久松真一创立了茶道修行会"心茶会"，1944 年创立了佛教修行会"学道道场"，后改称 FAS 协会。久松真一站在超越哲学的立场上实践着哲学，哲学在久松的生命里占据着非常重要的地位。

一、觉的哲学

久松哲学的立场是超越哲学的，即所谓的"觉"，因此久松哲学也被称为"觉的哲学"。这种觉的立场是一种宗教的立场，久松认为这才是"真正的佛教"的立场。

（一）所谓佛教哲学

"佛教哲学"是一个常见的词，不过，这个词的含义并不统一，大致来看，其有三个含义：第一，基于佛教信仰、佛教体验而成立的理论即佛教哲学；第二，佛教中绝对性的存在是佛，那么，佛真的是绝对性的存在吗？对此进行探究的学问即佛教哲学；第三，事先脑海中并没有佛教的概念，只是自由地探究所谓绝对到底是什么，而探究的结果正好和佛教的佛相一致，这种探究的学问即佛教哲学。② 下面，我们从佛教与哲学、宗教的关系来分析一下这三种含义。

在第一种含义中，神圣而不可怀疑的佛经中包含的理论即佛教

---

① 徐弢. 西田哲学的核心概念及其禅学意涵 [J]. 世界哲学，2007 (5)：105.
② 久松真一. 覚の哲学 [M]. 京都：燈影舍，2002：2.

哲学，也就是说，这种理论是教义性的，是不容置疑的信仰。不过，如果佛教哲学中含有不容置疑的教义的话，就失去了哲学之所以为哲学的意义了。哲学基于批判的、合理的理性，以怀疑一切的态度去究明"绝对"，如果一种学说基于一种不可怀疑的教义，那么，它就不是哲学。从这一点来看，第一种佛教哲学不是真正的佛教哲学。

与第一种含义相比，第二种含义稍有些哲学的色彩了，它要究明佛教中所谓的"绝对"到底是什么样的，而不是毫无怀疑地肯定佛教中的第一原理。不过，这里的前提假设依然是佛是绝对性的存在，所以，其所有的探究都是为证明这一假设而服务的，所以，其所有的学说都是为佛的绝对性、权威性提供理论依据的。而宗教中最重要的要素就是认为存在超越人类的绝对性的存在，即神、佛等。因此，在这种情况下，理性成为权威的奴隶，而哲学成为宗教的奴隶，这种学说也只不过是"神学的侍女"。从这一点来看，第二种佛教哲学也不是真正的佛教哲学。

第三种含义采取的是怀疑一切的态度，它自由地发挥着理性的作用，探究着到底什么才是真正的绝对，这种学说才可以被称作哲学。不过，如果仅仅如此的话，这种学说就只是哲学，而无需被称作佛教哲学了。在这里，"佛是不容置疑的"并不是禁止怀疑的意思，而是指以怀疑一切的态度进行实证，最后证得的结果恰好是佛。这里所说的实证就是悟，即觉。从这种意义上来看，佛教中的"绝对者"是经过证明的绝对者，是"悟"的绝对者，既是佛，也是觉者。可见，在佛教中，悟佛者和被悟的佛是一体的，佛既是觉者，也是自觉者，佛就是自觉了自己是绝对的存在。

在一般的哲学中，"绝对"是作为一种"对象"被探求的，在这一过程中，存在着主体"探求者"和对象"被探求的绝对"。因此，"绝对"存在于探求者之外，所以，这种绝对并不是真正的绝对。也就是说，认为绝对仅仅是对象时就是承认了二元性的存在，而二元性的绝对并不是真正的绝对。只有对象和主体合为一体时才能成为真正的绝对，但一般的哲学中并没有论及这一点，这正是哲学的局限所在，也是佛教比哲学高明的地方。

（二）佛教与哲学

久松强调，真正的佛教与哲学是并不矛盾的，与哲学并不矛盾是佛教的一大特征。佛教的自觉中包含着彻底的理性。理性的内在要求就是超越理性、放弃理性，只有实现了这种超越，真正的信仰才能成立。怀疑、怀疑、再怀疑之后的不容置疑，这才是真正的信仰，是经受了理性的洗礼并否定了理性的信仰。

哲学的基本立场是无权威，从这一点上来说，佛教是可以称为佛教哲学的。不过，哲学中的绝对是对象化了的绝对，而佛教中的绝对不仅是对象，同时也是主体，是主体和对象的统一，佛教所证得的绝对正是"自己"。所以，佛教超越了哲学的局限，是哲学之上的哲学。从这种深层意义上来说，佛教又形成了一种神学，具有终极的意义，哲学也不得不服从于这种佛教。但这种情况下的哲学却绝不是佛教的奴隶，而是认识了自身的局限，并放弃、否定自身的结果，从而实现了自身的超越，这种意义上的哲学才是真正的哲学，也可以称作宗教性的哲学。不过，这种宗教性的哲学并不是一般所说的宗教哲学，宗教哲学是关于宗教的哲学，并不是我们这里所说的宗教性的哲学。

（三）佛教与宗教

宗教以神佛等为最后的心灵依托。不过，大多数情况下，神佛是作为对象被信仰的，人类依靠神佛得到救赎，获得生存，神佛是自己之外的存在。不过,所谓依托并不是真正的佛,真正的佛是无可依托。在真正的佛教里是不存在普通宗教中所说的神的。从这种意义上说,佛教是一种无神论。

不过,佛教的无神论并不是唯物论者和人类中心主义者所说的无神论。佛教是无神论的宗教,在对现实进行绝对批判的同时,也批判作为对象的神,批判有神论。否定作为对象的神,但又不受现实的束缚,超脱于现实,自由而解脱,这就是佛教。

(四) 觉的哲学

久松认为,佛教所追寻的对象化的真理和主体是一体的,这种既是真理又是主体的存在就是"真的自己"。因为真理作为"真的自己"被"自觉",因此,把这种主体与真理融为一体的存在叫做"觉"。这种"自觉"了的"真的自己"经过了理性彻底怀疑精神的洗礼,因此是不容置疑的。可以说,哲学到达这里才成为了真正的哲学,真正的哲学是站在觉的立场上的。而且,只有这种与哲学并不矛盾的觉的立场,才是真正的宗教性的立场,即"觉悟的宗教"[①]的立场。哲学能够深化宗教,真正的哲学在深化宗教的同时也自我深化,通过彻底怀疑而超越怀疑,从而到达真正的宗教。这种真正的哲学、真正的宗教正是觉的哲学,正是佛教。

二、佛教的世界观

久松认为,世界的根本构造是世界的佛教构造,即华严的法界,

[①] 花冈永子. "无"的哲学的现代意义 [J]. 日本问题研究, 2016 (1): 6.

也叫一真法界。① 法界是世界的根本主体，也是"真的自己"。真正的世界就是世界与自己合为一体。世界的主体不在时空中，而是包含着时空，是时空之本，是时空的原型。② 而且，这个主体是活的主体，是自觉自身的。自己既是时空中的万物之本，又将万物包含于自身之中，此时，法界就实现了"万有即是一心"。法界有四，即事法界、理法界、理事无碍法界、事事无碍法界，这四个法界都是一真法界的表现。③

（一）事法界

事法界是万物呈现于一真法界时的表现。"事"即万事万物、各种现象。事法界是万事万物千差万别的世界，万物是现象，是无常，是杂多，是"多"。

（二）理法界

理法界是万物由唯一的"理"贯穿起来时一真法界的表现。在事法界中，万物随缘而生，这是"事实"；在理法界中，随缘而生的万物在本质上都是无，即"无性"，这是"道理"。从无性来说，万物都是常，是"一"。理法界意味着根本主体是一个整体，理是一切法界的根本，到达理法界就是"自觉"了"真的自己"，所以，到达理法界是具有决定意义的。理法界是一、平等、性、空的世界，事法界是多、差别、相、色的世界。这样看来，二者仿佛是对立的，理法界存在于事法界之外，但其实理法界就是事法界，二者是一体

---

① 久松真一. 覚の哲学 [M]. 京都：燈影舎，2002：46.
② 久松真一. 覚の哲学 [M]. 京都：燈影舎，2002：32.
③ 久松真一. 覚の哲学 [M]. 京都：燈影舎，2002：52.

的，是一真法界两种不同的表现，理是事之本，事是理之末。

（三）理事无碍法界

理事无碍法界也叫事理无碍法界，是事与理相互无碍时一真法界的表现。所谓理事无碍，就是"理"作为主体自在无碍的表现即"事"的发生。事与理是一个主体的两个侧面，但它们不是对等的，理可以独立存在，而事必须依存于理。在理法界里，理贯穿着事，而在理事无碍法界里，理作为事的根源自在无碍，从而产生了事。关于这种理与事的关系，久松做出了一个水与波的比喻：水是事的根源理，波是随缘而起的事。无数的波都是水的表现，必须归于水，是依存于水的。水是波的体，这种体的作用才产生了无数的波。因此，当觉悟了"真的自己"时，我即是空，空即是我，但我并不是变没有了，我是可以从无生出一切的无碍自在体。

（四）事事无碍法界

事事无碍法界是事事相互区别又相互无碍时一真法界的表现。与事法界不同，在事事无碍法界里，事由理贯穿着，事事无碍法界是理的即事表现。空是世界的根源，在空的作用下，世界才会日新，由这种"绝对无"创造的世界才是真正无碍的世界。"我"拘泥于事时，就不会成为理。"我"仅仅是事时，看到的世界就是事事有碍的世界，即仅由波构成的世界，以个体的波为主体，这种世界只是普通的现实世界。当然，我们在现实中必然是"事"，与万事万物相关联，不过，这种作为"事"的我和作为"理"的我本来是一体的。因为在"我"身上，事理是相通的，所以必须修行。通过修行，"我"就会觉悟到我即是空，而从由事看事变为由理看事。站到理的立场上，就"事事无碍"了。理就是无，理并不在事的深层，也不在事的表面，理与事是浑然一体的。举手投足都是真佛，柳绿花红都是山色清净身，这才是终极的宗教世界。

在久松看来，理即一，事即多，一和多不是相对立的，一包含着多，一贯穿着多，一就是多。这种一也就是无。多也是无，从无中又生出多，即无一物中无尽藏。① 一即多、一即无时，就是觉悟了"真的自己"。这就是佛教中一和多的关系。佛教的主体正是这种无，称作东洋的无，也就是理，也就是我。我中包含着一切，一切中都有我。所谓"觉的哲学"就是站在这种无即多的立场上来解释世界的。

三、佛教的人生观

对追求宗教的人来说，最重要的问题是：宗教是什么？宗教有什么存在理由？如果人真的不需要宗教的庇护的话，宗教就不会存在了。不仅个人需要宗教，而且整个人类也需要宗教，那么，宗教存在的契机是什么？

（一）罪与死

人们往往会发现，宗教存在的契机是罪与死的问题。② 也就是说，罪与死是人类的局限所在，是人类无法克服的。那么，罪与死为什么不可克服？

---

① 毕克寒，刘倩. 久松真一"东洋的无"思想初探 [J]. 才智，2013（15）：169.
② 久松真一. 覚の哲学 [M]. 京都：燈影舎，2002：259.

首先，我们看一下罪。一般来说，人们往往从道德的意义上来理解罪。但是在道德的领域之外，与善相对的有恶，与真相对的有伪，与美相对的有丑，与净相对的有污等，所以，罪在道德之外例如科学、艺术等领域也依然是成立的。即使我们脱离了道德的罪，也无法脱离科学、艺术等各个领域的罪。所以，罪是一个普遍理性问题，即罪是在理性与反理性之间成立的。

不过，理性与反理性的对立是理性的根本构造，在理性之中不能排除反理性的东西。所以，从理性的立场上来说，摆脱罪、从罪中得到救赎是不可能的。不过，这并不是说，在理性的立场上，发扬理性、克服反理性在过程中是不可能的。在其过程中，在个别事项上，是必须以理性克服反理性的，这也是理性的生命所在。在此过程中，理性会遇到无数的困难，这是理性自身构造上的矛盾。在理性作用上的二律背反[1]是相对性的二律背反，而这种理性自身构造上的矛盾是理性内在的矛盾，是绝对的，是绝对性的二律背反。这种根源性的绝对二律背反就是理性自身宿命般的局限所在，也正是罪的绝对性所在。[2] 作为人类，永远也无法摆脱罪的根源也正是这里。

其次，我们看一下死。死也不仅仅是平常意义上的死，而是和生互为表里的死。在生命的深层也存在着生死的二律背反。是生还是死，这只是普通的生命问题。而在生命的深层，人们不是恐惧死，而是恐惧生死。生命的根本问题不是死，而是生死，生命是在生死二律背反的基础上成立的。因此，死并不是生死的死，而是生死本身。生死，就是生灭，再扩展一些就是存在和非存在，所以，死是在有与无、存在与非存在中的生死，是生死的绝对二律背反，可以

---

[1] "二律背反"是康德在《纯粹理性批判》一书中提出的命题，是真理自身内的对立，即真理与真理的对立。

[2] 久松真一. 觉の哲学[M]. 京都：燈影舎，2002：262–263.

称为绝对死，或绝灭。绝对死就是绝对否定。

总之，罪是理性构造上的绝对二律背反，死是生命深层存在与非存在的绝对二律背反，二者在人类身上融为一体，不可分割。这种绝对二律背反就是宗教的契机。

（二）救赎

所谓救赎，即"谁"从"何处"被"怎样"救赎的问题。①

首先，说到谁被救赎，当然是"我"。不过，在"我"被救赎的同时，所有的人也必须被救赎，否则，这种救赎就不是"自利利他圆满"的救赎。而且，救赎的主体也不是特定的神。在终极佛教看来，救赎的主体正是救赎的对象。在佛面前，众生平等，救赎就内在于所有人的自身之中。众生无例外，本来被救赎，这正是佛教的立场。也就是说，所谓救赎就是觉悟了"真正的自己"就在自身内部，自己就被这种自觉所救赎。

其次，"我"被从何处救赎。人们面临着无穷无尽的烦恼，这些烦恼大都是相对性的烦恼，不是绝对性的。人类是价值性存在的同时也是被时空制约着的存在，这两种存在现实正是人类的绝对性的烦恼。第一，从价值性存在的方面来看，正因为人类是价值性的存在，所以才会烦恼不断。价值中有感性的价值，也有理性的价值，感性的价值不断向理性的价值前进。而理性的价值生活中又存在理性和反理性的矛盾。脱离理性生活的烦恼，就是在理性生活中，理性克服了所有的反理性，从而达到纯粹理性生活。但是，纯粹理性生活这种理性生活的目的是和理性生活的立场相矛盾的，纯粹理性生活是无法成立的。即，理性生活本身的构造决定了烦恼是绝对的，

---

① 久松真一. 覚の哲学 [M]. 京都：燈影舍，2002：288.

因为理性和反理性的矛盾是理性自身内在的矛盾，是绝对的。要解决这种内在于理性的烦恼，必须解决理性本身，因此要批判理性，并超越理性。可以说，走向宗教的契机就是横在理性生活根底的根本矛盾。第二，从时空制约着的存在方面来看，人类是时空制约着的存在，是有生死的，因此永生是人类的理想。这不仅是因为人是受时空制约的，而且还因为其中有我们的价值判断，渴望纯粹的生和价值判断是不可分割的。但是，生和死是不可割裂的，纯粹的生是不存在的。无法得到纯粹的生是人类的根本烦恼。要解决这一烦恼，必须从生的根源处解决。可见，无论是价值方面，还是存在方面，人们都有着无法解决的矛盾。这是绝对性的、终极性的矛盾，也是绝对性的烦恼，需要绝对性的救赎。这种绝对性的烦恼也可以叫做人类内在的绝对二律背反，即价值的绝对二律背反和存在的绝对二律背反融合为一个绝对二律背反。这种二律背反是绝对性的矛盾，它不仅仅是认识的对象，也是认识的主体，是本体性的、绝对性的烦恼。在宗教里，人类就是要被从这种"绝对二律背反"中救赎出来。

再次，如何救赎。"如何"包括救赎方法和救赎状态两方面，而救赎的结果当然是人类从"绝对二律背反"的人变成超越了绝对二律背反的人。从救赎方法来看，从理性的立场，即绝对二律背反的立场是肯定行不通的，必须寻找非理性的新方法。因为人类要成为从价值与非价值、存在与非存在中解脱出来的自己，所以，这种方法可以称为宗教的方法，即冲出理性的束缚，实现主体的自觉。自觉后的状态是摆脱了一切制约，摆脱了一切形相，成为无相的自己。[①] 通过自觉无相的自己克服绝对二律背反的自己，从绝对二律背反中获得救赎。这并不是绝对二律背反的自己克服了绝对二律背反，

---

① 花冈永子. "无"的哲学的现代意义 [J]. 日本问题研究，2016（1）：3.

而是从绝对二律背反的根底处自觉了克服绝对二律背反的自己，即并不是从绝对二律背反的外部自觉，而是从绝对二律背反的内部实现了自觉。这才是人类终极性的存在方式，才是真正的自己。也就是说，实现救赎的方法并不是靠什么神佛，而是被救赎者从自身内部实现了自觉，从而克服了绝对二律背反，并获得了自我救赎。

这种以"自觉"了真的自己为主体的世界是觉的宗教世界，它超越了理性又自由地运用着理性，超越了生死又自由的存在，这才是真正的宗教世界。而且，它从历史的根源处进行了主体性的自我救赎，从历史内部超越了历史并创造历史，这也是觉的主体创造性历史观。

（三）觉的世界

可见，"自觉"了真的自己是自在的创造性的无相的自己，是站在全人类的立场上创造世界，是无拘无束超越了历史又创造历史，这样的人才是真正的人。所以，人类真正的存在方式应该是在深度、广度、长度这三个维度上达到追求无相的自己（formless self）、站在全人类的立场上（all mankind）、创造出超越历史的历史（superhistorical history）。结合这三个词的首字母，即为 FAS。[①] FAS 的世界就是觉的世界。

四、结语

综上所述，"觉的哲学"是超越了哲学的哲学，是真正的哲学，

[①] 久松真一. 覚の哲学 [M]. 京都：燈影舎，2002：311.

是超越了宗教的宗教，是真正的宗教。世界的根本构造是佛教构造，即自觉的自己。绝对二律背反带来绝对性的烦恼，绝对二律背反的自己通过自觉实现从绝对二律背反中的自我救赎，从而实现 FAS，实现觉的世界。

参考文献

1. 徐弢. 西田哲学的核心概念及其禅学意涵［J］. 世界哲学，2007（5）.
2. 马琳. 海德格尔与亚洲语言之双重关系探究［J］. 世界哲学，2008（4）.
3. 毕克寒，刘倩. 久松真一"东洋的无"思想初探［J］. 才智，2013（15）.
4. 花冈永子. "无"的哲学的现代意义［J］. 日本问题研究，2016（1）.
5. 久松真一. 覚の哲学［M］. 京都：燈影舎，2002.

古代日本山岳信仰和祖先祭祀文化的关系研究

张乔羽[*]

[摘　要] 日本的祖先祭祀文化，是在本土神道教的基础上吸收儒教和佛教思想而逐渐形成的，是研究日本文化的一个重要切入点。从古至今，日本的山岳信仰和祖先祭祀文化有着密切联系。佛教传入前，日本人崇拜山岳、祭祀祖先都是出于农耕生活的需要，二者并没有明确的界限。但是佛教传入后，原始的山岳崇拜和密教修行相结合，形成了佛教灵山信仰，并且逐渐形成体系化的修验道。同时，佛教为和原始神祇信仰抗衡，制造伪经等使祖先祭祀合理化，并且通过佛经和法会等净化死者灵魂，使其可以往生成佛。受到佛教影响的山岳崇拜和祖先祭祀相结合的体现是山中他界观。佛教的灵山信仰使得高山纳骨习俗盛行，山岳成为祖先祭祀的重要场所。因此，可以说日本山岳信仰和祖先祭祀文化相结合的过程是日本神佛习合过程的一个重要表现。

[关键词] 山岳信仰　祖先祭祀　佛教

日本是个信仰深厚的民族，祖先崇拜塑造了日本人的本性。日

---

[*] 张乔羽，国际关系学院日语语言文学专业硕士研究生，主要研究方向为日本文化、日本民俗。

本的祖先祭祀不仅仅与每个家庭、每个村落相关，它还对整个日本社会有着非常重要的意义。因此，融合了神道教、佛教和儒教思想而形成的日本祖先祭祀文化是研究日本社会、日本宗教思想的一个重要切入点。山岳是普遍存在于日本各村落中的圣地，它是神灵的居所、祖先祭祀的中心，因此日本的祖先祭祀文化和山岳信仰紧密关联。但是，山岳并不是从一开始就是日本祖先祭祀的重要场所，它经历了非常漫长的过程。本文拟采用文献分析法，从民俗学、宗教学的视角，探讨古代日本山岳信仰和祖先祭祀文化的关系演变，加深对日本文化的理解。

中日两国关于山岳信仰和祖先祭祀的研究不胜枚举，但是中国学者多倾向于从宗教学角度对日本祖先祭祀的研究。例如，范苹苹在《日本民族的先祖观》一文中，从宗教学的角度探讨了日本先祖观的起源、变化及其社会意义；邢永凤在《盂兰盆节与日本人的祖先信仰》一文中，以盂兰盆节为切入点，探讨了日本人的灵魂观和祖先祭祀的关系。相对而言，日本方面对于祖先祭祀研究的角度要更丰富一些。比较有代表性的研究是柳田国男的《祖先之话》，从民俗学的角度对日本的祖先祭祀文化做了全面、详细的研究，是一部集大成的著作；竹田听洲在《祖先崇拜——民俗和历史》一书中，从历史学角度结合佛教与日本的神祇信仰探究日本祖先崇拜的变迁过程。

关于山岳信仰和祖先祭祀文化关系的研究方面，中国的研究相对较少，张正军《日本冲绳的御岳信仰及其祭祀》一文通过研究冲绳地区的山岳信仰和祭祀习俗，反映冲绳民俗的一个侧面；日本铃木正崇的《山岳信仰》一书，以日本八大灵山信仰和祭祀为例，追溯山岳崇拜的历史渊源，探讨修验道的成立过程并且对日本登拜信仰的大众化和女性禁制做出了详细解说。① 本文试图在前人研究的基础上做一个比较全面、系统的梳理。

一、原始的山岳崇拜和祖先崇拜

古代日本是一个农业社会，水稻种植是其核心。但是，日本有2/3的土地由丘陵和山脉构成，山脉给远古的人们带来水源，也是森林、动植物、矿产等资源的肥沃之源。但是，由于山脉居多，日本人居住的区域非常狭小，同时也由于认知的局限性，日本人经常将居住区域以外的地方视为另一个世界。火山喷发、山体滑坡、洪水等自然灾害让远古时期的日本人面临死亡的威胁。因此，在民俗学中，山脉和海洋被称为异界。当进入异界时，对异界的恐惧难以用语言描述，所以就用仪式来表达人们的敬畏和恐惧。从奈良一带出土的石制、土制祭器和海边的祭神遗迹等可以看出，以自然灵和精灵为对象的祭祀早在绳文时期就成了一种仪式，同时人们开始萌生崇拜自然、相信万物有灵的原始信仰。因此，最原始的山岳崇拜只是人类出于对未知的高山大川的敬畏和崇拜，是自然崇拜的一种，和祖先祭祀并没有直接关联。

但是这一现象到弥生时代发生了变化。公元前四世纪到公元后四世纪，从大陆传来铁器和先进的农耕技术，宣告了绳文时代采集狩猎文化的结束。随着水稻耕作的推广、铁器的普及，生产力水平有了显著提高，日本人的信仰由绳文时代的万物有灵崇拜发展到对与农业有关的稻田神信仰。此时人们信奉山神和田神，春季，山神来到村庄，成为稻田之神；到秋天结束时，又从稻田中离开，回到

---

① 铃木正崇．山岳信仰［M］．中央公論新社刊，2015：1．

山上成为山神。因此，山神只在 1/4 的时间，即冬天的时候在山上休息，除此之外一年的时间都在村子里作为稻田神保护耕种。这种山神、田神信仰已经深深渗透到日本以农业为基础的生活中。因此，此时原始的山岳崇拜已经由对山异界的敬畏、恐惧之情发展到由于农耕社会对五谷丰登、风调雨顺的需求，祭祀山神和田神的感激之情。

除了对山神和田神的祭祀，弥生时代的祭祀还有很多种类。从出土的土偶的姿势来看，它们像是咒术者正在念咒，由此可以想象这个时期已经由像神念咒的场面，即原始祭祀的萌芽。这反映出当时的人们已经提高了对死灵和生灵的认识，并且对神的观念发生了变化，从自然灵和精灵信仰转向死灵信仰。[①] 自古以来，日本人一直认为死亡不是生命的终结。民俗学之父柳田国男认为，"当一个人死亡时，灵魂与身体分离，然后去了高山或大海，但是精神永远留在这片土地上并且不会走远"，也就是说，祖先的灵魂生活在家族附近的山上和大海中，并且定期（一般是盂兰盆节和新年）返回家乡，为子孙后代带来丰盛的农作物，并保证了子孙的家庭幸福。如果后来子孙没有祭祀供养祖先，或者亵渎了祖先，祖先会以各种方式报复其后代。因此，后代有义务定期祭祀他们的祖先，日本人认为这是家庭和平与幸福的保证，也是辛苦劳作一年五谷丰登的必要条件。

从以上分析可以看出，在弥生时代之前，人们出于敬畏和恐惧崇拜高山大川，此时还未形成祖先祭祀文化。弥生时代，随着生产力的提高，人们开始祭祀保证农耕顺利进行的山神和稻田神，此时，泛灵崇拜向死灵信仰开始转变。由于死后的祖先停留在家族附近的山上，守护子孙的农耕生活，为祈求家庭繁荣和五谷丰登，人们也开始进行祖先祭祀。因此，此时对于山岳和祖先的祭祀都是出于农

[①] 叶渭渠. 日本文化史 [M]. 北京：北京理工大学出版社，2010：9.

耕生活的需要，二者并没有明确的界限。但需要注意的是，原始的山岳和祖先崇拜都属于日本本土神祇信仰的范畴，并没有受到外来普世宗教的影响。

二、受佛教影响的山岳信仰和祖先祭祀

自公元538年佛教传入日本后，日本原始的山岳信仰和祖先祭祀文化都受到了巨大影响。我们现在理解的日本佛教与葬礼、祭祀、法事等相关联，也就是所说的葬式佛教。但是，佛教刚传到日本时，释迦的教义和日本本土的祖先崇拜有着根本性的冲突。

佛陀创立佛教是基于对现实人生的思考，而又归趣于现实人生。佛陀在菩提树下悟道，认为世间万物皆由因缘和合而生，缘集则生，缘散则灭，因此都是无常、无我的。[①] 佛陀将缘起说与轮回、业力的思想结合起来，提出"业报轮回说"，以此说明众生的不同命运。众生流转生死的过程是诸缘相互作用的结果，其中没有什么主导性的成分或主体，只有烦恼、业行、苦果循环相依，彰显了"人无我"，因此在佛教当中，否认灵魂的存在。根据释迦的教义，为去世之人举行的追悼会和祖先祭祀都是没有意义的。

但是，在日本人的观念中，死亡是一个严肃的问题，而且祭祀祖先是子孙后代的义务。佛教否认灵魂的存在，并且排斥祖先祭祀，这对日本人来说是不可接受的。因此，在佛教初传时遭到了日本人的拒绝，甚至发生了"乙巳法难"的灭佛事件。通常外国宗教在跨文化社会中传播和确立有两种类型：一种是尽可能消除土著传统的类型，另一种是与其融合的类型。佛教在和本土神祇信仰发生冲突

---

① 冯相磊. 佛陀缘起思想探析 [D]. 南开大学，2010.

的过程中，为了在日本站稳脚跟，不得不做出让步。日本神祇信仰认为，如果人生病或死亡，人的灵魂就会暂时或者长久地离开人的肉体，即人的肉体会死亡，但灵魂不死。佛教吸收了这一灵魂不灭理论，并且把灵魂当做在天地间不生不灭的主宰，即轮回流转的主体。另一方面，为了使祖先祭祀合理化，佛教制作了《盂兰盆经》等伪经来支持日本人的祖先祭祀文化，同时丰富其内容，使其在日本受到更为广泛的推崇。至此，佛教吸收了日本原始神祇信仰的内容，在日本站稳脚跟，开始广泛传播。

奈良中期之前，处于社会基层的乡村家家户户并不独立，村人们共同祭祀本村的神灵，从而接受神灵的恩泽护佑，以村庄为单位图谋共同繁荣。这种情况下，村里所有的土地都是以神灵的名义属于全村的东西，即共同财产。但是，自 701 年《大宝律令》颁布以来，农村生产力水平有了显著提高，出现了向朝廷缴纳租税后村庄内部尚有财余的局面。这就刺激了村长以及富农等在一定程度上积累了财富的阶层更加积极地构筑私产，当时的地方统治者都纷纷由同体的司祭者向私有田产领主转化。他们认识到自己的行为是一种背离神灵之道的罪过，会受到神灵和村民们报复。此时，佛教宣扬只有通过艰苦修行才能消除这些罪孽而达到解脱，同时告诉人们来世是一个不存在罪业和苦恼的世界。于是人们纷纷信仰佛教，以求消除自己的罪孽。在人们死后 49 日的中阴期间，死者的灵魂在世间彷徨，如果再此期间每 7 天修一次法事，祈祷死者的冥福，那么即使理应堕入地狱的人也有可能前往善趣。于是人们为死去的祖先举行佛教的法会，以减少其生前的罪孽，希求来世的幸福。

平安时期，随着生产力水平的提高，人们因私有财产产生了罪孽意识，这就使得原始的为祈求风调雨顺、家庭幸福而进行的祖先崇拜变成了为死去的祖先祈求冥福的祭祀仪式。此外，日本人的祖先信仰文化非常深厚，之后又受到佛教伪经《盂兰盆经》的影响，盂兰盆节成为日本人祭祀祖先的一大节日。刚去世的祖先的灵魂非常暴躁，如果不好好供奉会作祟，就会危害其子孙后代，但经过盂兰盆节的祭祀，祖先的灵魂会逐渐变得平和，不再加害于人，并且多年后成为了保护子孙的氏神。由此可以看出，之所以原始的祖先祭祀和佛教内容相结合，是为了通过佛菩萨和佛经的力量，净化、安抚去世祖先的灵魂。

通过前文的论述可以看出，在佛教传入之前，人们出于对未知异界的恐惧和敬畏，由此产生了山岳崇拜。因此，自古以来山岳就是诸神的住处，是不可随意踏入的神圣之地。例如，吉野山在政治、军事方面都具有重要的意义，天武天皇即位之前曾在这里建立根据地，在"壬申之乱"中取得胜利。后来，南北朝时，南朝也曾据守在这里。自持统天皇以来，吉野就被当做具有道教性质的乐土。因此，在很早的时候，日本的诸多山岳就具有特殊的意义，是非常之地。自佛教传入以来，这些山岳圣地成为修行的绝佳场所，又作为圣地聚集了很多信徒，贵族们的参拜络绎不绝。山岳修行作为掌握密教咒术的形式之一，随着密教的兴盛更加流行起来。特别是纪伊半岛的高野山，它是真言宗主要的修行道场，空海禅定之后仍在此等待弥勒佛的出现，人们将此地称为高野净土，期望死后可以埋葬在此处。由此，山岳修行向系统化的修验道方向发展。

因此，鉴于以上讨论，佛教传入后，原始的山岳崇拜和祖先崇拜发生了一定程度的变化。佛教传入后为了在日本站稳脚跟，吸收原始神道教灵魂不灭的内容，并且制造伪经使祖先祭祀合理化。到了平安时期，随着律令制国家生产力水平的提高，人们因私有财产产生了罪孽意识，这就使得原始的为祈求风调雨顺、家庭幸福而进行的祖先崇拜变成了为死去的祖先祈求冥福、减轻罪孽、希求来世的祭祀仪式。同时，佛教的传入也使原始的山岳崇拜发生了变化。随着平安时代密教的盛行，山岳成为修行的绝佳场所。此时人们对山岳不再只有畏惧之情，由于圣山是佛的垂迹之地、是现世的净土，人们开始对山岳有了向往之情，希望死后可以埋葬于高山上。

三、山岳信仰和祖先祭祀文化的融合

自佛教传入后，原始的山岳崇拜和祖先崇拜都发生了变化。原始的祖先崇拜发展成为祖先祈祷冥福的祭祀仪式，山岳崇拜也逐渐发展为体系化的山岳修行——修验道。但是，体系化的山岳信仰和祖先祭祀文化却是通过山中他界观融合在一起的。"他界"是指世界以外的其他世界。在佛教六道轮回中，把地狱、人、天等六道称为"他界"。在日本，"他界"往往指的是人们去世时其灵魂去往的地方，或者是已去世的祖先生活居住的地方。根据地域不同，有的称之为"山上他界"，有的称之为"海上他界"，由于对"他界"的认识不同，各地的殡葬仪式也各不相同。[1] 所谓的"山中他界观"，指的是人死后灵魂去往山上。从佛教角度解释人死后灵魂为何会去往山上要追溯到平安时期的高野山信仰。

高野山，是唐朝时期的日本佛教高僧空海大师随遣唐使赴中国习佛归来，于公元819年兴建金刚寺的修行传道之地，是日本密教真言宗的本山，也是佛教圣地。根据平安时代神佛习合的思想，空海大师死后在此等待弥勒佛转世，因此许多日本人对于死后最大的愿望，就是葬在高野山，期望与空海大师一同转世为佛，可以去往西方极乐世界。日本的丧葬习俗中，死去之人的骨灰要在家里存放七七四十九天（中阴），经过佛教的法事和祈祷之后才能纳骨。而平安时代人们为了转生成佛，常常把骨灰放在高野山的墓园中，也就

---

[1] 李金芳，陈燕燕. 日本盂兰盆节综述 [J]. 文化学刊，2016（3）：131-134.

是所说的高野山纳骨习俗。高野山奥院作为日本最大的墓园，战国时代的将军丰臣秀吉、织田信长，近代的中曾根康弘等人都在此埋葬。除了高野山这一真言宗圣地外，随着佛教和山岳修行的盛行，日本多地的灵山都有纳骨习俗。例如，东北地区的叶山会在盂兰盆节的时候，在山上举行为期三天的祖先祭祀仪式，以表哀思。子孙后代在家里会先搭一个盆棚，一般叫作"神棚"或"精灵棚"，里面摆上祖先牌位，以及供奉祖先的供品。[1] 然后在山上生火，并且在自己家门口点燃火焰，召唤自己的祖先从山上回家享受供奉。通过这种和祖先的交流互动，日本人希望得到祖先的保佑。

除去高山纳骨习俗外，民俗学角度的山岳信仰和祖先祭祀的融合还体现在春天登山的习俗上。在日本，每年4月8日左右，全国范围内都有登山的习惯。通常，这一天人们习惯性地进山摘花，将鲜花放在祭坛或者祖先的的墓地上之后返回乡村。春天是万物生发的季节，是新的一年的开始，人们用鲜花献祭祖先，表示对祖先的哀悼，并且希望新的一年祖先依然可以保佑子孙未来。这也是为迎接新一年的盂兰盆节而做的准备。

从以上分析可以看出，日本山岳信仰和祖先祭祀的融合体现为"山中他界观"。由于佛教的灵山圣地信仰，日本人希望死后葬在灵山可以成佛，往生极乐。随着高野山等灵山纳骨习俗的盛行，通常把祖先们的坟墓安置在山上。子孙后代为了得到祖先的保佑，常常在春天的时候，给山上祖先献上鲜花，并且在盂兰盆节的时候通过点燃火焰把祖先迎接回家中享受供奉。由此，日本古代的山岳信仰和祖先祭祀文化相结合，也从侧面反映了日本神佛习合的过程。

---

[1] 福田アジオ，宮田登．日本民俗学概論［M］．吉川弘文館，2012．

四、结语

通过上文的分析，可以得出以下结论：在弥生时代之前，日本人出于敬畏和恐惧崇拜高山大川，此时还未形成祖先祭祀文化。弥生时代，随着生产力的提高，人们开始祭祀保证农耕顺利进行的山神和稻田神，泛灵崇拜向死灵信仰开始转变。由于死后的祖先停留在家族附近的山上，守护子孙的农耕生活，为祈求家庭繁荣和五谷丰登，人们也开始进行祖先祭祀。因此，此时对于山岳和祖先的祭祀都是出于农耕生活的需要，二者并没有明确的界限。

佛教传入日本后吸收原始神道教灵魂不灭的内容，并且制造伪经使祖先祭祀合理化。随着律令制国家生产力水平的提高，人们因私有财产产生了罪孽意识，这就使得原始的为祈求风调雨顺、家庭幸福而进行的祖先崇拜变成了为死去的祖先祈求冥福、减轻罪孽、希求来世的祭祀仪式。同时，随着平安时代密教的盛行，山岳成为修行的绝佳场所。人们对山岳不再只有畏惧之情，由于圣山是佛的垂迹之地、是现世的净土，人们开始对山岳有了向往之情，希望死后可以埋葬于高山上。受佛教影响发生变化的山岳信仰和祖先祭祀文化的融合体现为山中他界观。由于佛教的灵山圣地信仰，日本人希望死后葬在灵山可以成佛，往生极乐。高野山等灵山纳骨习俗的盛行，使得祖先们的坟墓都在山上。而子孙后代为了得到祖先的保佑，常常在春天的时候，给山上祖先献上鲜花，并且在盂兰盆节的时候通过点燃火焰把祖先迎接回家中享受供奉。由此，日本古代的山岳信仰和祖先祭祀文化相结合，也从侧面反映了日本神佛习合的过程。

参考文献

1. 李卓. 略论日本人的祖先崇拜传统［J］. 日本研究论集，1998.
2. 王猛. 从盂兰盆节看日本人的祖先信仰［J］. 贵州民族学院学报（哲学社会科学版），2008（1）.
3. 杨曾文. 日本佛教史［M］. 人民出版社，2008.
4. 孙敏. 柳田国男日本人论研究［D］. 北京大学，2009.
5. 邢永凤. 盂兰盆节与日本人的祖先信仰［J］. 民俗研究，2010（2）.
6. 叶渭渠. 日本文化史［M］. 北京：北京理工大学出版社，2010.
7. 冯相磊. 佛陀缘起思想探析［D］. 南开大学，2010.
8. 范苹苹. 日本民族的先祖观［D］. 山东大学，2016.
9. 崔小萍. 《古事记》中的"他界"研究［J］. 开封教育学院学报，2016，36（12）.
10. 李金芳，陈燕燕. 日本盂兰盆节综述［J］. 文化学刊，2016（03）.
11. 福田アジオ・宮田登. 日本民俗学概論［M］. 吉川弘文館，2012.
12. 鈴木正崇. 山岳信仰［M］. 中央公論新社刊，2015.
13. 柳田国男. 定本柳田国男集（10）先祖の話［M］. 筑摩書房，1975.